국제무역의
기초와 실제

국제무역의 기초와 실제

박영기 지음

한국학술정보(주)

서 문

　국제경제는 1990년대를 기점으로 하여 WTO출범과 각종 지역무역협정의 체결로 무한경쟁의 시대에 돌입하였으며, 국제경제의 질서와 환경 역시 급변하였다. 특히 1995년 WTO의 출범은 무역의존도가 높은 우리나라의 경제와 무역에 지대한 영향을 미치고 있다. 비록 농산물 및 서비스시장의 개방이나 보조금 규율의 강화에 따라 부분적으로 부정적인 영향도 있지만 다른 한편으로는 주요 교역국의 대폭적인 관세인하 및 비관세 장벽의 철폐, 그리고 반덤핑 및 세이프가드 등 각종 규범의 명료화·객관화 등으로 우리의 세계시장 진출에 매우 긍정적인 영향을 미치고 있으며, 이러한 WTO의 순기능은 향후 우리나라의 무역량 확대에 더욱 중요한 역할을 할 것으로 보인다.

　국가 간의 경제활동을 할 때에는 그 성격상 다양한 국가들 간의 복수 문화적 경제 환경에 노출되며, 다원적인 환경 속에서 경제활동을 수행해야 한다. 그러므로 각국은 다원적인 국제경제 환경 속에서 성공적으로 경제활동을 수행하고 경쟁하는 데 필수적인 지식과 대응책을 갖추고 있어야 한다.

　국제무역의 기초와 실제는 기존의 국제무역개론 관련 서적들이 가지고 있는 획일화된 구성에서 벗어나 무역의 기초개념을 보다 쉽게 이해하도록 하기 위해 집필하게 된 책으로 국제무역과 관련된 기초이론에서 실무에 이르기까지 가능한 쉽게 이해할 수 있도록 설명하였다.

　따라서 본서에서는 국제무역학의 이해를 위한 예비지식으로 우선 무역에 대한 기본개념과 경제학적 측면에서의 무역학, 실무적인 측면에서의 무역학이 다루어야 할 기본 내용을 소개하였다. 또한 본서는 그 동안 대학에서 무역학원론을 강의해 온 내용을 바탕으로 하여 가능한 가장 쉬운 개념으로 설명하고자 노력하였고, 무역학을 배우는 학생들에게 꼭 필요하다고 생각되는 내용들을 정리하였다.

이러한 과정에서 특히 자료를 제공해 주고 원고정리에 도움을 준 많은 사람들에게 이 지면을 통해 감사드린다. 그러나 무엇보다 본서는 항상 저자에게 새로운 것을 가르쳐 주는 학생들 없이는 불가능했을 것이다. 강의 시간 늘 배움의 열정으로 나에게 다가왔던 학생들을 생각하면 조금이라도 더 좋은 내용과 색다른 저서를 만들어 보려는 열망이 앞섰지만 여러 가지로 부족하고 빈약한 저서임을 느끼게 된다. 이런 점들은 앞으로 더 연구하고 공부하면서 보충해 나가려 한다. 끝으로 출판에 도움을 주신 한국학술정보(주)의 채종준 사장님을 비롯한 여러 선생님들께도 감사드린다.

2008년 7월
박 영 기

•차 례•

제2부 국제무역환경의 이해　　243

제1부

국제무역이론과 실무의 이해

제1장 국제무역의 이해

제1절 무역의 기초 개념

1. 무역의 개념

(1) 무역의 정의

무역이란 서로 다른 국가 간에 행하여지는 경제거래로서 재화의 유상적 교환이라고 할 수 있다. 넓은 의미의 무역은 흔히 경제의 3대 주체라 불리는 가계, 기업, 정부가 보다 효율적이고 합리적인 경제생활을 영위하기 위하여 각 경제주체들의 국가영역 내의 경제적 제약을 완화시킬 목적으로 자국의 국경을 넘어 다른 영역 속의 상이한 경제적 제약을 가지고 살고 있는 다른 경제주체들과의 상품 및 용역 그리고 증여와 배상을 포함한 이전뿐만 아니라 자본과 같은 생산요소들을 교환하는 경제적 관계의 총체를 뜻한다. 반면 좁은 의미의 무역은 넓은 의미의 무역거래 중에서 상품과 기술 그리고 용역의 제공만을 의미한다.

또한 일반적 용어로서의 무역이란 영리를 획득할 목적으로 실행되는 한 나라의 무역기업과 외국의 무역기업 간의 사적인 물품의 매매활동이라고 정의할 수 있다.

한편 우리나라 대외무역법에서는 무역이라 함은 '물품과 용역, 전자적 형태의 무체물의 수출과 수입'이라고 규정하고 있다. 나아가 여기서 수출(export)이라 함은 매매의 목적물인 물품 등을 국내에서 외국으로 매각하는 것을 말하며, 이와 반대로 매매의 목적물인 물품 등을 외국으로부터 매입하는 것을 수입(import)이라 정의하고 있다.[1]

(2) 무역의 의의

무역(trade)이란 어느 한 나라와 다른 한 나라 간에 이루어지는 상업적인 거래를 말한다. 이러한 상업적인 거래의 대상이 되는 것은 바로 재화(Goods)이다. 재화란 인간욕망의 대상이 되는 물질적 수단으로 유형 및 무형의 재화를 총칭한다. 유형재화(visible goods)는 형체를 가지고 있는 상품으로 흔히 상품이라 하며, 일반적으로 공산품 또는 제조품을 일컫는다. 반면 무형재화(invisible goods)는 운임, 보험, 여행, 이자 및 배당금과 같은 이자수익, 상표권, 특허권 및 그에 대한 사용료같이 그 형체를 보이지 않는 상품을 말한다.

이와 같이 무역이란 유형과 무형의 재화가 이동하는 현상을 의미하며, 일반적으로 무역이라 함은 재화가 어느 한 국가의 국경을 넘어 다른 국가의 국경에 재화가 이동되는 것을 말한다. 여기서 무역거래의 방향 혹은 재화의 이동방향에 따라 수출(export) 또는 수입(import)의 개념이 도입된다. 즉 외국에서 국내로 물품이 이동되어 들어올 때 이를 수입이라 하며, 국내에서 외국으로 물품이 이동될 때 이를 수출이라 한다.

또한 영어에서 foreign trade는 외국무역을 의미하고, domestic trade는 국내무역을 의미하는데 이는 국경을 넘어 외국과의 매매 또는 상거래를 외국무역이라 하고, 한 나라 내에서의 매매나 상거래는 국내무역이라 하기 때문이다. 따라서 무역이란 상품, 기술, 용역 등을 교환, 매매하는 경제적 활동을 일컫는 것으로 국제간 혹은 국내 간에 행하여지는 상업행위인 것이다. 그러나 우리나라에서 무역이라고 하면 외국과의 상거래라는 의미로 해석되고 있으며, 또한 그런 의미에서 일반적으로 사용하고 있다. 무역은 주로 유형상품(visible goods)의 수출과 수입에 의하여 이루어지나 오늘날에는 부가가치가 높은 기술, 디자인 및 소프트웨어 분야도 21세기를 맞아 중요한 무역의 대상으로 관심이 높아져 가고 있다.

---

1) 대외무역법 제2조.

무역(Trade)의 어원은?

무역은 인류의 역사와 더불어 발전하여 왔다. 무역은 기원전 2500년에서 1500년 사이에 이집트, 바빌로니아, 앗시리아, 페니키아, 헤브라이 등의 지역에서 지중해를 중심으로 시작되었다. 이 중에서 이집트와 메소포타미아의 바빌로니아 및 앗시리아는 모두 농경을 주업으로 한 국가들이었고, 무역은 이들 국가들의 극히 제한된 범위 내에서 일부 상인에 의해 이루어졌다. 무역을 주업으로 한 최초의 민족은 크레테섬 주민과 페니키아인들이었다. 특히 크레테섬 주민은 페니키아인들보다 먼저 항해와 무역활동에 전념하였다.

이와 같이 무역은 고대국가에서부터 시작되었고, 그와 더불어 무역이라는 용어도 발생되었다. 영어 'trade'의 어원은 '지나간 자국', '항로'라는 뜻을 가진 'track'이라는 단어와 '밟다'라는 'tread' 단어에서 유래되었다는 것이 일반적인 견해이다. 이러한 단어는 어떤 길이나 항로를 따라가서 물건을 교환한다는 의미를 가지고 있다. 우리가 오늘날 사용하고 있는 무역이라는 한문의 용어도 고대중국의 고전인 사기(史記)와 십팔사략(十八史略)에서 '이물상역(以物相易)'과 '무역의복회전수주(貿易衣服回轉數周)'라는 기록에서 찾아볼 수 있으며, 이때 '무(貿)' 자와 '역(易)' 자는 모두 매매 또는 교환을 의미한다.

(3) 무역의 필요성

세계 여러 국가들은 서로 각기 다른 자연 및 사회적 조건을 가지고 있다. 이들 조건이 서로 다르기 때문에 상품을 생산하는 데 있어서 생산비용과 효율도 다르게 된다. 무역의 필요성은 바로 이러한 국가 간의 자연적 조건 및 사회적 조건의 차이에 기인한다. 자연적 조건의 차이로는 천연자원·기후·풍토·강우량 등을 들 수 있으며, 사회적 조건의 차이로는 제도·습관·법률·종교·기호·자본·노동·생산기술 등을 들수 있다.[2]

1) 천연자원의 부존 차이

세계 각국의 천연자원 부존 현황을 살펴볼 때 미국, 캐나다, 러시아처럼 풍요한 자원을 자기고 있는 국가가 있는 반면 한국·이스라엘·네덜란드 등 천연자원 보유

---

2) 김시경(1994), 최신 무역학개론, 감영사, pp.7-8 참조.

가 극히 빈약한 나라들도 있어 심각한 천연자원의 편재현상을 나타내고 있다. 그러나 자원을 풍부하게 보유하고 있는 국가라 할지라도 경제생활과 밀접한 모든 자원을 갖추고 있는 것은 아니다. 따라서 각국은 상호의존과 공존의 토대 위에서 경제적으로 서로 밀접한 관계를 가지지 않을 수 없으며 바로 이러한 측면이 무역을 필요로 하는 이유라 할 수 있다.

2) 국민소득과 구매력의 차이

세계 각국은 서로 다른 상품의 구매력을 가지고 있다. 어느 일국의 외국상품에 대한 수요량은 그 나라의 구매력이 크거나 작음에 따라 영향을 받게 된다. 따라서 구매력이 큰 국가는 상대적으로 구매력이 작은 국가에 비하여 수요가 클 것이다. 또한 국민소득이 높은 수준의 국가는 국민소득이 낮은 국가에 비하여 외국상품의 수요가 클 것이다. 따라서 구매력이 높은 국가 또는 국민소득이 높은 국가는 구매력이나 국민소득이 낮은 국가에 비하여 외국상품을 더욱 필요로 한다는 사실은 국가 간의 무역증대를 야기한다.

3) 산업발달의 정도 차이

자본과 기술이 풍부한 국가는 기술집약적인 상품에 특화하여 생산하고, 노동과 자원이 풍부한 국가는 노동집약적인 상품의 생산에 전문화함으로써 이국(異國) 간에 무역이 발생될 수 있고, 이를 통하여 후생을 증대시킬 수 있다.

2. 무역의 특징

무역은 국제상거래라는 하나의 경제행위이므로 본질적으로 국내상거래와 다를 바 없겠으나 무역은 재화가 국경을 넘어 이루어지는 특유하고 복잡한 성격을 지닌 상거래라는 점에 있어서 국내상거래와 다른 무역만의 특징을 가지고 있다.

(1) 무역의 해상의존성

무역은 일반적으로 해상운송수단에 의하여 이루어지고 있으므로 해운과는 밀접한 관련이 있다. 즉 무역은 예로부터 바다를 주된 무대로 해운의 발달과 깊은 인과관계를 가지면서 발전되어 왔다. 무역이라는 용어가 의미하고 있듯이 해운과 무역은 불가분의 관계를 가지고 있다. 이는 해양국가의 무역에만 국한되지 않고 프랑스나 독일과 같은 전형적인 대륙국가에 있어서도 총 무역액의 대부분이 해상무역에 의존하고 있다.

중세의 범선무역 시대를 모험상인(merchant adventurer) 시대라고 부르는 것도 무역이 해운과 보험의 종합임을 시사하고 있다. 그 후 해운에서 보험이 분리되었으며, 해운도 운송수단의 발달함에 따라 해상운송, 육상운송, 항공운송, 복합운송 등으로 세분화되었다. 그러나 오늘날에 있어서도 무역에서 해상운송은 아직 그 비중이 크므로 이들 일체의 운송방식을 통칭하는 개념으로 간주되고 있어 무역의 해상의존성은 절대적이라 할 수 있다.

(2) 무역의 기업위험성

운송수단의 발달과 보험제도의 발달로 무역의 기업위험성은 과거에 비하여 상당히 경감되어 왔으나 무역거래는 국내상거래와 달리 영업상의 위험을 많이 내포하고 있다. 무역거래주체인 기업은 익숙한 환경의 국내시장에서의 거래활동에서 벗어나 이질적인 환경을 지닌 국가와의 무역거래에 참여할 경우 여러 가지 위험에 직면할 수밖에 없다.

무역의 기업위험성은 상품자체에서 오는 물리적 위험, 신용위험, 가격변동위험, 환율변동위험, 실무절차상의 위험으로 나눌 수 있다.

1) 상품자체의 위험

수출국의 판매업자로부터 수입국의 수입업자에게 물품이 인도될 때까지에는 시간적·공간적 격차가 필연적으로 존재할 수밖에 없다. 그러므로 이러한 격차 때문에 교역물품의 운송과 보관 중에 상품 자체의 물리적 손상이 초래될 가능성이 있다.

2) 신용위험

오랜 거래처들 간의 국내상거래에 있어서도 대금결제 및 금융에 관한 지급불능이나 지급거절과 같은 신용위험이 종종 발생한다. 이러한 신용위험은 거래상대방의 정확한 정보가 부족하고 상관습이 상이한 무역거래에서 발생할 가능성이 더욱 높다. 특히 대금결제위험은 경제발전이 낙후되어 있거나 외환상태가 좋지 않아 외환규제가 심한 후진국과의 거래 시 또는 외상거래가 관습으로 되어 있는 국가와의 거래 시 발생빈도가 높다.

3) 가격변동위험

무역거래대상이 되는 물품의 가격은 원자재가격, 인건비, 세금 등에 따라 변하기 때문에 무역에 참가하는 당사자들에게 위험요소로 작용한다. 예를 들면 무역계약이 이루어진 후 원자재가격이 폭등하여 가격상승요인이 생겼다 하더라도 수출기업은 이에 관계없이 계약을 지키기 위해 출혈수출을 감수해야 한다. 따라서 무역업자들은 투기자들이 아닌 이상 무역거래 시 가격변동요인을 제대로 예측하거나 혹은 선물거래 등을 통하여 가격변동에 따른 위험을 극소화시키려고 한다.

4) 환율변동위험

변동환율제도하에서는 외환시장에서의 외환에 대한 수요와 공급에 의해 수시로 환율이 변화하는데 이러한 환율변동은 무역참여기업들에 화폐가치의 변동에 따르는 환위험(foreign exchange risk)을 발생시킨다. 예를 들어 자국의 화폐가 상대적으로 환율이 인상되는 경우 그 화폐를 다른 나라의 화폐로 교환해야 하는 기업, 즉 수입기업은 환차손을 감수해야만 한다. 또한 환율변동은 물품가격의 변동으로 이어짐으로써 역시 무역기업들에 가격경쟁력상의 위험을 초래한다.

5) 실무절차상의 위험

국제거래에서는 국내거래보다도 까다로운 실무절차와 특수한 제반 서류가 존재한다. 즉 무역거래 시 무역계약으로부터 무역거래가 완전히 종결될 때까지 세관이나 외국환거래은행, 보험회사, 상공회의소 등 무역관련기관으로부터 각종 인·허가를 취득해야 하며, 이 과정에서 신용장(L/C)·보험증권·원산지증명서 등 여러 가지 특수한 서류를 구비해야만 한다.

(3) 무역의 산업연관성

무역은 국내 중요산업이 필요로 하는 원자재를 자원이 풍부한 세계 각국에서 수입하여 공급하고, 국내에서 생산된 상품은 해외시장에 수출함으로써 산업의 원료 및 상품시장을 국내에서 세계 전체로 확대시키는 배급기능을 하고 있다. 무역은 국제분업을 촉진하여 생산요소의 효율적인 이용과 산업의 특화를 가능케 하여 우수하고 저렴한 상품의 국제적 배분을 원활히 한다. 특히 수출은 국내기업에 광활한 해외시장을 제공함으로써 대량생산에 따른 규모의 경제를 가능하게 한다. 나아가서 고용수준을 향상시키며, 국민경제발전의 선도적 역할을 하게 된다. 무역을 통한 국민경제와 세계경제의 연결이라는 점에서 무역은 어느 국가에 있어서도 그 나라 전체 산업에 영향을 주므로 무역과 산업의 연관성은 더없이 크다고 할 수 있다.

(4) 무역의 국제관습성

무역은 물품매매계약의 형식으로 소유권이 매도인인 수출업자로부터 매수인인 수입업자에게로 이전된다. 이와 같은 국제매매는 거래당사자들에게 법률상의 권리와 의무를 발생시키는 상행위이기 때문에 분쟁의 소지를 없애기 위해서는 국제매매에 관한 통일된 규칙 내지 협약이 필요하다.

그러나 최근 국제매매에 관련된 여러 가지 조약이나 법규가 마련되고 있기는 하지만 아직까지는 급증하는 무역량에 따른 거래당사자들의 분쟁을 명확히 해결할 정도의 수준에는 이르지 못하고 있다. 따라서 통일된 법규나 협약이 적용될 수 없는 거래인 경우 과거 오랜 상거래에 의해 정형화된 관습에 근거해서 계약을 체결하고, 만약 분쟁이 발생하면 이에 근거하여 처리하게 된다.

4. 무역의 지표와 시사점

(1) 무역의존도

무역의존도(degree of dependence on foreign trade)란 어느 한 나라의 국민경제가 얼마만큼 무역에 의존하고 있는가를 나타내 주는 지표를 말한다. 즉 어느 일국의 경제자립도를 나타내 준다. 무역의존도는 어느 일정한 기간 동안에 있어서 한 나라의 국민소득에 대하여 일정한 기간의 무역액의 비율로 나누어 구할 수 있다. 즉 국민경제에는 국민소득을 대입하고 무역에는 무역액을 대입하여 그 비율을 구하게 되는데, 일반적으로 국민소득은 국내총생산(GDP)을 사용하여 구하게 된다. 또한 어느 일정한 기간의 무역액은 해당 기간의 수출액과 수입액의 합을 사용한다. 그러므로 무역의존도는 국내총생산에 대한 무역액의 비율로 나타난다. 즉 무역의존도(%)=(무역액/국내총생산)×100로 구할 수 있다. 따라서 무역의존도는 각국의 국민경제에서의 무역의 비중을 나타냄과 동시에 경제성장에 대한 무역의 역할을 표시하는 지표로 이용된다.

또한 무역의존도는 수출의존도와 수입의존도의 합계이다. 즉 수출의존도는 어느 한 나라의 국민경제가 얼마만큼 수출에 의존하고 있는가를 나타내 주는 지표로 수출의존도(%)=(수출액/국내총생산)×100로 간단히 구할 수 있다. 이와 마찬가지로 수입의존도는 어느 한 나라의 국민경제가 얼마만큼 수입에 의존하고 있는가를 나타내 주는 지표로 수입의존도(%)=(수입액/국내총생산)×100로 구할 수 있다. 따라서 무역의존도는 수출의존도와 수입의존도의 합으로 나타나는 것이다.

우리는 흔히 대미의존도, 대중의존도라는 말을 사용하는데 이는 우리나라의 제1, 2위 교역국인 중국과 미국에 대한 무역의존도를 나타내는 말이다. 즉 대미의존도란 우리나라의 국민경제가 얼마만큼 미국에 의존하고 있는가를 나타내는 것으로 대미의존도(%)=(대미무역액/국내총생산)×100로 구할 수 있다. 다시 말하면 대미의존도는 대미수출의존도와 대미수입의존도의 합으로 대미수출의존도는 우리나라의 국민경제가 얼마만큼 미국으로의 수출에 의존하고 있는가를 나타내 주는 지표이며, 대미수입의존도는 우리나라의 국민경제가 얼마만큼 미국으로부터의 수입에 의존하고 있는가를 나타내 주는 지표이다. 이와 마찬가지로 대중의존도를 구할 수 있고, 우리나라와 무역관계에 있는 모든 나라의 무역의존도를 구해 낼 수 있으며, 결국 이들의 합이 총체적인 의미의 무역의존도가 된다.

일반적으로 한 나라의 수입의존도는 그 나라의 자원조건과 산업구조의 발전 정도에 의하여 결정된다. 수출의존도나 수입의존도는 그 나라 경제규모의 절대적 크기와 경제발전 정도, 즉 산업구조의 발전 여하에 따라 크게 좌우된다. 따라서 구조변동기에는 그 변화가 심하나 단기적으로는 비교적 안정된 수치를 가지는 것이 보통이다.

무역의존도에 따라 그 나라 경제의 자립도를 평가하기도 하는데 이 지표가 높다고 해서 반드시 그 나라의 국민경제가 허약하다는 것을 의미하지는 않는다. 그러나 무역의존도는 국민경제에 있어서 무역의 중요성을 표시하며, 무역은 외국의 경기변동이나 경제사정에 따라 좌우될 수 있으므로 무역의존도가 높다는 것은 그 나라의 국민경제가 해외시장에 많이 의존하게 되어 그만큼 불안정하다는 것을 의미한다. 반면 무역의존도가 낮은 경우 그 나라의 국민경제는 국내분업의 확대에 의한 경제적 자급도가 높아서 상대적으로 국제경제의 영향을 적게 받게 된다.

(2) 교역조건

우리가 물건을 사고팔 때에는 가능하면 싸게 사고 비싼 값으로 팔려고 한다. 이와 마찬가지로 국가 간의 거래에 있어서도 싼값에 수입하고 비싸게 그리고 더 많이 수출하려고 한다. 그러나 현실적으로 꼭 그렇게만 되는 것은 아니다. 때로는 어쩔 수 없이 비싸게 수입하거나 싼값으로 수출함으로써 가격상 불리해지는 경우도 발생하게 된다. 이와 같이 상품수출입이 가격상 얼마나 유리해졌는지 아니면 불리해졌는지를 알아보고 또 그 원인을 규명하여 이를 무역정책에 반영하기 위해 작성하고 있는 것이 교역조건이다.

교역조건이란 국가 간에 상품이 어떤 교환비율로 교역되고 있는가를 말하는 것으로 재화와 재화 간의 국제교환비율을 의미한다. 예를 들어 쌀의 가격이 1이라 하고 석유의 가격을 2라고 하면 그때의 교역조건은 쌀1 = 1/2석유 또는 쌀2 = 석유1이다. 따라서 교역조건이란 어떤 재화의 가치를 절대금액으로 표시하는 대신에 다른 재화와의 교환양으로써 나타낸다는 의미에서 상대가격의 개념과 동일한 것이다. 이 재화 간의 교역이 국내에서 이루어지지 않고 국가 간의 수입 및 수출의 형태로 이루어지는 경우에 그 교환비율을 특히 교역조건이라고 말한다. 그러므로 교역조건은 수출품의 가격지수와 수입품의 가격지수와의 비율인 것이다.

한 나라의 수출품가격과 수입품가격 사이의 관계를 나타내는 것이 교역조건으로 만일 수입품가격에 비해 상대적으로 수출품가격이 높아지면 그 나라의 교역조건은 유리한 방향으로 움직였다고 말한다. 왜냐하면 실제로 수출하는 상품 한 단위에 대해 더 많은 수입품을 받아들이는 것이기 때문이다. 교역조건은 교역상품들의 세계적 수요와 공급에 영향을 받으며, 동시에 국제무역의 이익이 교역국가들 사이에 어떻게 분배되는지를 나타내 준다. 이와 같은 교역조건의 개념은 일국 경제 내의 서로 다른 산업부문들 사이에도 적용된다. 예를 들어 농업과 제조업 부문 등의 가격비율 역시 상호교역조건이라는 개념으로 표현할 수 있는 것이다.

한 나라의 교역조건에 갑작스런 변화가 발생되면 그것은 상황에 따라 여러 가지 결과를 초래할 수 있다. 예를 들어 어떤 나라의 주요 수출품인 1차 생산물 가격이 크게 하락할 경우 만약 그 나라가 1차 생산물 수출로 얻는 외환에 의존해서 공산품이나 자본설비를 수입하는 나라라면 국제수지에 심각한 불균형이 발생할 것이다.

교역조건의 변동을 설명하는 많은 이론이 연구되어 왔지만 그 가운데 어느 것도 무역통계의 자세한 검증을 통해 실제로 확인된 바는 없다. 비교적 널리 받아들여지고 정치적으로도 중요한 의미를 갖는 한 가지 견해는 교역조건이 저개발국가에 불리한 방향으로 움직인다는 주장이다. 이 주장은 후진국의 수출품이 거의 1차 생산품인 반면에 수입품은 대부분 선진국 제조업 상품들이라는 데 근거를 두고 있다.

(3) 수입자유화율

수입자유화란 어느 한 나라에서 취해 왔던 일련의 수입규제를 해소하는 조치를 의미하며, 한 나라의 일정기간 내의 총수입상품 중 자유로운 수입이 인정되는 이른바 자유화 품목이 차지하는 비율이 바로 수입자유화율이다. 이는 그 나라의 무역자유화의 상황을 나타내는 중요한 지표가 된다.

우리나라의 경우 경제규모의 양적·질적 성장에 따라 국내외적인 요구와 압력의 증가와 함께 1970년대 후반 이래 경제개방정책을 수행해 온 결과 수입자유화율은 점차 높아져 왔다. 수입자유화율의 변화추이를 살펴보면, 1979년 67.5%, 1981년 74.7%, 1983년 80.7%, 1985년 87.7%, 1987년 93.6%, 1989년 95.5%, 1992년 98.1%로 꾸준히 계속 증가하여 왔으며, 현재 우리나라의 수입자유화율은 99.9%로 대부분의 품목이 수입가능하다. 그러나 풍속을 해치는 서적이나 비디오 및 위조화폐 등과 같이 상표권을 침해하는 물품은 수입이 금지되고 있다. 또한 원칙적으로 수출입이 금지되는 상품을 대외적으로 공포하고 있는 수출입공고, 수출입별도공고상에 게기되어 있는 물품이라 할지라도 수입할 수 있는데, 이때에는 해당 물품을 관리하고 있는 관계 행정기관의 장으로부터 수입승인을 받아야 하며, 수입승인을 받게 되면 수입이 가능하다.

즉 수입자유화율이란 어느 한 나라에서 총수입상품 중 정부의 규제, 즉 정부의 승인을 받지 않고도 수입을 할 수 있는 상품의 비율이 어느 정도인지를 나타내는 지표로 일국의 대외시장개방 정도를 알 수 있는 척도라 하겠다. 이 비율이 높을수록 일국 시장의 개방 폭이 크다는 것을 알 수 있다.

(4) 외화가득률

외화가득률(rate of foreign exchange earning)이란 수출상품가격에서 수입원자재가격을 뺀 가격의 상품수출가격에 대한 비율을 말한다.[3] 한 나라의 총 수출액 중에서 실제로 가득한 외화에 대한 백분율로 나타나는 것이 외화가득률이므로 외화가득률은 자기 나라 원자재를 많이 사용해서 생산한 상품일수록 비율이 높아지게 된다. 따라서 외화가득률이 높은 상품을 많이 수출하면 할수록 국민경제는 한층 더 많은 이익을 얻을 수 있다. 그리고 외화가득률은 절대적이 아니고 상대적이어서 상품의 종류에 따라 각각 다르고 더욱이 수출입가격의 변동과 교역상대국의 수요변동에 따라 좌우된다.

외화가득률은 특정상품에 대하여 산출되는 경우와 수출상품 총액과 수입원자재가격 총액에 대하여 산출되는 경우가 있다. 전자의 경우 원자재를 국내에서 생산할 수 있는 산업의 외화가득률은 높아지는데 대체로 중공업 분야에서 높게 나타난다. 후자의 경우는 한 나라의 경제의 기초적 수입액을 유지하는 데 필요한 수출액을 계산하는 데 이용된다.

즉 외화가득률은 한 나라의 총 수출액 중에서 원자재수입에 지출된 외화를 제외한 순수외화수입의 전체 수출액에 대한 비율로 특정산업에 대해서도 표시할 수 있으며, 외화가득률 산출의 목적은 얼마만큼 경제구조와 전체 무역수지가 개선되었는지를 알아보고자 하는 데 있다.

일반적으로 중화학공업이 경공업보다 외화가득률이 높으므로 높은 외화가득률은 무역수지의 개선뿐만 아니라 경제구조 개선의 의미를 가지게 되기 때문이다. 그러나 이 지표는 이 같은 거시적인 경제구조 개선을 나타내는 완전한 지표는 될 수 없다. 그 이유는 이 비율이 수출산업의 경제경쟁력이나 해외수요추이를 고려하지 않고 있으며, 수출입의 균형 잡힌 증대가 아니라 일방적인 무역차액만을 강조하는 지표이기 때문이다. 즉 외화가득률만을 가지고 무역정책이나 산업구조정책을 입안할

---

3) 우리나라에서는 외화가득률을 FOB 수출가격에서 CIF 원자재가격을 뺀 다음 이를 FOB 수출가격으로 나누는 방식으로 계산하고 있다.

수는 없다. 그것은 이 비율이 수출산업에 대한 해외수요나 당해 산업의 국제경쟁력 등을 고려해 넣지 않고 있으며, 외화가득률의 상향 조정은 무역차액의 증대에 급급한 나머지 균형 잡힌 수출입의 증대를 통해 경제의 확대가 이루어진다는 점을 경시하고 있기 때문이다. 또한 외화가득률의 논의는 외화사정이 좋지 않은 시기에는 의미가 있겠으나 외화사정이 호전되면 그 실질적인 의의를 상실하게 된다.

 읽고 가기 | **1000원 수출에 370원은 외국 몫 ‥ 외화가득률 63%**

수출상품의 소재·부품 해외의존도가 높아지면서 수출에 따른 외화가득률이 20년 전 수준으로 후퇴했다. 이는 수출은 크게 늘고 있지만 그 과실이 상당부분 원·부자재 수입국 몫으로 돌아간다는 의미여서 소재·부품국산화 등 대책이 시급한 것으로 지적됐다. 한국은행이 산업연관표를 이용해 외화가득률 추이를 분석한 결과 지난 2000년 기준 한국 수출의 외화가득률은 63.3%에 머물렀다. 상품 1천 원어치를 수출할 때 6백33만 국내성장에 기여한 반면 나머지 3백67원은 수입을 통해 해외로 빠져나갔다는 얘기다.

외화가득률이란 상품수출액에서 관련 원·부자재 수입금액을 뺀 외화가득액을 상품수출액으로 나눈 비율이다. 국내 외화가득률은 80년 63.1%, 85년 64.7%, 90년 69.2%, 95년 69.8% 등으로 높아지다가 2000년에는 63%대로 급락했다. 주요 선진국의 외화가득률은 △미국 94.7% △프랑스 87.5% △영국 84.3%(이상 90년) △일본 90.5%(95년) 등으로 조사됐다.

산업별 외화가득률은 주력수출업종인 전기·전자가 95년 65.3%에서 2000년 54.1%로 11.2%포인트나 급락, 부품국산화율이 갈수록 낮아지고 있음을 보여줬다. 특히 전기·전자품목 가운데 반도체(49.7%), 통신·방송기기(51.5%)는 평균치에 크게 못 미쳤다. 반면 섬유·가죽제품은 68.4%(95년 67.3%)로 높아졌다. 외화가득률은 원료를 대부분 수입하거나 부품국산화율이 낮을수록 떨어지게 돼, 석유·석탄제품이 38.4%로 가장 낮았다. 농림수산품(89.2%) 광산품(89.9%)은 90%에 육박했다.

한국은행은 "수출이 아무리 늘어도 부품자급률이 떨어지면 그만큼 경제성장기여도가 낮아지고 고용효과도 떨어지는 만큼 성장잠재력을 키우려면 기초 소재·부품국산화에 국가적 관심을 쏟아야 한다."고 강조했다(자료출처: 한국경제신문).

제2절 대외무역관리

1. 무역관리(Trade Control)의 의의[4]

무역[5]이란 국제간의 물품의 이동을 말하는 것으로서, 오늘날 거의 모든 국가가 자유무역을 지향하면서도 자국의 국제수지균형을 달성하기 위하여 자국의 수출입거래에 어느 정도 제한을 가하고 있다. 이러한 정부시책은 국내외 경제환경의 변화에 따라 변경될 수도 있으며, 이렇게 볼 때 무역관리는 무역정책의 한 부분으로서 무역에 관한 제 법규에 의해서 경제주체의 무역거래에 대한 권리를 제한하는 소극적 간섭이라고 할 수 있다.

무역관리제도란 물품의 수출입을 규제 또는 지원하기 위한 각종의 법규 및 제도적 장치를 말한다. 따라서 무역관리는 무역거래과정에 대한 정부의 인·허가, 면허, 승인, 인증, 행정지도 등의 방법으로 나타난다. 결국 무역관리(Trade Control)는 "국가 또는 정부가 대외무역거래에 대한 규제나 통제행위를 행하는 것으로 통상·무역의 전부 혹은 일부에 대하여 총액, 내용, 시기, 결제방법 및 거래상대국 등을 적극적으로 규제하는 것을 의미한다."고 할 수 있다. 즉 무역관리라 함은 무역거래에 대한 국가의 간섭 내지 통제 관리함으로써 국민경제의 발전을 도모하자는 것이다.[6]

---

4) 김동구·라공우·이기희, 무역실무, 두남, pp.41-45와 도중권·라공우, 최신대외무역법, 두남, pp.19-46 및 박형래, 국제무역개론, 두남, pp. 307-310 참조.

5) 넓은 의미의 무역은 국제물품거래활동(sales of goods across frontiers), 국제서비스거래활동(sales of service across frontiers), 지적재산권, 국제거래활동(sales of knowledge across frontiers), 국제투자활동(sales of investment across frontiers) 등으로 나눌 수 있다(강용찬, 무역법규, 형설출판사, 1998. p.1). 그러나 현행 우리나라 대외무역법 제2조 정의에서 "무역이라 함은 물품의 수출·수입을 말한다."고 하여 물품으로 한정하고 있다. 따라서 본서에서의 무역은 좁은 의미의 무역인 국제물품거래활동을 말한다.

6) 박종수, 국제통상무역관리, 삼영사, 1997, pp.29-30.

2. 무역관리의 수단

(1) 법률적 관리

우리나라의 무역관리는 대외무역의 관련법률, 시행령 및 관리규정 등의 법규적인 수단에 의해 관리되고 있으며, 다음과 같이 둘로 나눌 수 있다. 첫째, 우리나라의 무역관리법규로는 대외무역법, 무역대금결제를 관리하는 법규로는 외국환거래법, 통관법규로는 관세법, 농산물검사법 등이 있다. 이러한 법규에 의한 무역관리 외에도 고시와 공고가 있으며, 이는 원칙적이고 기본적인 것은 법령에서 규정하고 구체적인 것은 유동적인 국제경제질서에 효율적으로 대처하기 위해 고시와 공고를 통하여 관리한다.[7]

둘째, 법제정의 본래 목적도 무역관리가 아니었으나 그 법을 집행하는 과정에서 반사적으로 무역에 영향을 미치는 개별행정법들이다. 이러한 법규들은 국민보건, 위생, 환경, 문화재보호 및 특정의 국내산업을 규제할 목적으로 제정된 법률[8]이지만 운용과정에서 관련부문에 무역활동에도 규제하게 된다. 이러한 특별법[9]에 의한 무역관리는 대외무역정책의 범위 내에서 법을 관장하는 소관 주무부처에 의해 관리되고 있다.

(2) 행정지도에 의한 관리

이는 행정청의 행정행위에 의한 무역관리이다. 여기서 행정행위(administrative act)라 함은 학문상의 용어로서, 실정법에서는 허가, 인가, 면허, 특허 또는 승인 등의

---

7) 고시 등은 상위법규에서 위임된 구체적인 집행사항 등에 관한 내용을 담음으로써 사실상 법규의 집행만이 아니라 법규의 보완기능을 수행한다고 볼 때 고시·공고는 넓은 의미의 법규에 포함된다고 볼 수 있다(안광구, 무역거래요론, 영문사, 1976, p.36).

8) 강용찬, 전게서, p.7.

9) 특별법으로는 마약법, 약사법, 검역법, 문화재보호법, 연초전매법 등 51개가 있다.

용어가 사용되고 있다. 일반적으로 행정주체가 구체적인 사실에 대한 법규적 행위로서 하는 공권력의 발동으로서 단독적 공법행위를 말한다. 이러한 행정청의 행정행위에 의한 무역관리로서는 무역업의 신고, 수출입의 승인 등을 들 수 있다.[10)

3. 대외무역관리와 무역법규

대외무역관리의 목적을 달성하기 위한 수단으로서 정부는 수출입의 각 단계마다 각각 알맞은 각종법규에 의거하여 제한과 금지 또는 우대조치를 취하고 있으며, 가장 기본이 되는 법규는 대외무역법, 관세법, 외국환거래법이 있다.

(1) 대외무역법

대외무역법은 대외무역의 기본법으로 대외무역법과 대외무역법시행령, 대외무역관리규정 및 각종 고시·공고 등이 있으며, 대외무역의 일반법이자 대외무역을 총괄하는 기본법이다.

1) 대외무역법의 목적

우리나라와 같이 국내시장이 협소하고 부존자원이 빈약한 국가는 무역이 국민경제에 미치는 영향이 매우 크다. 이와 같이 무역이 국민경제에 미치는 중요성을 감안하여 수출입을 중심으로 한 통상의 확대를 위해서는 수출입의 공정한 거래질서가 확립되어야 한다. 또한 수출입과 관련된 대외무역관리는 일국의 대내외 경제여건에 따라 다소 상이할 수 있으나, 대외무역법은 우리나라의 무역정책과 밀접한 관계를 가지고 있으며, 무역정책의 중요한 비중을 차지하고 있다. 따라서 대외무역관리에 관한 정책의 기본방향은 국민경제발전에 기여할 수 있도록 설정할 필요가 있다.

현행 대외무역법 제1조에서는 "이 법은 대외무역을 진흥하고 공정한 거래질서를 확

---

10) 윤광운, 무역법, 삼영사, 1998, p.62.

립하여 국제수지의 균형과 통상의 확대를 도모함으로써 국민경제의 발전에 이바지함을 목적으로 한다."고 규정하고 있다.

이 법조항에 따라 전단의 '대외무역을 진흥하고 공정한 거래질서를 확립하여'라고 함은 우리나라 대외무역법의 기본목적이고 후단의 '통상의 확대를 통하여 국제수지의 균형에 기여하고 궁극적으로 국민경제의 발전에 이바지함에 있다. 따라서 궁극적인 목적은 국민경제의 발전에 있다고 할 수 있다.'고 함은 대외무역법의 궁극적인 목적이 국민경제발전에 있다고 할 수 있다.

2) 대외무역법의 체계

대외무역에 관한 우리나라 헌법조문인 "국가는 대외무역을 육성하며 이를 규제·조정할 수 있다."는 무역관리에 관한 헌법이념에 따라 대외무역에 관한 기본법인 대외무역법(법률)은 전문 8장 60조와 부칙으로 구성되었으며, 대외무역법에서 위임된 사항과 그 시행에 관하여 필요한 사항을 정하기 위한 대외무역법시행령(대통령령)은 전문 7장 119조와 부칙 7조로 구성되었으며, 대외무역법과 동법 시행령에서 위임된 사항과 그 시행에 관하여 필요한 사항을 정함을 목적으로 하는 대외무역관리규정(산업자원부고시)은 전문 8장과 부칙으로 구성되었다.

3) 대외무역법의 특성

대외무역법은 제1조(목적)에 따라 다음과 같은 성격을 가지고 있다.

① 국제성, 대외적 성격을 갖고 있다

대외무역법은 국민의 대외경제생활, 즉 국제상거래에 적용되며 또한 국제적으로 타당하다고 인정되는 범위 내에서는 국제성을 지니고 있다. 대외무역법 제정 시 우리나라 헌법에 의하여 체결·공포된 무역에 관한 조약[11]과 일반적으로 승인된 국제

---

11) 무역에 관한 조약은 국가 간에 무역거래에 관한 법률상의 권리의무를 창설, 변경·소멸시키는 2국 또는 2 이상의 국가 간에 있어서의 명확히 표현된 항의라고 할 수 있다. 즉 조약은

법규,[12) 기타 국제협정에 따른다(법 제3조)고 규정하여 국제성을 뚜렷이 하고 있다. 한편 대외무역법은 무역거래가 국제상거래라는 특성에 따라 국제사법 적용의 문제와 국제상관습 등과 연관되는 점에 비추어 대외무역법은 본질적으로 국제성을 내재하고 있다.[13)

② 종합성을 지니고 있다

무역거래현상은 매우 복잡·다양하며, 개개의 현상은 각각 독립되어 있다기보다는 서로 유기적인 관계를 유지함으로써 전체로서 국민경제질서를 형성하며, 또한 이러한 국민경제질서는 국제경제질서와 밀접한 관련을 맺고 있다. 따라서 무역에 관한 어느 한 분야의 규제는 동시에 다른 분야의 경제활동에 영향을 미치게 된다.[14)

③ 규제대상이 포괄적인 성격을 가지고 있다

이는 대외무역법 규제내용은 구체적 거래를 대상으로 하는 것이 아니라 일반적인 사항에 관하여 다수의 당사자를 전제로 하며, 무역거래업체와 관련된 일반적인 사항을 규정하려고 하는 것이다.

④ 위임입법성을 가지고 있다

대외무역법은 유동적인 대외거래를 규율하는 법으로서 탄력적인 법형식이 요청되기 때문에, 입법경직성이 강한 국회가 원칙적인 사항만을 제정법에 규정하고, 시행

명칭 여하를 묻지 않고 국가 간에 서면의 형식으로 체결된 명시적 합의를 말한다(강이수, 대외무역법, 무역경영사, 1998, p.39).

12) 일반적으로 승인된 국제법규는 보편적, 일반적 규범으로서 세계다수 국가에 의하여 일반적으로 승인된 것이면 그대로 국내법적 효력을 가지며, 여기에 포함된다고 보아야 할 것이다. 또한 일반적으로 승인된 국제법규는 국제관습·법만을 의미한다는 견해도 있으나 그 이외에 우리나라가 체약당사국이 아닌 조약이라도 국제사회에서 일반적으로 그 규범성이 인정된 것은 이에 포함된다고 본다(강이수, 전게서, p.39).

13) 윤광운, 무역법, 삼영사, 1998. p.31.

14) 이상규, 신행정법론(下), 법문사, 1991, pp.492-493, 강이수, 전게서, p.38 인용.

에 관한 세부적 사항 등은 행정부가 제정하는 시행령과 관리규정에 위임하고 있다.

⑤ 경제의 통제성을 지닌다

대외무역법은 수출입질서와 대외신용의 유지, 향상을 통한 지속적인 무역의 진흥을 도모하기 위해 규제 및 조정을 하고 있다. 따라서 국민경제질서 중의 대외적 경제질서를 규제·조정하며, 직접 정부가 공익과 사익의 조화를 이루려는 일종의 경제의 통제법의 일종이다.[15]

⑥ 무역관리의 권한은 산업자원부장관의 전속이다

모든 무역관리의 권한은 산업자원부장관의 전속이며, 그중의 일부 권한을 관련기관, 협회, 단체 등에 위임 또는 위탁을 통해 관리하고 있다.

⑦ 무역업무의 과학화를 추진하고 있다

대외무역법에서는 무역업무를 전자문서교환(Electronic Data Interchange, EDI)체제로 자동화하는 등의 과학적인 무역업무 처리기반을 구축하고 있다.

⑧ 전자무역을 촉진하고 있다

경제적 가치가 있는 전자적 형태의 무체물을 정보통신망을 통하여 수출·수입하는 것도 무역으로 보고 이를 위해 전자무역중개기관, 전자무역중개기관위원회 등을 두고 있다.

4) 대외무역법의 운용원칙

대외무역법에서는 다음과 같은 운용원칙을 가지고 있다. 법 제3조 1항에서 "정부는 헌법에 의하여 체결, 공포된 무역에 관한 조약과 일반적으로 승인된 국제법규가 정하는 바에 따라 자유롭고 공정한 무역을 조장함을 원칙으로 한다."고 규정하고 있다.

---

15) 윤광운, 전게서, p.32.

또한 법 제3조 2항에서는 "정부는 이 법이나 다른 법률 또는 헌법에 의하여 체결, 공포된 무역에 관한 조약과 일반적으로 승인된 국제법규에서 무역에 대한 제한을 정한 규정이 있는 경우에는 그 제한을 정한 목적을 달성하기 위하여 필요한 최소한의 범위 안에서 운영하여야 한다."고 규정하고 있다. 따라서 우리나라 대외무역법의 운용원칙은 무역관리체제를 자유무역을 추구하는 국제규범에 부합시키고 더나아가 그러한 범위 내에서 무역제한을 가할 때에는 최소한의 범위를 국한시킴으로써 자유·공정무역의 추진과 무역제한의 최소화 원칙을 가지고 있다.

(2) 외국환거래법

외국환거래법은 외국환거래 기타 대외거래의 자유를 보장하고 시장기능을 활성화하여 대외거래의 원활화 및 국제수지의 균형과 통화가치의 안정을 도모함으로써 국민경제의 건전한 발전에 이바지함을 목적으로 하고 있다.[16]

외국환거래법 역시 최종목적은 국민경제의 발전에 이바지하는 데 있으며 그 추진수단으로써 외국환래 및 대거외거래의 자유를 보장하고 시장기능을 활성화하여 대외거래의 원활화를 기하고 국제수지의 균형과 통화가치의 안정을 도모하려는 데 있다.

(3) 관세법

관세법은 관세의 부과·징수 및 수출입물품의 통관을 적정하게 하여 국민경제의 발전에 기여하고 관세수입의 확보를 기함을 목적으로 하고 있다.[17]

관세법은 궁극적으로는 국민경제발전과 관세수입의 확보를 목적으로 하되, 그의 방법 및 수단으로써 관세의 부과·징수 및 수출입물품의 통관을 적정하게 하려는 것이므로 관세법은 조세법의 성격과 통관법의 성격을 가지고 있다고 할 수 있다. 그리고 관세징수와 수출입물품의 통관을 적정하게 하게 하기 위한 각종의 엄격한

---

16) 외국환거래법 제1조.
17) 관세법 제1조.

처벌조항을 가지고 있기 때문에 형사법적인 성격을 가지고 있으며, 또한 이의신청과 소원에 있어서는 행정법적인 성격을 가지고 있다고 할 수 있다

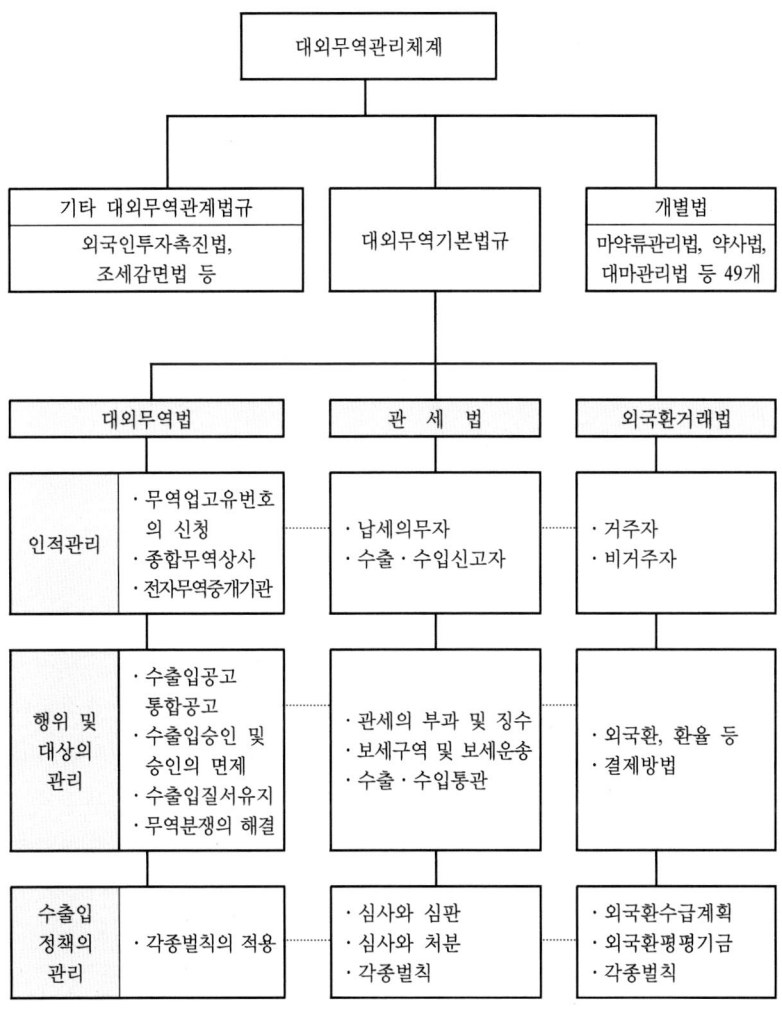

〈그림 1-1〉 대외무역관리체계

4. 무역관리기구

(1) 대외무역의 중앙행정기관

국제간의 물품거래활동에 대하여 국가는 일정한 조정, 간섭, 통제를 하고 있으며, 이는 무역이 국민경제에 미치는 영향이 매우 크므로 각국은 국민경제적인 입장에서 중앙행정기관을 통한 일원화된 무역관리가 필요하다. 우리나라의 무역관리에 관한 중앙행정기관은 산업자원부이며, 대외무역과 통상정책에 관한 최고중앙행정기관이다. 산업자원부장관은 상업, 무역, 광업, 공업 및 동력에 관한 사무를 관장하며,[18] 그 산하기관에 수출자유지역관리소와 무역위원회를 두고 있다. 그러나 무역행정의 신속화와 능률을 높이기 위하여 산업자원부장관은 대통령이 정하는 바에 의하여 관계행정기관, 협회, 단체 등에 권한의 일부를 위임 및 위탁하여 관리하고 있다.[19]

(2) 협조중앙행정기관

무역활동과정에서는 국내경제, 보건, 외환, 지적재산권 등 사회 전반에 걸쳐 관련된 사항이 있고 개별행정법에서도 무역과 관련된 업무를 수행하는 경우가 있다. 이와 같은 분야는 대외무역의 중앙행정기관의 장인 산업자원부장관이 관장하는 업무영역에 속하지 않기 때문에 무역관리의 일원화를 통한 통상진흥을 위하여 대외무역법에서는 관계행정기관들과의 협의 및 협조를 규정하고 있는데 이 경우의 관계행정기

---

18) 정부조직법 제37조.

19) 권한의 위임이라 함은 행정관청이 권한의 일부를 다른 행정기관에 이전하여 수임기관의 권한으로 행사하도록 하는 것을 말한다. 또한 권한의 위임은 그 권한을 위임하는 행정관청의 하급행정청 또는 보조기관에 하는 것이 보통이다. 위임행정관청과 대등한 행정관청 기타 직접적인 지휘·감독하에 있지 않는 행정청이나, 공공단체·그 기관 또는 사인에 대해서도 할 수 있다. 또한 법령에서는 위임이라는 용어 이외에 위탁이라는 용어도 사용되고 있는데, 전자는 상하관계에 있는 자 사이, 후자는 대등관계에 있는 자 사이에서 위임관계를 말한다.

관을 협조중앙행정기관이라 한다. 대외무역관리의 협조중앙행정기관에는 재정경제부, 외교통상부, 행정자치부, 농림부, 보건복지부, 건설교통부, 문화관광부 등이 있다.

5. 대외무역거래 물품의 관리

우리나라 무역의 관리원칙은 원칙자유·예외제한에 따라 물품의 수출입 및 이에 따른 대금의 영수 또는 지급은 대외무역법의 목적의 범위 내에서 자유롭게 이루어 질 수 있는 수출입의 자유화 원칙을 따르고 있다. 이러한 무역시스템을 Negative System이라고 하며, 수출입물품관리의 원칙을 Negative List System이라 한다.

(1) 수출입품목 분류

무역거래의 대상이 되는 물품의 품목은 이루 헤아릴 수 없이 다양하다. 대부분의 국가에서는 일정한 기준(주로 HS)에 의해 이들 품목을 분류하여 관세의 부과, 수출입통계의 작성, 수출입승인·허가 등 수출입품목에 대한 무역관리의 기준으로 활용하고 있다. 특히 관세율의 책정, 반덤핑·상계관세의 부과 및 수출입의 승인 및 허가와 관련해서는 이러한 품목분류기준이 매우 중요한 역할을 차지한다.

우리나라에서도 수출입되는 물품을 일정한 기준(HS)을 활용하여 분류하여 수출입 물품의 관리 및 각종 통계 작성 등에 활용하고 있다.

종전의 표준국제무역분류(SITC), 관세협력이사회상품분류(CCCN) 중심의 분류체계에서는 세목의 비교가 어렵고, 무역거래에 불편을 주어 시간과 경비가 많이 소요되었으며, 다양화되는 무역구조기술의 진보에 따른 신상품의 등장에 따라서 새로운 체계의 품목분류방법이 요구되었다. 따라서 무역통계에 종사하는 자의 사용을 용이하게 하여 국제무역의 원활화를 도모하고자 그동안 다양화되었던 상품분류체계인 SITC, CCCN, TSUSA 등을 통일적으로 적용하기 위하여 CCCN을 골격으로 한 새로운 국제통일상품분류체계인 국제통일상품명 및 코딩시스템(The Harmonized

Commodity Description and Coding System)을 만들었는데, 이를 일반적으로 Harmonized System(조화제도, 약칭 HS)라고 한다.

HS제도는 1973년 개발을 선언한 후 1983년 6월에 정식으로 국제협약(International Convention on the Harmonized Commodity Description and Coding system, 통일상품 분류에 관한 국제협약, 약칭 HS협약)을 채택하였다. 이 협약은 1988년 1월 1일부터 시행하도록 되어 있었으며, 우리나라를 비롯한 대다수의 국가가 시행하고 있으며, 체 약국들에 자국의 관세율표와 통계품목표를 HS에 일치시킬 의무를 부과하고 있다.

그리고 HS는 6단위 이하로 더 세분하여 사용할 수 있으나 관세율표와 통계품목상 의 6단위까지는 첨가 또는 감축 등의 변경을 하지 않고 그대로 사용해야 하며, 이 HS분류는 거래부(section)에 97개의 류(chapter)[20]를 두고 1,241개의 호(heading)로 분 류되어 있다.

(2) 수출입공고

1) 수출입공고의 의의

수출입공고란 산업자원부장관이 승인대상물품의 품목별 수량·금액·규격 및 수 출 또는 수입지역 등의 한정 등 물품의 수출 또는 수입 및 절차 등을 정하여 공고 하는 것으로서 수출입품목관리를 위한 기본공고라 할 수 있다. 다시 말해 수출입공 고란 수출입물품에 대한 제한여부에 관한 공고라 할 수 있다. 우리나라 대외무역법 에서는 산업자원부장관은 물품의 수출입의 제한 및 절차 등에 관하여 정한 경우에 는 이를 공고하도록 하고 있다.

따라서 수출입을 하고자 하는 자는 먼저 무역을 할 수 있는 요건을 얻은 후에 그 당해 품목의 수출입승인 이전 해당 품목의 수출입에 제한되는지의 여부에 대해 사 전점검 후 만일 그 해당 품목이 규제조치에 해당할 경우 이 규제를 해제할 수 있는 요건을 갖추어야 적법하게 수출입승인을 받을 수 있다.

---

20) CCCN의 99개 류에서 제77류, 제98류, 제99류를 유보하여 96개의 류이나 이 중 제77류 는 신상품이 나오면 사용하기 위해 공란(Blank)으로 두었다.

2) 수출입공고상 품목구분

① 수출자동승인품목

수출자동승인품목(export automatic approval items)은 자동적으로 수출승인이 되어 있는 품목을 말한다. 단 수출물품의 디자인 개발을 촉진하고, 그 모방을 방지하기 위하여 수출물품의 디자인 보호대상품목으로 지정된 품목에 대해서는 수출자동승인 품목이라 할지라도 동 품목의 인정기관의 디자인 인정을 받은 경우에 한하여 수출 승인할 수 있다.

② 수출입제한품목

수출입제한품목은 추천, 승인, 인증, 형식승인, 신고, 제조허가, 기준, 규격검토, 안 전성 검토 등 일정한 제한사항이나 요건을 충족한 경우에 한하여 수출입이 허용되 는 품목을 말한다. 수출제한품목(export restricted items)과 수입제한품목(import restricted items)은 수출입공고에 게기되어 있으며, 각 품목별 수출 또는 수입요령에 따라 수출 또는 수입승인하여야 한다.

(3) 수출입승인

1) 수출입승인의 의의

우리나라 대외무역법에서는 거래물품, 거래형태, 거래지역을 비롯한 대금결제방법 등에 대하여 관리대상으로 하고 있다. 이는 종전에 무역거래자가 수출입행위 시 개 별거래마다 산업자원부장관의 승인을 얻어야 하는 수출입승인제를 실시해 왔다. 이 러한 거래 건별 승인제는 무역관리의 규제규정으로서 1995년 WTO체제의 출범과 더불어 각종 정부규제의 완화를 통해 원칙적으로 자유화하고 예외적으로 승인을 받 도록 하는 '원칙자유·예외제한'의 네가티브제(Negative system)로 변경하였다. 또한 긴급을 요하는 물품, 기타 수출입의 절차 간소화를 위하여 필요한 물품의 경우에는 승인면제제도를 운용함으로써 예외적 승인제를 더욱 완화하고 있다. 그러나 헌법에 의하여 체결·공포된 조약과 일반적으로 승인된 국제법규에 의한 의무의 이행, 생물자원의 보호 등을 위하여 필요하다고 인정하는 경우에는 물품의 수출입을 제한할 수 있다. 결국 수출입승인이란 예외적으로 제한하는 품목에 대해 승인절차라는 방법으로 그 품목의 수출입이 가능하도록 하는 제도를 의미한다.

2) 수출입승인의 내용

① 수출입승인 대상물품

헌법에 의하여 체결·공포된 조약과 일반적으로 승인된 국제법규에 의한 의무의 이행, 생물자원의 보호, 교역상대국과의 경제협력증진, 방위산업용과 원활한 물자수급·과학기술의 발전 및 상·산업정책상 필요하여 지정하는 물품 및 무역의 균형화를 위하여 지정하는 물품을 수출 또는 수입하고자 하는 자는 산업자원부장관의 승인을 얻어야 한다.

② 승인기관

수출입의 승인을 하는 기관은 산업자원부장관이다. 그러나 산업자원부장관은 무역관리의 효율성을 도모하기 위하여 수출입의 승인에 관한 대부분의 권한을 관계행정기관 또는 단체의 장 등에게 위탁하고 있다. 종전에는 수출입승인을 얻고자 하면 추천기관의 추천을 받고 외국환은행의 장이 대외무역법에서는 승인을 하였으나 수출입승인권한은 종전의 추천기관으로 변경 시행하게 되었다. 즉 수출입승인은 수출입공고 등의 산업자원부장관이 지정·고시한 기관 및 단체의 장에게 하게 되어 있다.

③ 수출입승인의 유효기간

대외신용의 유지로 수출을 촉진하고 물자수급의 원활화를 도모하고자 수출입에 대한 유효기간을 대외무역법에서는 채택하고 있다. 이것은 수출입의 승인을 얻은 자가 당해 물품의 수출대금의 회수 또는 수입대금의 지급을 하고자 하는 경우에는 수출입의 유효기간 내에 이행해야 한다.21) 대외무역법에서는 수출입승인의 유효기간을 1년으로 하고 있다. 단, 산업자원부장관은 국내의 물가안정·수급조정·물품의 인도조건 기타 거래상 특성에 따라 필요하다고 인정하는 경우에는 유효기간을 달리 정할 수 있다.

읽고 가기 | **무역의 근원적 해설**

무(貿)는 물건(貝)을 두고 두 상인(商人)이 머리를 맞대고(卯) 거래(去來)의 조건(條件)을 논의하는 모습이다. 즉 두 사람이 엉덩이를 빼고, 얼굴을 가까이 맞대고 사이좋게 서로서로 양보하여 거래가격을 확정한다. 역(易)은 물건을 사고판 후 상황(狀況)이 변화(變化)한 것을 보여주고 있다. 즉 거래조건과 물건과 돈의 소유권도 변한다. 그러므로 보통 무역(貿易)은 보통 외국과의 수출입(輸出入)을 연상하게 하지만 거래(去來)나 매매(賣買) 등으로 국내와 국외를 막론한 일반적인 상거래를 표현하고 있다.

물건을 말하는 貝는 갑골문자에서 금석문자로 넘어가면서 나타난다. 조개껍질 중 지불수단으로 사용한 것은 자개와 같이 빤짝거리는 보석역할을 한 것에 한정했다. 이는 일부 부유층의 호사객에게는 지불수단이 되었을 것이나, 물물교환이 일반적이었을 것이다. 왜냐하면 조개껍질 자체로서의 경제적 가치는 매우 한정되어 있기 때문이다. 이는 조개무덤(貝塚)은 쓰레기장이라는 데에서 알 수 있다. 금석문자가 나타난 시기는 청동기시대로 쇠(金)라는 신물질이 나타나면서 생산도구, 사냥도구, 무기를 만드는 값진 물건으로 대체된다. 이때 이러한 값진 신물질인 쇳덩이(金塊)를 쌓아놓은 사람은 부자였다. 이 금괴(金塊)를 땅의 습기로부터 격리시켜 나무 궤 위에 보관하였다. 가야 등의 옛무덤에서 이 쇳덩이(金塊)가 다량으로 출토되고 있다.

무역의 3요소가 무역절차의 흐름에 따라 변하는 모습인 易은 갑골문으로 그릇의 물건을 다른 그릇으로 옮기는 모습이다. 이것이 예서에서 현재 모습으로 바뀌어 도마뱀의 모습으로 변하였다. 도마뱀이 상황변화에 따라 변하는 특성도 담고 있다. 역에서 易은 판매자 쪽에서 구매자 쪽으로 옮겨지는 모습과 거래조건과 물건 및 금전의 소유나 위치가 변하는 것을 동시에 의미한다.

---

21) 유효기간의 기산일을 수출입승인을 받은 다음 날로 하고, 종료시점은 기간의 마지막 날로 한다. 다만, 마지막 날이 공휴일이면 그다음 날로 정한다(민법 제157조, 159조). 이상호, 민법총칙, 서경대출판부, 1996, p.361 참조.

이는 정보(情報)의 흐름, 물품(物品)의 흐름, 금전(金錢)의 흐름 등 3가지의 흐름을 읽을 수 있다. 첫째, 정보의 흐름은 파는 사람과 사는 사람이 서로 자기가 제시한 조건을 맞추어 가는 거래정보의 흐름이 있다. 둘째, 물품의 흐름은 파는 자가 가지고 온 값진 물건이 거래가 끝나면 사는 자에게 넘겨진다. 셋째, 금전의 흐름은 사는 사람이 자기가 원하는 물건을 사기 위해 가지고 온 지불수단으로 거래가 끝나면 파는 사람 쪽으로 흘러간다.

이를 무역절차에서 살펴보면 대체로 다음과 같다. 첫째, 정보(情報)의 흐름은 시장조사나 거래선 발굴 및 신용조사·상담·계약의 무역절차와 연계시킬 수 있다. 이에 대한 대표적인 법은 대외무역법으로 산업자원부에서 주로 관장하는데, 이에 관련된 주요 세관업무는 관세평가와 기업심사 등이다.

둘째, 물품(物品)의 흐름은 통관과 물류의 무역절차와 연계시킬 수 있다. 이에 대한 대표적인 법은 관세법으로 법제정은 재정경제부가 하고 집행은 관세청과 세관에서 주로 관장하는데, 이에 관련된 주요 세관업무는 수출입통관과 수출입화물관리 등이다.

셋째, 금전(金錢)의 흐름은 외환·상역·금융·결제와 연계시킬 수 있다. 이에 대한 대표적인 법은 외국환거래법으로 법제정은 재정경제부가 하고 집행은 재정경제부와 금융감독원에서 주로 행하는데, 이에 대한 주요 세관업무는 외환조사, 환급심사 및 평가 등과 연계된다.

기업이 무역의 3요소의 흐름을 억제하는 행위를 하게 되면 다음과 같은 제재를 받게 된다. 첫째, 정보의 흐름에서 원산지표시를 안한다면 심층조사가 있는데 이를 방지하기 위해서는 화물추적정보를 조회하고 사전에 보수작업을 하면 된다. 둘째, 물품의 흐름에서 품목분류 오류나 저가신고, 항공료나 보험료 등의 신고를 누락하면 추징이나 사후심사와 가산세 부과 처분이 있게 되는데 사전검토 후 신고하여 통관의 지연을 방지하여야 한다. 셋째, 금전의 흐름에서 외국환업무관리 부주의로 심층조사를 하여 형사처벌이나 벌금형을 받게 되는데 세관이나 관세사로부터 정보를 제공받아 사고의 예방을 하여야 한다.

따라서 기업이 정보의 부족 등으로 불이익을 당하지 않기 위해 관세청은 기업의 자율통제체제를 도입하여 스스로 이 무역 3요소의 원활한 흐름에 따른 경쟁력을 증진하도록 도와주고 있으며, 이를 정착시키기 위해 아름다운 파트너십 제도를 도입하여 행정적 지원을 아끼지 않고 있다. 또한 관세청은 초일류세관의 기반 구축을 기반으로 하여 언제 어디서나 어떤 방법으로든지 무엇이나 누구에게나 도와줄 수 있는 진정한 봉사자로서의 특정지역이나 특정형태로 존재하는 것보다는 숨어서 보이지 않게 도와주는 세관으로 거듭나고 있다. 이를 위해 세관행정의 품질이 절대적 수준으로 향상되어 세계가 벤치마킹하는 협업행정체제(governance)가 구축될 것을 기원한다(자료인용: 김영춘, 무역의 근원적 해설, 한국관세무역연구원).

제3절 무역의 거래형태

무역의 거래형태는 거래에 영향을 미치는 수많은 조건과 환경에 적응하며, 무역 거래당사자의 이익을 극대화하는 과정을 통해 수많은 방식이 개발되어 왔다.

1. 무역의 일반적 분류

(1) 상품무역과 서비스무역

1) 상품무역

국제간의 교역의 대상은 주로 재화, 즉 유형상품이 일반적이다. 고대 무역에서 알 수 있듯이 교역을 통하여 필요한 물자를 조달하여 왔는데, 이와 같이 국제교역의 주 대상으로는 재화로서의 상품 외에도 원료 등도 포함하여 이를 유형무역(visible trade)이라고도 한다. 유형무역은 물품의 국제간 거래로서 일반적인 무역이며, 수출 입통관절차를 거쳐 무역통계에 나타나고, 상품수지에 표시된다.

2) 서비스무역

무역은 상품거래 외에도 서비스, 즉 용역거래에 의해서도 수행된다. 서비스, 즉 용역이란 유체물인 상품과는 달리 상대방에 대한 노무의 제공 등을 말하는 것으로 서 건설수출과 같이 단독으로도 무역거래의 대상이 되지만 상품수출에 수반하여 발 생하는, 즉 상품의 수송에 따른 운송서비스, 운송 중인 상품의 손상위험을 커버하기 위한 보험서비스, 금융서비스, 거액을 포함한 법무서비스, 기술서비스 등을 포함하 고 있다. 이를 무형무역이라고도 한다. 즉 무형무역은 물품의 거래 이외의 국제간 거래를 말하는데, 기술·용역·관광·국제운송·운임 등이 해당된다. 서비스수지 항 목에는 포함되지만 통관절차를 거치지 않아 무역통계에는 포함되지 않는다.

이러한 서비스무역은 WTO체제의 출범으로 그 교역범위가 종래 GATT하에서의 상품 특히 공산품 위주의 무역패턴에서 벗어나 서비스시장의 개방은 물론 농산물, 지적재산권에 이르기까지 전 산업 분야에 걸쳐 확대되고 있다.

(2) 일반무역과 특수무역

1) 일반무역

일반무역은 수출국과 수입국 간 상품공급과 결제의 흐름이 서로 직접 이루어지는 국제간에 사고파는 단순한 매매행위를 뜻한다.

2) 특수무역

특수무역은 수출거래자(국)와 수입거래자(국) 외에 제3자(국)가 거래당사자가 개입된 무역거래, 상품공급과 결제가 직접 이루어지지 않는 일반무역 이외의 모든 무역거래를 말한다. 특수무역의 대표적인 국제거래 형태로는 중개무역, 중계무역, 통과무역, 우회무역, 스위치무역 등이 있다.

2. 특정거래에 의한 무역 형태

(1) 위탁판매수출과 수탁판매수입

1) 위탁판매수출

수출업자인 위탁자가 물품을 무환으로 수출하여 판매를 위탁하고, 판매된 범위 내에서 수입업자인 수탁자에게 일정의 판매수수료를 지급하고 팔린 물품의 대금을 결제받는 계약에 의한 수출을 말한다. 판매기간이 끝난 후 팔리지 않은 물품은 재수입하고 수출승인기관에 재수입보고를 해야 한다. 이러한 위탁판매수출은 수출업자나 생산자인 위탁자가 자기의 위험과 비용으로 해외에 있는 수탁자에게 물품판매를 위탁하는 것으로 해외의 실수요자가 직접 실제의 물품을 확인하고 난 뒤 구매할 수 있는 장점을 가지고 있어 새로운 시장을 개척할 경우 매우 효과적인 판매방식이라 할 수 있다. 그러나 위탁판매에 따른 위험과 부담이 크다는 것을 유의하여야 한다.

2) 수탁판매수입

위탁판매수출에 대응되는 방식으로 수입업자인 수탁자가 물품을 위탁자의 소유물품인 상태로 무환으로 수입하여 판매한 후 팔린 물품은 그 대금을 결제하고, 팔리지 않은 물품은 위탁자에게 다시 수출하는 계약에 의한 수입을 말한다. 물품의 소유권을 가진 수출업자가 자금과 위험을 부담한다. 수입업자는 계약조건에 따라 상품을 판매한 후 판매경비와 수수료 등을 뺀 나머지를 수출상에게 송금하므로 수입업자는 아무런 위험부담이나 자금부담 없이 손쉽게 수입할 수 있다.

(2) 위탁가공무역과 수탁가공무역

1) 위탁가공무역

수출업자인 위탁자가 수입업자인 수탁자에게 가공임을 주는 조건으로 외국에서 가공할 원자재의 전부나 일부를 수탁자에게 수출하거나 제3국에서 조달하여 공급하고, 수탁자는 이를 가공한 후 가공물품을 수입하거나 현지 또는 제3국에 파는 수출입을 말한다. 외국의 싼 노동력을 활용하거나 외국의 선진기술을 이용하고자 하는 경우에 이용된다.

2) 수탁가공무역

위탁가공무역에 대응하는 방식으로 수입업자인 수탁자가 수출업자인 위탁자로부터 가공임을 받기 위하여 원자재의 전부나 일부를 위탁자의 위탁으로 외국으로부터 수입하여 이를 가공한 후 위탁자나 그가 지정한 자에게 가공물품을 수출하는 수출입을 말한다.

(3) 임대수출과 임대수입

1) 임대수출

임대계약에 따라 물품을 수출하고 일정기간 후 다시 수입하거나 그 기간이 끝나기 전이나 후에 해당 물품의 소유권을 이전하는 수출을 말한다. 높은 가격의 생산시설 수출 시 사용된다. 수입업자는 임대기간 동안 생산시설의 사용료에 해당하는 임대료를 낸다. 생산시설의 성능에 만족하거나 계속 사용을 원할 때 완전구매를 위해 일정 물품대금을 결제한다.

2) 임차수입

임대수출에 대응하는 방식으로 임차계약에 따라 물품을 수입하여 일정기간 후 다시 수출하거나, 그 기간이 끝나기 전이나 후에 해당 물품의 소유권을 이전받는 수입을 말한다. 이 방식은 주로 자본규모가 영세한 중소기업이나 외국과의 합작투자업체에 많이 쓰인다.

(4) 연계무역

수출과 수입이 연계된 무역거래로 대금결제상계가 가능하며 물물교환, 구상무역, 대응구매의 형태로 이루어지는 수출입을 말한다. 외화부족·새로운 수출상품 개발 및 시장개척, 정치 경제적 입장에서의 무역균형 유지, 신기술 획득, 고용 창출 및 전략적 차원에서의 대외의존도 감소 등을 위해 이루어진다.

1) 물물교환(Barter Trade)

환거래가 발생하지 않는 단순한 물품교환 형태로서 하나의 계약서로 거래가 성립된다. 특징은 일회성이고, 2국 간의 거래이며, 교환될 상품이 계약 시 지정되며, 수출입 전 과정에 걸리는 시간이 짧다는 것이다. 이러한 물물교환 방식은 연계무역의 가장 기본적이고 초보적인 형태로서 수출입업자 간에 대금지급 혹은 화폐의 이전 없이 특정제품이나 용역을 직접 교환하는 거래를 말한다. 따라서 이 방식은 화폐 및 금융제도가 발전하지 못한 시대부터 외환이 부족한 국가에서 수출물품과 수입물품을 서로 교환하는 외국무역에서 많이 활용되어 왔다.

2) 구상무역(Compensation Trade)

구상무역이란 두 나라 사이의 수출입이 균형을 이루도록 하기 위하여 수출입물품의 대금을 그에 상응하는 수입 또는 수출로 상계하는 방식의 수출입을 말하며, 대금결제 시 환의 개입 여부에 따라 무환구상무역과 유환구상무역으로 구분된다.

무환구상무역이란 국가 간의 화폐의 흐름이 없는 순수한 의미의 물물교환 방식의 무역으로서 선수입에 대한 물품대금을 지급하지 않고 이에 상응하는 물품을 후수출하거나 또는 선수출에 상응하는 물품을 후수입하는 방식이다. 유환구상무역이란 수출입국 간의 수출입대금결제 시 선수출입 시에 상응하는 대금을 외화로 수취 또는 지급하고, 후수출입에 따른 물품대금을 외화로 지급 또는 수취하는 거래방식이다. 이 경우 특정의 수출과 수입을 서로 이행조건으로 함으로써 결과적으로 동액의 무역균형이 이루어지도록 하는 무역거래방식이다.

3) 대응구매(Counter Purchase)

대응수입조건하에서 수출액의 일정 비율만큼 물품을 대응수입해야 하는 제도이다. 문제점은 대응구입품의 발견이 어렵다거나 대응품의 금액이 요구액을 쉽게 충당할 수 없는 경우가 많다는 점이다. 물물교환이나 구상무역과는 달리 수출계약과 수입계약으로 나누어 이루어진다. 즉 대응구매란 연계무역의 형태 중 가장 흔히 이용되는 거래방식으로서 수출업자가 상품이나 플랜트를 수출하는 대신 수입업자로부터 수출금액의 일정 비율에 해당하는 상품을 구매하는 거래형태를 말한다.

4) 제품환매(Buy-back)

제품환매란 수출업자가 플랜트, 장비와 같은 기계설비를 수출하고 동 설비에서 생산되는 제품을 구매하는 형태를 말한다. 이 방식에서는 수출입업자 사이에 기계설비계약과 제품계약의 두 가지 계약이 성립되는데 일단 기계설비계약이 우선해서 이루어지는 것이 일반적이다. 제품환매 방식은 과거 동유럽과 같이 외환사정이 좋지 않은 국가들과의 교역에 많이 이용되어 왔으나 최근에는 우리나라의 해외직접투자기업에서도 종종 이루어지고 있다.

5) 상쇄무역(Offset trade)

무기, 항공기, 첨단기술제품 등을 수출할 때 쓰이는 방식으로, 수입국에서 생산된 부품이나 자재를 수출국이 수입하여 이것들을 수출상품의 생산에 활용함으로써 수출대금의 일부를 상쇄하는 방식이다.

(5) 중계무역

수출할 것을 목적으로 물품을 수입하여 제3국으로 수출하는 거래를 말한다. 수입한 물품을 가공하지 않고 원형 그대로 수출하여 판매차액을 취한다. 중계무역국은 관세의 면제, 보세창고의 활용, 금융 편의, 편리한 교통시설 등이 마련되어야 한다. 싱가포르나 홍콩 등에서 활발하다. 그러나 중계무역이라고 해서 물품이 반드시 중계국을 거치는 것은 아니다.

흔히 중개무역(Merchandising Trade)과의 차이점을 혼동하기도 하는데 중계무역은 중간상인이 계약의 당사자로서 매매차익을 목적으로 하나 중개무역은 대리인으로서 중개수수료만을 목적으로 한다는 점에서 차이가 있다. 즉 중개무역은 양국의 거래당사자 사이에 제3국의 상인이 개입하여 계약이 체결되는 무역거래 형태를 말한다. 즉 양국의 거래당사자가 거래의사는 있으나 시장경험이나 정보의 부족으로 인해 거래상대를 찾지 못할 경우 쌍방의 거래의사를 인지한 제3국의 중개인이 거래를 알선함으로써 거래가 성립할 경우 제3국의 입장에서 볼 때 이를 중개무역이라 한다. 이 경우 물품인도는 수출업자로부터 수입업자에게 이루어지나 대금결제에 있어서는 수입업자가 수출업자에게 직접 결제하고 양국 거래당사자들이 제3국의 중개인에게 일정한 중개수수료를 지급하거나 수입업자가 거래를 알선해 준 중개인에게 결제하고 중개인이 이를 수출업자에게 지급하는 방식이 있다.

(6) 외국인수수입과 외국인도수출

1) 외국인수수입

외국인수수입을 제3국 도착수입이라고도 하는데 수입대금은 국내에서 지급되나 수입물품은 외국에서 인수하는 수입을 말한다. 산업설비수출, 해외건설 등에 쓰이는 기자재를 외국 혹은 현지에서 수입하려고 할 때 운송시간과 경비를 아끼기 위해 수입대금은 국내에서 지급하고, 물품은 곧바로 산업설비 수입국이나 해외현장으로 보내는 경우에 이용된다.

2) 외국인도수출

외국인수수입에 대응되는 방식으로 수출대금은 국내에서 받으나 국내에서 통관되지 아니한 수출품목을 외국으로 인도하는 수출을 말한다.

3. 결제방식 및 기타의 무역거래 형태

(1) 결제방식에 의한 무역형태

1) 송금방식에 의한 수출입

수출상과 수입상 간의 신용으로 선적서류를 직접 송부하거나 전달하며 사전이나 사후 혹은 동시에 대금결제를 한다.

① 단순(사전)송금방식(Payment In Advance)
물품대금의 전액을 물품선적 전에 지정 결제통화로 미리 지급받거나 지급하고, 일정기간 내에 이에 상응하는 물품을 수출이나 수입하는 거래를 말한다. 상품견본 또는 시험용품 등 작은 금액의 경우와 거래관계의 신용이 확실하다고 인정되어 신용으로 거래하는 경우에 이용된다.

② 현물상환방식(COD: Cash On Delivery)
보통 수입국에 수출상의 해외지사 등이 설치되어 있는 경우에 쓰이는 방식이다. 수출상이 수출물품을 선적하고 선적서류를 수입국에 있는 수출상의 해외지사나 대리인 또는 거래은행에 송부한다. 수출물품이 목적지에 도착하면 수입상이 수입물품의 품질 등을 직접 검사한 후 수입물품을 물품대금과 교환한다.
주로 보석 등 귀금속류와 같이 상품가격이 높고 같은 상품일지라도 품질상태 등에 따라 가격의 차이가 많이 생기는 물품의 거래에 쓰이며 수입상이 대금결제 전에 물품을 충분히 검토한 후 수입여부를 결정할 수 있는 이점이 있다.

③ 서류상환방식(CAD: Cash Against Document)
보통 수출국에 수입상의 해외지사 등이 있는 경우에 쓰이는 방식이다. 수출상이 주요 선적서류를 직접 수입상이나 그 대리점 또는 거래은행에 제시하면 서류와 맞바꾸어 대금을 지급한다. 선적서류를 받는 형태에서 현물상환방식(COD)과는 반대되는 형태이다.

④ 선적통지결제방식(Open Account)
수출상이 물품선적 후 선적서류를 은행을 거치지 않고 직접 수입상에게 보내며, 수입상은 계약서에 약정된 기간 내에 수입대금을 수출상에게 송금한다.

2) 화환신용장방식에 의한 수출입

취소불능화환신용장에 의하여 외화로 대금의 전액을 결제하거나 결제받는 수출입 거래를 말한다. 화환신용장이란 수출업자가 발행한 환어음에 신용장조건과 일치하는 운송서류를 첨부할 것을 조건으로 지급, 인수 또는 매입할 것을 확약한 신용장을 말하며, 취소불능신용장이란 일방적으로 신용장의 취소 또는 내용의 변경이 불가능한 신용장을 말한다.

① 일람불화환신용장에 의한 방식

신용장에 의하여 발행하는 어음이 일람불 어음인 경우로 환어음이 제시되는 즉시 개설은행이 대금을 지급하여 주는 방식이다. 여기서 일람불신용장이란 환어음이 제시되면 지급인은 즉시 대금을 지급할 의무가 있는 신용장을 말한다.

② 기한부화환신용장에 의한 방식

기한부어음에 의한 결제방식으로 어음상의 일정기일이 지난 후 대금을 지급받는 방식이다. 기한부신용장이란 발행된 환어음의 기간이 기한부인 신용장으로 어음의 지급인에게 제시되면 즉시 인수가 이루어지고, 만기일이 도래하면 지급할 것을 약속한 신용장을 말한다.

③ 선대신용장에 의한 방식

신용장조건에 따라 작성된 서류 및 환어음의 지급보증 외에 선적 전에 일정한 조건으로 수출대금을 은행을 통해 먼저 빌릴 수 있도록 추천하는 문언이 기재되어 있는 선대신용장에 의해 수출대금 일부를 미리 받는 방법을 말한다.

3) 추심결제방식에 의한 수출입

은행의 지급보증이 없이 당사자 간의 신용에 의한 무신용장거래방식 중 가장 많이 사용되며 환어음이 쓰인다. 은행은 대금의 추심 또는 송금의 역할만 한다.

① 지급인도조건방식(D/P: Document Against Payment)

수출물품을 선적하고 선적서류와 수입상을 지급인으로 하는 일람불환어음을 발행하여 수출업자거래은행(추심의뢰은행)을 거쳐 수입업자거래은행(추심은행) 앞으로 수출대금을 추심의뢰하면 추심은행은 수입업자에게 어음을 제시하여 대금지급과 동시에 선적서류를 건네주고 추심의뢰은행의 지시대로 대금을 송금하는 거래방식이다.

② 인수인도조건방식(D/A:Document Against Acceptance)

지급인도조건방식(D/P)거래와 대금을 추심하는 과정은 같으나 기한부어음을 발행한다. 추심은행은 수입업자에게 수출자 발행 기한부어음을 제시하여 수입자의 'Accept' 서명과 함께 선적서류를 건네주고 어음만기일에 대금을 회수하는 방식을 말한다. 따라서 인수인도조건방식은 외상거래에 해당되며, 수입업자는 인도받은 운송서류로 화물을 찾아 판매한 후 그 대금으로 어음기일 내에 결제하면 된다. 수출업자는 만기일 후 수출대금을 추심은행을 통해서 지급받는다.

4) 스위치거래방식에 의한 수출입

매매계약은 수출입 양국 당사자 사이에 맺어지고 대금결제에 관해서만 제3국업자를 개입시키는 거래방식을 스위치거래(Switch Trade) 방식이라 한다. 흔히 스위치무역이라 불리며, 모든 거래과정은 정상적으로 수출업자와 수입업자가 행하지만 대금결제만은 제3국의 업자가 개입되어 간접적으로 이루어지는 무역을 말한다.

(2) 기타의 무역거래 무역형태

1) 우회무역

우회무역이란 수출국과 수입국 사이에 외교관계가 없거나 수입규제 내지 외환통제 등에 의해 직접거래가 어려울 경우 이러한 규제나 통제를 받지 않는 제3국을 통하여 이루어지는 무역을 말한다. 과거 우리나라 제품이 홍콩을 경유하여 외교관계가 없던 중국으로 진출하거나 1970년대 말 섬유제품과 전자제품 등에 대해 미국이 수입규제를 강화하였을 때 우리나라 제품들이 중남미지역을 통해 미국시장에 진출한 것이 좋은 사례이다.

2) 남북무역

남북무역이란 선진국과 후진국 간의 무역을 총칭한다. 이것은 지리적으로 선진국이나 개발도상국들이 주로 북반구의 적도 이북에 위치하고 있는 반면 동남아, 중동, 아프리카, 중남미 등의 후진국들이 대체로 남반구의 적도 이남에 위치하고 있다는 점을 고려하여 붙여진 이름이다. 일반적으로 선진국과 후진국 간의 경제적, 정치적 관계를 총칭하여 남북문제라 부르기도 한다. 개발도상국과 개발도상국 간의 무역을 총칭하는 남남무역에 대한 문제도 대두되고 있다.

3) 주문자 상표부착 방식의 수출

주문자 상표부착(OEM: Original Equipment Manufacturing) 방식의 수출이란 주문자 상표부착 생산방식이라고도 하며, 수입업자로부터 제품생산을 의뢰받아 주문상품에 상대방 상표를 부착하여 인도하는 방식의 수출을 말한다. 이 방식에 의한 수출은 수출국의 입장에서는 수출확대와 기술축적의 계기가 되는 이점이 있으나 수출국 상품에 대한 이미지의 제고나 독자적인 수출시장의 개척이 어렵게 되는 불리한 점이 있다, 우리나라의 주요 수출품인 섬유, 의류, 신발, 전자 등에 있어서 상품의 이미지가 취약하기 때문에 독자적인 브랜드가 아닌 OEM 방식에 의한 수출상품이 상당한 비중을 차지하고 있다.

4) 녹다운 방식의 수출

녹다운(Knock-down) 방식의 수출이란 완제품을 수출하는 것이 아니라 조립할 수 있는 설비와 능력을 가지고 있는 거래처에 대하여 상품을 부품이나 반제품으로 수출하고, 실수요지에서 제품으로 완성시키도록 하는 현지조립 방식의 수출을 말한다. 녹다운(Knock-down)이라는 의미는 사후조립을 위해 완제품을 해체한다는 의미인데 수입국에서 완제품의 생산을 규제할 경우 이를 회피하는 수출방법의 하나로 활용될 수 있다. 또한 고임금이나 공해문제 등을 회피하기 위하여 상대국에 현지법인을 설립하는 형태로 수출하는 방법이기도 하다. 선진국과 후진국의 거래에 있어서 선진국이 후진국의 시장을 확대하는 데 효과적인 방법이라 할 수 있다.

5) 플랜트 수출

플랜트 수출(Plant export)이란 각종 상품을 제조하기 위한 기계, 장치 등의 하드웨어(hardware)와 그 설치에 필요한 엔지니어링, 노하우, 건설시공 등의 소프트웨어(Software)가 결합된 생산단위체의 종합수출을 말하는데, 이를 산업설비수출이라고도 한다. 즉 플랜트 수출이란 공장설비, 공장기계설비 등과 같은 자본재의 수출을 말하는 것으로 이러한 방식의 수출은 거대한 자본과 오랜 시간, 고도의 기술을 필요로 하며, 설계에서 시운전에 이르기까지 계약자가 일괄적으로 이행하게 된다. 그러므로 이러한 방식의 수출은 대개 선진국에서 자본이 부족한 후진국에 행하는 수출로 그에 따른 기술도 이전하게 된다.

6) 링크제 무역

링크제 무역(export-import link system)은 수출과 수입을 연결시켜 수출입을 허용하는 무역으로 어떠한 상품을 수입하려고 할 때 그 상품의 수출과 링크시키는 것이다. 즉 수출로 인해 외화를 획득해야만 그 원료의 수입이 가능하도록 하는 무역형태이다. 링크제 무역에는 수출의무제와 수입권리제가 있다. 수출의무제는 원료의 수입을 허가하고 일정기간 후 그 원료로 만든 상품의 수출을 의무화하는 방식을 말하며, 수입권리제는 어느 특정상품의 수출실적에 따라 수입을 가능케 하는 방식을 말한다.

제2장 국제무역이론과 환율, 국제수지

제1절 국제무역이론의 이해

무역은 재화와 서비스가 국경을 넘어서 교환되는 것을 말한다. 그러므로 무역이 발생하는 이유는 재화와 서비스가 교환되는 이유와 같다. 재화와 서비스의 교환이 일어나는 것은 우리가 각자 필요로 하는 재화를 자급자족하는 것보다는 분업을 해서 각자가 생산한 재화를 제공하고 자신이 필요로 하는 재화를 교환을 통해서 입수하는 것이 우리의 물질적 생활을 보다 풍요롭게 하기 때문이다.

읽고 가기

왜 무역을 하는가?

우리는 생활 속에서 이러한 질문을 생각해 보게 된다. 왜 우리는 필요한 상품을 직접 만들어 쓰지 않고 번거롭게 다른 나라에서 상품을 들여오는 것일까? 또한 어떤 나라는 자동차나 컴퓨터를 생산하여 수출하는데 반면 다른 어떤 나라는 옷만 만들어 수출하는 것일까? 언뜻 생각하면 둘 다 만들어 판매하는 것이 좋을 것처럼 보이지만 최소한의 자원을 가장 효율적으로 사용한다는 경제의 기본원칙을 따르고 있다.

개인 간의 거래와 마찬가지로 국가 간의 거래도 어느 한 나라만 이득을 보고 다른 나라는 무역을 통해 이득을 보지 못한다면 무역은 발생하지 않을 것이다. 무역은 수출국은 물론 수입국 모두에게 이득이 되기 때문에 발생한다.

예를 들면 한국과 필리핀 모두 컴퓨터와 바나나를 생산한다고 생각해 보자. 우리나라는 컴퓨터를 싸게 만들 수 있고, 필리핀은 바나나를 싸게 생산할 수 있다면 국가 간에 컴퓨터와 바나나를 교환하면 서로에게 이득이 되므로 교역이 일어나는 것은 당연하다.

이를 달리 표현해 본다면 한국은 컴퓨터 생산에 있어서 필리핀보다 절대우위를 가지고 있고 필리핀은 바나나 생산에 있어서 한국보다 절대우위에 있는 것이라 할 수 있다. 그런데 만약 이러한 상황도 생각해 볼 수 있다. 한국이 컴퓨터와 바나나 모두를 필리핀보다 싸게 생산할 수 있다면 어떻게 될까? 한국은 만들어 팔기만 하고, 필리핀은 사서 쓰기만 하게 될까? 꼭 그렇지는 않다. 이 경우 한국이 컴퓨터는 필리핀보다 50% 정도 싸게 생산할 수 있고, 바나나는 10% 정도 싸게 생산할 수 있다고 하자.

이때 우리나라에서는 컴퓨터를 생산하고 필리핀에서는 바나나를 생산하여 서로 교역하는 것이 양국 모두에게 이득이 된다. 왜 그럴까? 우리가 바나나를 생산할 때보다 필리핀에서 수입하면 바나나 값은 더 비쌀 것이다. 그러나 우리는 바나나 생산에 쓰일 돈과 인력을 컴퓨터 만드는 데 사용하게 되면 훨씬 큰 이익을 남길 수 있기 때문에 비싼 바나나를 사먹더라도 컴퓨터 생산에 주력하는 것이 더 이익이 된다. 필리핀은 말할 것도 없이 바나나를 생산해서 우리에게 팔 때는 컴퓨터를 만들려고 고민할 필요가 없다. 이 경우 한국은 컴퓨터 생산에 비교우위가 있다고 하며, 필리핀은 바나나 생산에 비교우위가 있다고 한다.

이와 같은 무역의 이익은 일반적으로 두 가지로 나누어서 살펴볼 수 있는데, 첫째는 교환의 이익이다. 우리가 보유하고 있는 재화만 소비할 수 있는 경우보다는 다른 사람과 자유롭게 교환할 수 있는 기회가 있을 때 우리의 경제적 생활은 더욱 풍요로워진다. 사람에 따라 재화에 부여하는 가치가 다른 경우에 교환을 통해서 자신이 작은 가치를 부여하는 재화를 제공하고 큰 가치를 부여하는 재화를 획득할 수 있으므로 교환은 각자가 보유하는 재화의 가치를 증가시켜서 사회 전체의 부를 증가시킨다. 사람에 따라 재화에 부여하는 가치가 다른 경우에 교환을 통해서 자신이 작은 가치를 부여하는 재화를 제공하고 큰 가치를 부여하는 재화를 획득할 수 있으므로 교환은 각자가 보유하는 재화의 가치를 증가시켜서 사회 전체의 부를 증가시킨다. 사람에 따라 재화에 부여하는 가치가 달라지는 것에는 여러 가지 이유가 있을 수 있다. 사람마다 취향이 달라서일 수도 있고 또 사람이 처해 있는 환경이 다르기 때문일 수도 있다. 내가 사과 1개보다 배 1개에 더 높은 가치를 부여하는 것은 내가 배를 사과보다 좋아하기 때문일 수도 있다. 그러나 어떤 사람의 경우에는 사과 1개보다 배 1개를 더 높이 평가하는 이유가 현재 그 사람이 사과는 100개를 가지고 있는데 배는 1개밖에 없기 때문일 수도 있다. 산촌 사람들과 해변에 사는 사람들이 숯과 소금을 교환하는 경우에 산촌사람들은 숯보다는 소금에 더 높은 가치를 매기고 해변에 사는 사람들은 숯에 더 높은 가치를 매긴다. 또 생산자와 소비자의 교환에서 생산자는 자신이 생산한 재화를 제공하고 돈을 획득하는 것보다 교환하는 것에서 더 큰 만족을 얻는다.

또 다른 하나는 분업 또는 전문화의 이익이다. 우리가 재화를 생산하는 데에 드는 비용은 사람에 따라 차이가 있을 수 있다. 또 우리는 모든 생산활동을 다 잘할 수 있거나 못하거나 하지는 않는다. 어떤 활동은 더 잘하고 어떤 활동은 잘하지 못한다. 이처럼 각자가 타고난 자질, 숙련도 또는 환경에 따라 여러 가지 재화를 생산하는 비용은 사람에 따라 천차만별하다. 그러므로 각자가 다른 사람보다 상대적으로 잘할 수 있는 활동에 전문화하여 생산한 재화를 자신이 필요로 하는 재화와 교환하는 것이 자신이 필요로 하는 모든 재화를 직접 생산하는 것보다 훨씬 적은 비용으로 획득할 수 있기 때문에 실질소득이 증가하고 경제적 후생이 증가한다. 또한 사회 전체적으로 보다 더 많은 가치가 있는 재화를 생산할 수 있다. 이와 같이 상대우위에 따른 분업은 개인뿐만 아니라 사회전체의 경제적 후생을 증가시킨다.

그리고 경우에 따라서는 전문화를 하는 것 자체가 생산성을 증가시킬 수 있다. 이는 기술적인 특성, 경제적인 특성 등으로 인해 생산의 규모가 증가할수록 비용이 감소하는 경제적 활동에서 찾아볼 수 있다. 각자가 전문화를 해서 옛날보다 생산활동의 규모가 증가하고 이에 따라 생산비가 감소한다면 분명히 경제적 후생은 증가할 것이고 이런 경제적 후생의 증가는 전문화를 했다는 것 자체에서 일어난 것이다.

그런데 이러한 전문화가 가능하기 위해서는 각자가 전문화를 해서 생산한 재화를 처분하고 자신이 필요로 하는 재화를 획득할 수 있는 교환의 기회가 존재해야 한다. 자신이 생산에서 우위를 가지고 있다는 이유로 생산을 전문화하는 것은 자신이 필요로 하는 재화를 획득할 수 있는 기회가 없는 경우에는 어리석은 행동이 될 것이기 때문이다.

사람들이 재화에 대해 부여하는 가치가 사람마다 다르고 또 여러 가지 생산활동을 수행하는 경우 효율성이 사람마다 그리고 생산활동에 따라 다른 것처럼 국가에 따라 재화에 대해 부여하는 가치, 그리고 여러 가지 재화를 생산하는 비용이 다르다. 어떤 나라는 다른 나라보다 특정한 재화를 더 좋아해서 더 많이 소비할 수도 있고 또 특정재화를 보다 효율적으로 생산할 수도 있다. 그러므로 국가들 사이에 발생하는 재화와 서비스의 교환, 특히 무역은 각국의 경제적 후생을 증가시키고 세계 전체의 경제적 후생을 증가시킨다.

그러면 국가에 따라 재화에 대해 부여하는 가치가 다르고 또 생산활동을 수행하는 상대적 효율성이 다른 것은 어떻게 알 수 있는가? 이것은 두 나라 사이에 재화의 상대가격 차이에서 알 수 있다. 즉 어떤 나라 사람들이 다른 나라 사람들보다 사과를 더 좋아한다면 그 나라에서 사과의 상대가격은 비쌀 것이다. 그리고 그 나라가 다른 나라보다 옷감을 보다 싼 값으로 생산한다면 그 나라에서 옷감의 상대가격은 다른 나라보다 쌀 것이다. 그러므로 두 나라 사이에 상대가격의 차이가 존재하면 두 나라 사람들이 그 재화에 대해서 부여하는 가치가 다르다는 것을 나타내고, 따라서 두 나라는 무역을 통해서 이익을 얻을 수가 있다. 즉 각국은 자국에서 값이 싼 재화를 수출하고 값이 비싼 재화는 외국에서 수입함으로써 교환의 이익을 얻을 수 있다. 각국은 자기들이 가치를 낮게 평가하는 재화를 포기하는 대신 높은 가치를 부여하는 재화를 외국에서 수입함으로써 가치를 증가시킬 수 있기 때문이다. 또 각국에서 상대우위가 있는 재화의 생산에 전문화를 함으로써 각국은 보다 효율적인 생산활동을 하고 실질소득을 증가시킬 수 있다.

그런데 이론적으로 보면 이와 같은 무역을 통한 이익의 실현을 위해서 정부가 적극적으로 개입할 필요는 없다. 즉 두 나라 사이에 상대가격의 차이가 있을 때 항상 상인은 상대가격이 싼 국가에서 재화를 사다가 상대가격이 비싼 국가로 재화를 수출함으로써 이익을 얻을 수 있는 차익거래의 기회가 있다. 그러므로 상인들이 자신의 이윤을 증가시키는 활동을 하는 가운데 각국은 상대가격이 싼 재화를 수출하고 상대가격이 비싼 재화를 수입하게 된다. 그러므로 무역이론의 과제 중 하나는 왜 각국별로 상대가격의 차이가 나타나는가를 규명하는 것이 된다. 또한 이렇게 규명된 무역이론이 실제 무역의 구조를 충분히 설명할 수 없다면 경제학자들은 무역의 효과를 논의하거나 무역이익을 극대화시키려는 정책적 제안에 대해 확신을 갖고 제시할 수 없을 것이다. 그러므로 어느 나라가 무엇을 누구에게 판매할 것인가에 대한 질문으로부터 제기되는 무역의 구조를 올바르게 설명하려는 노력이 바로 국제무역이론의 주요한 역할로 여겨져 온 것이다.

읽고 가기 **무역을 발생시키게 되는 원인은 무엇일까?**

　개별국가들은 두 가지 이유에서 무역을 한다. 첫 번째 이유는 국가들이 서로 무역을 통해 경제적인 이득을 얻기 때문이다. 특히 세계시장에서 국가들 간의 무역은 국가 상호간에 자원보유량, 선호도 및 기술 등이 서로 다르기 때문에 발생한다. 개인과 마찬가지로 국가들 역시 상호간에 상대적으로 우위를 차지하는 요인들이 있으므로, 국가들은 서로 우위의 차이점을 교환하면서 경제적인 이득을 얻을 수 있다.

　두 번째 이유는 국가들이 생산에서 규모의 경제를 달성하기 위해서 무역을 한다. 만약 각 국가들이 제한된 자원으로 한정된 범위의 제품들만을 생산한다면 대규모적인 생산을 할 수 있지만, 광범위한 제품들을 제한된 자원으로 생산할 경우 결과적으로 다양한 제품들을 소규모적으로 생산할 수밖에 없기 때문에 한정된 범위의 제품만을 규모 있게 생산하는 것보다 비효율적일 수밖에 없게 된다. 따라서 무역은 각국들이 서로 다른 제품을 교역함으로써 다양한 제품을 더 많이 소비할 수 있게 한다. 실제로 세계경제에서 국가 간 무역을 하는 경우, 비교우위와 규모의 경제로 인한 동기들이 서로 작용하고 있는 예들을 볼 수 있다.

1. 주요 무역이론

　무역이론을 설명함에 있어 위의 두 가지 요인을 설명하는 방법은 경제상황과 시대별로 다양하다. 따라서 먼저 무역이 발생하는 원인과 무역으로 인한 경제적 효과를 쉽게 설명하기 위해 주요 무역이론의 흐름을 단순모형과 각각의 이론에서 주장하는 관점이 무엇인가를 간단하게 설명하고자 한다.

　일반적으로 이론이란 어떤 현상을 체계적으로 설명하고 예측하는 것이라 할 수 있는데 무역이론은 국가 간에 발생하는 실물교역현상, 즉 무역이라는 현상을 체계적으로 설명하고 예측하는 것이다. 국제무역이론에서 전통적으로 연구대상으로 삼아 온 주요 과제들은 다음의 세 가지로 요약해 볼 수 있다.

　첫째, 무역은 왜 발생하며, 국가 간의 무역패턴이 어떻게 결정되는가라는 문제이다. 무역패턴이라 함은 국제무역이 허용되는 경우 누가 누구에게 무엇을 수출하고 무엇을 수입하게 되는가를 설명하고자 하는 것이다.

둘째, 교역조건은 어떻게 결정되는가의 문제이다. 교역조건이라 함은 무역이 이루어질 때 수입상품과 수출상품의 교환비율이 궁극적으로 어떠한 수준에서 이루어지게 되는가를 설명하고자 하는 것이다.

셋째, 무역을 하게 되면 각국은 이로부터 어떠한 경제적 이익을 기대할 수 있는가라는 문제, 즉 무역이익에 관한 문제이다. 원래 국제무역은 어디까지나 상호이익을 위해 자발적으로 발생하는 현상이지만 이로부터 발생하는 이익이 국가 간에 균일하게 배분되는 것은 아니다. 또 한 국가에 이익이 발생하더라도 그 이익이 국민들 사이에 균일하게 배분되는 것은 아니다. 경우에 따라서는 무역으로부터 손해를 보는 국가 또는 국민들이 존재할 수도 있는 것이다. 따라서 국제무역이 각국의 소득배분에 미치는 영향이라든가, 혹은 한 국가 내의 국민들 사이에 미치는 후생효과를 분석하는 것이 중요한 과제 중의 하나이다.

(1) 아담 스미스(Adam Smith)의 절대우위론

1) 절대우위의 개념과 생산비 조건

절대우위(absolute advantage)란 두 나라에 있어 생산비의 절대적 차이를 의미하며, 절대생산비설이라고도 한다. 즉 어느 국가가 다른 나라보다 상품을 값싸게 생산할 경우 그 상품에 절대우위가 있다고 한다.

아담 스미스의 절대우위론을 예를 들어 설명하면, 먼저 세계에 포르투갈과 영국의 두 나라가 있고 두 나라에서 각각 포도주와 모직물을 생산하는 경우를 가정한다. 아담 스미스는 노동가치설에 근거하는데 이는 상품의 가치가 인간의 노동에 의하여 결정되는 점을 고려하여 노동이 경제 내에서 유일한 생산요소라고 가정한다. 이 경우 생산비는 그 상품을 생산하기 위해 투입된 노동량으로 측정되며 이는 노동자의 수로 표시할 수 있다. 이때 양국의 생산비는 아래의 예와 같다.

<표 2-1> 아담 스미스의 절대우위론 설명을 위한 생산비용조건

	포르투갈	영국
포도주 1단위 생산비용	7인	14인
모직물 1단위 생산비용	10인	8인

이 경우 포도주 1단위를 생산하는 데 필요한 노동량이 포르투갈에서는 7명이고 영국에서는 14명이므로 포르투갈은 포도주를 영국보다 값싸게 생산한다는 것을 알 수 있다. 다시 말하면 포르투갈은 포도주의 생산에 절대우위가 있으며, 한편 모직물의 경우에는 영국이 포르투갈보다 값싸게 생산하므로 영국은 모직물의 생산에 절대우위가 있다.

2) 절대우위하의 무역이익

무역은 왜 발생하는가? 아담 스미스는 양국의 생산비에 절대적 차이가 있을 경우 각 나라는 절대우위 상품의 생산에만 전문화한다면 분업에 의한 이익을 누릴 수 있다고 주장한다. 두 나라 사이에 존재하는 생산비의 절대적 차이가 있을 경우 무역이 발생한다는 것이다. 다시 말하면, 양국 간에 생산비 차이가 없을 경우 무역은 발생하지 않는다는 것이다.

앞의 예 <표 2-1>에서 보면, 포르투갈은 포도주에 절대우위가 있고 영국은 모직물에 절대우위가 있다. 따라서 포르투갈은 포도주 생산에 특화하고, 영국은 모직물 생산에 특화하여 국제적 분업을 한다. 그 후 무역의 패턴을 보면 포르투갈은 포도주를 영국에 수출하고 그 대가로 모직물을 수입한다. 반면에 영국에 모직물을 포르투갈에 수출하고 포도주를 수입한다.

무역으로 인한 이익을 살펴보면 무역 전 두 나라에서 생산되는 것을 모두 합하면 포도주 2단위와 모직물 2단위이다. 무역이 이루어져 포르투갈과 영국 양국이 각각 포도주와 모직물 생산에 특화한다고 가정한다. 무역 후 포르투갈은 17인의 노동을 전부 포도주 생산에만 투입한다면 포도주 1단위 생산에 7명의 노동이 필요하므로

17/7단위의 포도주를 생산하게 된다. 그리고 영국은 22명의 노동을 전부 모직물 생산에만 투입한다면 모직물 1단위 생산에 8명의노동이 소요되므로 22/8단위의 모직물을 생산할 수 있게 된다. 그러므로 무역은 두 나라의 포도주 생산을 3/7단위 증가시키고 모직물 생산을 3/4단위만큼 증대시킬 것이다. 이러한 생산의 증가분이 무역참가국들의 무역이익이라 할 수 있다.

3) 절대우위론에 대한 비판

절대우위론은 무역발생의 원인을 절대생산비의 차이로 설명하고 있음은 주지의 사실이다. 그리고 한 나라가 하나의 상품만 절대우위를 가진다고 묵시적으로 가정하고 있다. 그러나 만일 한 나라가 두 상품생산에 모두 절대우위를 가지는 경우에도 무역은 발생하는가?

만일 포르투갈이 포도주와 모직물 생산 모두에 있어 절대우위를 가질 경우, 절대우위론에 따르면 포르투갈은 포도주와 모직물 두 상품 모두를 생산하여 수출하고 영국은 수출할 상품이 없으므로 두 나라 사이에 무역은 발생할 수 없다는 결론에 이른다. 아담 스미스의 절대우위론은 어느 한 나라가 두 상품 모두에 절대우위를 가지고 있을 경우 무역을 설명하지 못한다는 비판을 받는다.

(2) 데이비드 리카도(David Ricardo)의 비교우위론

1) 비교우위의 개념과 생산비 조건

데이비드 리카도는 아담 스미스의 절대우위론의 비판을 보완하여 비교우위(comparative advantage)의 개념을 이용하여 무역패턴을 설명하였다. 그는 한 국가가 두 교역상품에 있어 모두 절대우위를 갖는 경우에도 두 상품 사이에 비교우위가 있다면 무역이 발생할 수 있음을 밝혔다. 비교우위란 두 상품의 우위의 차이를 비교하여 그 우위가 큰 것을 말한다.

리카도의 비교우위의 개념을 예를 들어 설명하면, 포르투갈과 영국 두 나라가 존재하고, 포도주와 모직물의 두 교역상품의 생산비는 아래 <표 2-2>와 같다고 하자. 포르투갈은 두 상품 모두 영국보다 값싸게 생산할 수 있지만 두 상품의 우위의 정도를 비교하여 보면 포르투갈은 포도주 생산에는 영국 생산비의 2/3가 드는 데 비하여 모직물 생산에는 영국 생산비의 9/10이 든다. 다시 말하면 포르투갈은 두 상품 모두 절대우위를 가지고 있지만 모직물 생산보다는 포도주 생산에 그 우위가 더 크다. 그러므로 포르투갈은 포도주 생산에 비교우위를 가지고 있다고 할 수 있다.

〈표 2-2〉 데이비드 리카도의 비교우위론 설명을 위한 생산비용조건

	포르투갈	영국
포도주 1단위 생산비용	8인	12인
모직물 1단위 생산비용	9인	10인

2) 비교우위하의 무역이익

리카도는 두 나라가 비교우위가 있는 상품에 각각 특화하여 생산한 후 서로 두 상품을 교환하는 것이 무역참가국인 두 나라 모두에게 유익함을 설명하였다. 위의 예에서 포르투갈은 비교우위가 있는 포도주의 생산에 전문화하여 영국에 수출하고 생산을 포기한 모직물은 영국으로부터 수입하는 것이 경제적으로 유익하다는 것이다.

이제 양국에서의 무역이익을 살펴보면, 무역 전 포르투갈은 17명의 노동으로 포도주와 모직물 각 1단위씩을 생산하였다. 영국은 22명의 노동으로 역시 포도주와 모직물 각 1단위씩을 생산하였다. 이제 무역이 발생하여 포르투갈이 포도주 생산에 17명의 노동을 전부 투입한다면, 포도주 1단위 생산에 8명이 소요되므로 포르투갈은 17/8단위의 포도주를 생산할 수 있게 된다. 그리고 영국이 모직물 생산에 22명의 노동을 전부 투입한다면, 모직물 1단위 생산에 10명이 소요되므로 영국은 22/10단위의 모직물을 생산하게 된다. 전 세계적으로 무역 전에는 두 교역상품의 생산은 각 2단위였지만, 무역개시 후에는 포도주 17/8단위와 모직물 22/10단위로 생산이 증가하여 포도주 1/8 단위와 모직물 1/5단위만큼 이익이 된다는 것을 알 수 있다.

한편 두 나라의 무역이익은 노동의 절약이라는 측면에서도 살펴볼 수 있다. 포도주와 모직물이 1:1의 교환비율로 교환된다고 가정하면, 포르투갈은 8명의 노동으로 생산한 포도주 1단위를 수출하고 그 대가로 9명의 노동으로 국내에서 생산하였던 모직물 1단위를 수입하게 되므로 1명의 노동을 절약할 수 있다. 영국의 경우에도 10명의 노동으로 생산한 모직물 1단위를 수출하고 12명의 노동으로 국내 생산하였던 포도주 1단위를 수입하게 되므로 2명의 노동을 절약할 수 있게 된다.

3) 비교우위론에 대한 비판

비교우위론은 절대생산비이론을 보완하여 자유무역에 대한 이론적 토대를 확고히 하였다는 것과 국제무역의 발생원리를 규명하였다는 점에서 의의를 갖는다고 할 수 있다. 그러나 리카도의 비교우위론은 아래와 같은 한계점을 지니고 있다.

우선 비교우위론은 일국이 비교우위가 있는 한 상품에 완전특화한다고 가정하고 있으나 일반적인 경우 완전특화보다는 부분특화가 발생하는 것이 보통이다. 즉 자국의 비교우위가 있는 상품의 생산에만 모든 노동을 투입하기보다는 비교열위의 상품도 생산하는 것이 현실에 가깝다는 것이다. 또한 비교우위론은 무역의 이익이 교역 당사국에 어떻게 배분될 것인가 하는 문제에 있어서도 명확한 답을 제시하지 못하고 있다.

(3) 존 스튜어트 밀(John Stuart Mill)의 상호수요이론

1) 상호수요의 개념과 교역조건

아담 스미스와 리카도의 무역이론에서는 두 재화의 교환비율이 포도주 1단위와 모직물 1단위라고 가정했을 때 무역을 통한 이익이 발생할 수 있다는 것을 보여주었다. 그러나 이들이 옷감과 포도주와의 교환비율이 1:1이라고 가정한 이유에 대해서는 설명이 없었으며, 다만 그들은 그것이 적어도 양국 간 두 재화의 교환비율 사이에 놓이게 된다는 것을 보여준 데 그쳤다. 그의 논리에서 양국 간 두 재화의 교환비율이 옷감 1단위와 포도주 1단위가 교환된다고 가정한 것은 단순히 설명의 편의상 임의로 가정한 것이라고 해석된다. 두 재화의 국가 간 교환비율, 즉 국제교역조건이 리카도가 제시한 대로 두 재화의 국내교환비율 사이에서 구체적으로 어떻게 결정되는지에 대한 문제는 그 후 존 스튜어트 밀에 의해 해명되었다. 밀은 일국이 자국의 수출상품을 제공하려는 의도는 그와 교환으로 얻을 수 있는 수입상품의 양에 달려 있다고 보았다. 즉 일국이 수출하고자 하는 수출상품과 교환하고자 하는 수입상품과의 교환비율에 따라 변한다고 보았다.

밀에 의하면 양국 간에 실제로 교환되는 두 상품의 비율은 양국이 갖는 상대국 상품에 대한 각각의 수요가 정확하게 일치되는 수준에서 결정된다고 하였다. 이것이 소위 밀의 상호수요균등의 이론이다. 이렇게 상호수요가 일치되는 점에서 일국의 수출량과 그에 대한 상대국의 수입량이 정확하게 같을 경우 무역균형이 성립되며 무역균형을 성립하게 하는 국제교환비율이 곧 균형국제교역조건이 된다는 것이다. 이와 같이 밀은 고전무역이론의 분석에서 수요개념을 최초로 도입하여 무역균형에 대한 설명을 제시하였다.

2) 교역조건의 결정

밀은 그가 제시한 상호수요의 개념과 균형교역조건의 결정과정을 <표 2-3>과 같은 간단한 예를 통해서 설명하였다. 여기서 유의할 점은 밀의 예에서는 리카도의 경우와는 달리 동일 노동투입 시 생산 가능한 재화량의 단위로 주어지고 있다는 점이다. 즉 리카도는 재화 1단위의 생산에 투입된 노동량을 생산비로 나타낸 반면 밀은 노동 1단위가 생산할 수 있는 재화의 생산량으로 표시하였다. 양국이 동일한 노동을 투입하여 포르투갈에서는 포도주 10단위와 옷감 15단위를 생산할 수 있고, 영국에서는 포도주 10단위와 옷감 20단위를 생산할 수 있다고 하자.

〈표 2-3〉 밀이 예시한 동일노동 투입 시 생산 가능한 재화량 조건

	포르투갈	영국
포도주 생산량(동일 노동 투입 시)	10단위	10단위
옷감 생산량(동일 노동 투입 시)	15단위	20단위

생산비를 노동투입량으로 본다면 양국이 모두 동일한 노동을 투입하였으므로 생산비는 생산량의 역수로 나타낼 수 있다. 포르투갈의 포도주 생산비는 1/10, 옷감 생산비는 1/15이다. 영국의 경우 포도주 생산비는 1/10, 옷감 생산비는 1/20이다. 비교우위론에 따르면 영국은 옷감생산에 비교우위가 있으므로 옷감생산에 특화하여 생산하고, 포르투갈은 포도주 생산에 특화한 후 서로 생산물을 교환하는 경우 양국 모두 이익을 얻을 수 있다. 단 이 경우 포르투갈은 10단위 포도주로 15단위 이상의 옷감을 얻을 수 있어야 하고, 영국은 20단위 이하의 옷감으로 10단위의 포도주를 얻을 수 있어야 한다. 그 이유는 두 재화의 국내교환비율이 포르투갈에서는 포도주 10단위에 옷감 15단위, 영국에서는 포도주 10단위에 옷감 20단위이기 때문이다. 따라서 두 재화가 실제로 양국 간에 교환되는 비율, 즉 교역조건(terms of trade)은 포도주 10단위 : 옷감 15단위와 포도주 10단위 : 옷감 20단위의 사이가 될 것이다. 따라서 두 상품의 국가 간 교역조건은 위와 같은 교역조건의 범위 내에서 교역상품에 대한 상대국의 수요, 즉 상호수요에 의해 결정된다고 주장하였다.

3) 상호수요이론의 공헌과 비판

밀의 상호수요이론이 갖는 중요한 의미는 국제무역에 있어서 균형교역조건, 즉 두 상품 간의 교환비율이 실제로 어떻게 결정되는가를 설명해 주고 그에 따라 각국에 귀속되는 무역이익이 얼마인가를 보여주는 데 있다. 이로써 리카도의 무역이론이 갖는 미흡한 점이 보완된 것이다. 즉 리카도의 비교우위설에서 밀의 상호수요이론으로 연결되는 고전무역이론은 무역이익, 무역패턴, 국가 간 상품교환비율(균형교역조건)의 결정에 따라 정해지는 무역이익의 분배문제 등에 대해 명확하게 설명해

주는 하나의 이론체계가 된다. 이에 반해 고전무역이론은 그 논리의 전개상 상품의 국내교환비율에 대한 설명을 위해 노동가치설이 원용되고, 국제적 교환비율에 대해서는 상호수요설이 도입됨으로써 가치의 이원화라는 문제를 내포함은 물론 노동가치설의 유용성에도 문제를 안고 있는 것으로 지적되고 있다. 그 후 이러한 문제들은 1930년대에 하벌러(Harberler)의 기회비용설에 의해 극복되었다.

(4) 헥셔-올린의 무역이론(Hecksher-Ohlin theorem)

헥셔와 올린은 국가 사이에 발생하는 비교생산비 차이의 원천은 요소부존도의 차이에 있다는 것을 밝힘으로써 무역이론에 있어 획기적인 발전을 이룩하였다. 헥셔-올린이론은 두 가지 명제로 구성되어 있다. 첫째, 헥셔-올린 이론은 국가 간에 생산요소의 부존도가 다르고, 각 재화에 투입되는 생산요소의 비율이 다르기 때문에 비교생산비의 차이가 존재하게 된다는 것(헥셔-올린이론의 제1명제)을 설명하였다. 또한 이러한 국가 간의 비교생산비의 차이 때문에 무역이 발생하고, 이러한 무역의 전개에 따라 요소의 이동이 아닌 재화의 이동에 따라 국가 간에 요소의 상대적 가격이 균등화된다는 것(헥셔-올린이론의 제2명제)을 설명하였는데, 이 요소가격균등화이론은 후에 사무엘슨(P. A. Samuelson)에 의해 수학적으로 증명되었다.

1) 요소부존이론(헥셔-올린정리 제1명제)

헥셔-올린이론은 국가 간 요소부존비율의 차이에 따라 무역의 방향이 결정된다고 하여 요소부존이론이라고도 하는데 이 이론은 한 나라가 다른 나라에 비하여 상대적으로 보다 풍부하게 부존된 생산요소를 보다 집약적으로 사용하여 생산한 상품에 비교우위를 갖는 경향이 있다는 것이다. 따라서 세계에 노동이 풍부한 국가와 자본이 풍부한 두 국가가 있다면 노동이 풍부한 국가에서는 노동집약적인 상품의 생산에 비교우위를 갖게 되어 노동집약재를 수출하게 되고, 자본이 풍부한 국가에서는 자본집약적인 상품의 생산에 비교우위가 있게 되어 자본집약재를 수출하게 된다는 것이다. 다시 말하면, 어느 나라든 그 나라에서 풍부한 생산요소를 많이 사용하는 제품을 수출하고 희소한 생산요소를 많이 사용하는 상품은 수입하게 됨을 설명하고 있다.

2) 요소가격 균등화 정리(헥셔-올린정리 제2명제)

이 이론은 국가 간 생산요소의 이동이 없다고 할지라도 자유무역을 하게 되면 국가 간에 생산요소의 가격이 같아진다는 것이다. 이는 상품의 수출입이 국내생산구조의 변화를 가져오고 이러한 변화는 국가 간의 생산요소의 이동과 같은 효과를 가져온다는 것이다.

헥셔-올린 정리에 기초하여 무역이 이루어지면 각국에서는 비교우위상품에 대한 생산이 증가하고 그에 따라 상대적으로 풍부한 생산요소에 대한 수요도 증가함으로써 생산요소의 가격이 상승하게 된다. 한편 비교열위상품에 대한 생산이 감소하여 상대적으로 희소한 생산요소에 대한 수요가 줄어들어 희소생산요소의 가격이 하락하게 된다는 것이다. 이와 같이 무역이 이루어지면 각국에서는 무역 이전에 상대적으로 희소하여 비쌌던 생산요소의 가격이 하락하게 되어 결과적으로 국가 간 생산요소의 가격이 상대적으로나 절대적으로 같아진다는 것이다. 이것이 요소가격균등화 정리(factor price equalization theorem)이다.

(5) 스톨프-사무엘슨 정리(Stolper-Samuelson theorem)

자유무역이 이루어지면 양국에서의 요소가격이 변동함에 따라 생산요소 간의 소득분배가 영향을 받게 된다. 즉 앞에서 본 바와 같이 헥셔-올린 정리에 따라 상대적으로 풍부한 생산요소의 가격은 상승하고 희소한 생산요소의 가격은 하락하게 된다. 이는 풍부한 생산요소의 소득이 더 증가하며 희소한 생산요소의 소득은 하락하게 됨을 의미한다. 다시 말해서 각국에 있어서 풍부한 생산요소의 소유계층에 귀속되는 소득은 증가되고, 희소한 생산요소의 소유계층에게는 불리한 소득이 재분배되는 것을 보여주게 된다.

따라서 자유무역이 이루어지면 각국에서는 희소한 생산요소의 공급자들이 자유무역의 제한, 즉 수입규제를 요구할 수도 있을 것이다. 그리하여 자유무역 대신 각국이 수입관세를 부과하게 되면 자유무역하에서의 경우와는 반대로 소득이 희소한 생산요소에 유리하게 되고, 풍부한 생산요소에는 불리하게 재분배된다. 이와 같이 수입규제 및 특정무역정책의 수단들로 인해 교역상품의 가격이 영향을 받을 때 그로 인해 각국의 소득분배가 어떻게 영향을 받게 되는가를 설명하는 것이 스톨프－사무엘슨 정리이다.

(6) 레온티에프의 역설

헥셔－올린의 무역이론이 과연 현실의 무역패턴을 잘 설명하고 있는가에 대한 시도가 이루어져 왔는데 레온티에프(W. Leontief)의 연구는 이에 대한 가장 대표적인 연구이다. 레온티에프는 1953년 미국의 자료를 가지고 헥셔－올린의 무역이론이 미국의 수출입 패턴을 잘 설명하고 있는가를 실증적으로 검증하였다.

만일 헥셔－올린의 이론이 맞는다면 자본 풍부국이라고 간주되는 미국의 경우 미국의 수출품들은 자본집약재이고 미국의 수입품들은 노동집약재일 것이다. 이러한 논리하에 그는 1947년의 미국 수출입시장을 조사해 보았다. 검증한 결과는 다음과 같다.

첫째로 미국이 해외에 수출하는 재화들의 자본집약도를 조사해 보았으며, 둘째로 미국이 외국으로부터 수입하는 재화에 대한 자본집약도를 조사하기 위해 해당 제품의 미국 내 동일한 경쟁산업을 조사하였다. 만일 헥셔－올린 무역이론이 맞는다면 미국은 자본 풍부국이므로 전자의 자본집약도가 후자의 자본집약도보다 높아야 할 것이다. 그의 결과는 수출산업의 노동 1인당 자본비율보다 수입경쟁산업에서의 자본집약도가 훨씬 높은 결과를 얻었다. 이러한 결과는 헥셔－올린 무역이론에서 예측되는 결과와 반대되는 현상이 나타난 것으로 이것을 레온티에프 역설(Leontief paradox)이라고 부른다.

레온티에프의 연구는 '그러면 헥셔-올린 무역이론이 현실과는 맞지 않은 잘못된 것인가?'에 대한 논란을 불러일으켰으며, '왜 레온티에프와 같은 결과가 발생하였는가?'에 대한 많은 연구들이 제시되었는데 이를 살펴보면 첫째, 미국의 수요가 자본집약재에 편중되어 있기 때문에 자본이 풍부함에도 불구하고 자본집약재를 수입할 수도 있다는 점, 둘째, 미국은 노동자에 대한 투자와 교육으로 타국보다 약 3배 정도의 높은 생산성을 갖추고 있으므로 미국의 노동을 타국의 노동단위로 환산하면 미국이 노동풍부국이 되어 노동집약재를 수출하게 된다는 점, 셋째, 미국은 당시 천연자원을 많이 수입하였는데 미국 내에서 이들 상품의 생산은 외국보다 훨씬 자본집약적인 방법으로 생산되고 있었으므로 이들 상품을 분석대상에서 제외한다면 레온티에프와 같은 역설적인 결과가 나오지 않게 된다는 점, 넷째, 미국과 같이 숙련노동이 많은 국가에서는 수출상품생산에 숙련노동이 많이 투입되는데 숙련노동에 투입된 막대한 투자지출을 인적자본(human capital)으로 분류하여 이를 물적 자본(physical capital)에 포함시킨다면 미국은 당연히 자본집약재를 수출하게 될 것이라는 점들이 지적되었다.

읽고 가기 | 자유무역의 이론과 현실

리카도가 비교우위이론을 제창한 이래 교역장벽의 완화가 자원배분의 효율성을 제고시켜 경제성장을 촉진시킨다는 명제는 국제무역이론의 근간을 이루고 있다. 비교우위이론은 두 나라가 교역을 함에 있어 상대적으로 생산효율이 높은 상품의 생산에 특화함으로써 그 상품의 생산을 늘려 수출하고 그렇지 못한 상품을 수입함으로써 서로의 생산효율성이 높아지고 이러한 효율성의 증대가 양국의 후생증대로 이어진다는 주장이다. 여기에서 유의해야 할 사실은 생산효율이 높은 상품의 생산에 특화가 이루어진다는 점일 것이다. 즉 두 나라가 자유롭게 교역을 하게 되면 비교우위가 있는 상품의 생산은 늘게 되지만 그렇지 못한 상품의 생산은 줄어들게 된다. 하지만 이는 생산요소의 산업 간 이동이 자유롭다는 가정을 바탕으로 하고 있다.

그러나 현실에서 생산요소가 아무런 제약 없이 다른 산업으로 즉시 이동하는 것은 불가능하다. 그렇기 때문에 무역으로 인해 어떤 산업의 생산이 위축되면 그 산업에 종사하는 생산요소의 소득이 감소할 가능성이 있다. 자유무역으로 인한 이러한 산업 간 이해관계의 대립은 특정요소이론에서 보다 명확하게 나타난다. 이는 국가 간 생산기술이 동일한 경우라도 자본이 풍부한 국가에서는 자본집약적 상품에 비교우위를 가지며 노동이 풍부한 국가에서는 노동집약적인 상품에 비교우위를 가진다는 요소부존이론을 발전시킨 것이다. 즉 요소부존이론에서는 비교우위이론과 마찬가지로 생산요소의 산업 간 이동이 자유롭다는 가정을 하고 있는 반면 특정요소이론은 산업 간 이동이 자유롭지 못한 생산요소의 존재를 인정한다. 이 경우 자유무역으로 인해 비교열위에 있는 산업의 생산은 위축되며 그 산업에 속해 있는 생산요소는 소득이 감소하게 된다.

그러나 이상에서 설명한 이론들이 보호무역주의를 뒷받침하는 것은 아니다. 왜냐하면 생산요소의 이동이 자유롭지 못한 것은 단기적인 현상이며 장기적으로는 생산요소의 재편이 일어나기 때문이다. 이때 정부의 역할은 그 산업을 보호하기보다는 어떻게 하면 생산요소의 산업 간 이동이 보다 자유롭게 이루어지도록 하느냐에 초점이 맞추어져야 한다.

이상에서 설명한 무역이론들은 상품시장의 완전경쟁을 가정하며 따라서 상품은 비교우위를 가지는 국가에서 그렇지 못한 국가로만 이동하게 된다. 즉 비교우위가 있는 산업에서는 수출만이 이루어지며 비교우위가 없는 산업에서는 수입만이 있을 수 있다.

그러나 우리나라에서 자동차 수출과 수입이 동시에 이루어지듯 현실에서는 동종의 상품이 수출되기도 하고 수입되기도 한다. 즉 무역은 다른 산업 간에 이루어지기도 하지만 동일산업 내에서도 이루어진다. 이러한 산업 내 무역을 설명하는 이론에서는 상품시장이 완전히 경쟁적이지 못하다는 사실을 인정한다.

즉 동종의 상품이라도 완전하게 동일할 수는 없으며 따라서 생산자는 자신이 생산하는 상품의 시장에서 어느 정도의 시장독점력을 가질 수 있다. 이 경우 자유무역을 통해 시장이 확대되면 상품의 가격과 품질, 소비자의 취향 등에 따라 얼마든지 비교우위를 행사할 수 있다. 따라서 자유무역으로 인한 산업 간 이해관계의 대립은 기업 간 또는 생산자와 소비자 간 대립으로 변하게 된다.

또한 경제발전단계가 성숙해질수록 이러한 산업 내 무역의 비중이 점차 커지는 것이 현실이다. 그렇기 때문에 시장개방으로 인해 어떤 산업이 일방적으로 위축되고 그 산업에 종사하는 생산요소의 소득이 줄어들게 되는 경우는 점차 줄어들고 있다. 그럼에도 불구하고 각국의 무역제한조치들은 여전히 산업전체를 보호한다는 명목을 띠는 경향이 있다(자료출처: 파이낸셜뉴스).

제2절 국제무역과 환율

1. 환율의 기초

(1) 환율의 개념

환율(exchange rate)이란 어떤 통화 한 단위에 대한 다른 통화의 가격을 말한다. 바꾸어 말하면 한 나라의 통화와 다른 나라 통화와의 교환비율을 환율이라 한다. 어떤 한 나라를 기준으로 보면 외국환에 대한 자국화의 가격을 말하며, 그 외국환을 상품으로 파악했을 때 상품에 대한 가격이라고 할 수 있다.

> 환율이란 일정시점에서 어떤 한 나라의 통화와 다른 나라 통화와의 교환비율을 말한다. 즉 두 나라 통화 사이의 교환비율을 의미한다.

자국통화의 외국통화와의 교환비율을 나타내는 환율은 어떻게 결정될까? 외국환이 상품이라면 외환시장에서 그에 대한 수요와 공급에 의해서 결정된다. 또한 외국환이 국제결제의 수단이고 보면 장기적으로 국제수지상태가 외국환의 수급을 반영하게 되며 환율을 결정하게 된다.

환율이 자국통화와 외국통화의 교환비율이라는 것은 환율이 바로 자국통화의 대외가치를 표시하는 것이라 할 수 있다. 즉 환율은 자국통화로서 유형상품 및 무형상품을 구매할 수 있는 구매력으로 표시된다. 자국통화의 대외구매력이란 자국통화를 가지고 외화를 매입하고 매입한 외화로써 외국의 유형 및 무형상품을 구매할 수 있는 능력의 정도를 말하므로 환율은 곧 자국통화의 대외구매력, 즉 대외가치를 표시한다고 할 수 있다.[22]

---

22) 김정수(1999), 외환관리론, 두남, p.31 참조.

(2) 환율의 표시방법

1) 직접표시환율과 간접표시환율

환율을 자국통화와 외국통화의 교환비율이라고 하면 자국통화와 외국통화 중 어느 것을 기준으로 해서도 환율을 표시할 수 있다. 즉 환율을 외국통화 한 단위와 교환될 수 있는 자국통화의 단위로 표시할 수 있고, 이와 반대로 자국통화 한 단위와 교환될 수 있는 외국통화의 단위로 표시할 수 있다.

① 직접표시환율(Direct Quotations)

외국통화 1단위 또는 100단위(우리나라의 경우 일본 엔화, 이태리 리라, 스페인 페서타, 인도네시아 루피아 등에 대해 100단위 적용하고 있음)에 대한 자국통화의 교환대가를 표시하는 방법으로 나타낸 환율을 말한다. 예를 들면 우리나라의 환율을 USD1=KRW1,000으로 표시하는 방법으로 나타낸 것이다. 우리나라를 포함한 대부분의 국가에서 자국 내 외환거래에 사용하고 있으며, 자국통화표시환율 또는 방화표시환율이라고도 한다. 결국 직접표시환율은 외국통화를 하나의 상품으로 보았을 때 그 상품의 한 단위에 대한 자국통화의 가치를 의미한다.

② 간접표시환율(Indirect Quotations)

자국통화 1단위에 대한 외국통화의 교환대가를 표시하는 방법으로 나타낸 환율을 말한다. 예를 들면 영국의 환율을 GBP1=USD1.5790으로 표시하는 방법으로 나타낸 것이다. 영국, 호주, 뉴질랜드 등 국가에서 사용하고 있으며, 외국통화표시환율 또는 외화표시환율이라고도 한다. 결국 간접표시환율은 자국통화를 상품으로 하고 그 상품의 한 단위에 대한 외국통화의 가치를 의미한다.

2) Two-Way Quotation

오퍼레이트(Offer rate)와 비드레이트(Bid rate)를 의미하는데 이를 매도율과 매입률이라 한다. 즉 오퍼레이트는 매도율을 말하고, 비드레이트는 매입률을 말한다. 외환이 거래되는 외환시장에서는 일반적으로 두 개의 숫자로 환율을 표시하고 있는데 그중의 하나는 외환딜러나 은행이 상대방으로부터 외화를 매입하려는 가격이고, 또 다른 하나는 외화를 외환딜러나 은행이 상대방에게 매도하려는 가격이다.

이때 외화를 매도하려는 가격을 오퍼레이트(Offer rate)라 하고, 외화를 매입하려는 가격을 비드레이트(Bid rate)라고 하며, 비드가격은 오퍼가격보다 항상 낮게 형성된다. 가령 외환시장에서 '1,050.0/1,055.0'이라고 표시되어 있으면 낮은 숫자가 매입률이고, 가격이 높은 것이 매도율이다. 즉 매입률은 수출업체에 적용되는 환율이고, 매도율은 수입업체에 적용되는 환율이다. 이러한 매도율과 매입률은 환율표시의 기준이 되는 통화를 중심으로 나타나게 된다.

(3) 환율의 변동

1) 환율의 변동에 관한 표현

① 고정환율제도하에서의 표현

자국통화의 가치가 하락하는 것을 평가절하(devaluation)라 한다. 직접통화표시방법으로 표시하면 USD1＝KRW780에서 USD1＝KRW800이 되는 경우이다. 간접표시방법으로 표시하면 KRW1＝USD0.00128에서 KRW1＝USD0.00125가 된다. 한편 자국통화의 가치가 상승하는 것을 평가절상(revaluation)이라 한다. 직접통화표시방법으로 표시하면 USD1＝KRW800에서 USD1＝KRW780이 되는 경우이다. 간접통화표시방법으로 표시하면 KRW1＝USD0.00125에서 KRW1＝USD0.00128이 된다.

② 변동환율제도하에서의 표현

자국의 통화가치가 하락하는 것을 환율인상 또는 평가절감(depreciation)이라 하고, 자국통화의 가치가 상승하는 것을 환율인하 또는 평가절승(appreciation)이라 한다.

2) 환율의 변동과 외환의 실질가치

① 직접표시환율의 방법으로 표시한 경우

외환시세를 나타내는 환율이 인상, 즉 상승하는 경우 자국통화의 실질가치는 하락하고, 외국통화의 실질가치는 상승한다. 반면에 환율이 인하, 즉 하락하는 경우 자국통화의 실질가치는 상승하고, 외국통화의 실질가치는 하락한다. 요컨대 환율의 변동과 자국통화의 실질가치는 직접통화표시환율은 반대방향으로 움직인다.

② 간접표시환율의 방법으로 표시한 경우

환율이 인상하는 경우 자국통화의 실질가치는 상승하고 외화의 실질가치는 하락한다. 반면 환율이 인하하는 경우 자국화의 실질가치는 하락하고 외화의 실질가치는 상승한다. 요컨대 환율의 변동과 자국통화의 실질가치는 간접표시환율은 같은 방향으로 움직인다.

3) 환율의 변동요인과 영향

환율을 변동시키는 요인들로는 여러 가지가 있다. 그중에서 중요한 몇 가지를 들면 국내국민소득, 해외의 경기상태, 국내이자율, 국내물가 및 해외물가 등을 들 수 있다. 우선 국내경기가 호황을 누리게 되면 자국은 국민소득이 높아지게 될 것이고, 상품의 구매력 또한 높아지게 될 것이다. 이러한 구매력의 상승은 국내상품뿐만 아니라 해외상품에 대한 수요를 증가시키게 된다. 해외상품에 대한 수요의 증가는 수입을 부추기게 되어 수입증가를 유발시키고, 이에 따라 수입대금 결제에 필요한 외환을 필요로 하게 된다. 외환의 수요증가는 결국 환율을 인상시키는 결과를 초래한다. 반면 해외의 경기가 좋으면 다른 나라들의 우리나라 상품에 대한 수입을 증가시킨다. 우리나라 입장에서 본다면 우리나라 상품의 수출을 증대시키며, 이에 따라 외국으로부터 외환이 공급되어 환율을 하락시키게 된다.

국내이자율이 오르면 소비와 투자수요가 줄고 이에 따라 수입수요가 감소하여 외환에 대한 수요를 감소시키어 환율의 하락에 영향을 미치게 된다. 또한 국내이자율이 오르게 되면 우리나라 화폐로 표시된 금융자산의 수익률이 높아지게 되므로 금융자산을 갖기 위해 외국의 투자자들에 의한 외환공급을 발생시키게 되어 환율을 하락시키게 된다.

국내물가가 오르게 되면 수출품의 가격도 오르게 되어 외화표시수출품의 가격이 비싸지게 된다. 따라서 주어진 환율수준에서 수출이 감소하여 외환공급에 영향을 미치게 되고 외환공급의 감소에 따라 환율의 상승에 영향을 미치게 된다. 또한 국내물가가 오르게 되면 상대적으로 수입품의 가격이 하락하는 효과를 발생시키게 되어 수입에 영향을 주게 된다. 수입수요의 증가는 곧 수입의 증가로 이어져 수입대금 결제에 필요한 외환수요를 증가시키게 되어 환율을 상승시키게 된다. 한편 해외의 물가가 내리게 되면 외화표시수출품의 가격이 싸지게 된다. 따라서 주어진 환율수준에서 수출이 증소하여 외환공급에 영향을 미치게 되고 외환의 공급증가에 따라 환율하락에 영향을 미치게 된다. 또한 해외물가가 오르게 되면 상대적으로 수입품의 가격이 상승하는 효과를 발생시키게 되어 수입에 영향을 주게 된다. 수입수요의 감소는 곧 수입의 감소가로 이어져 수입대금 결제에 필요한 외환수요를 감소시키게 되어 환율을 하락시키는 효과가 발생하게 된다.

읽고 가기 | **환율변동과 위험 – 리딩 앤 래깅(Leading & Lagging)**

리딩 앤 래깅(Leading & Lagging)은 향후 환율변동에 대한 예측을 바탕으로 외화자금의 흐름시기를 의도적으로 앞당기거나(Leading) 지연시킴으로써(Lagging) 환율변동에 따른 환차손을 최소화하고 환차익의 가능성을 극대화하기 위한 무역기업의 환율변동에 따른 환위험관리기법 중의 하나이다.

수출업자의 경우에는 자국통화의 가치가 하락할 것으로 예상되는 경우에는 수출상품의 선적시기나 선적서류의 매입시기를 늦춤으로써 보다 많은 자국통화의 수출대금을 얻고자 한다. 반면에 수입업자의 경우에는 결제시점을 보다 앞당기면서 자국통화 수입결제대금의 지급을 줄일 수 있다.

(4) 빅맥지수와 환율의 가치평가

환율의 결정에 관한 이론에는 금리평가이론, 구매력평가설, 피셔효과 등이 있으나 구매력평가설에 근거하고 있는 빅맥지수(BigMac Index)를 통하여 환율의 가치를 간단히 평가해 볼 수 있다.

구매력평가설은 양국 간 인플레이션의 차이가 바로 환율의 차이가 되어 장기간으로 보면 양 국가 간의 인플레이션의 차이의 변화가 환율의 변화로 상쇄된다는 이론이며, 물가가 변하면 동질의 상품이 양 국가에서 똑같은 가격으로 일치되기 위해서 환율도 그만큼 변화해야 한다는 이론이다. 만일 하나의 상품을 놓고 보았을 때 어느 나라에서건 같은 가치로 교환이 되어야 한다는 일물일가의 법칙[23]에 근거한 환율의 계산법이다.

이러한 구매력평가설(Purchasing Power Parity)은 스웨덴의 경제학자 카셀(G. Cassel)에 의해 주장된 것으로 가장 오래된 환율결정에 관한 이론으로 받아들여지고 있으며, 구매력평가설은 일물일가의 법칙이 환율결정에 적용된 것이라고 할 수 있다.

이러한 이론의 가장 단순한 예로서는 소위 이코노미스트지가 1986년도부터 매년 세계 110여 개 국에서 판매되는 맥도날드사의 '빅맥'햄버거 가격을 기준으로 각국의 통화가치와 물가를 측정하는 빅맥 인덱스가 있다.[24] 1998년 초반을 예로 들면 미국에서는 2.56미달러로, 한국에서는 2,600원으로, 일본에서는 2.80엔으로 '빅맥'햄버거가 판매되었으며 '빅맥'지수를 근거로 환산된 달러/원은 2,600원을 2.56달러로 나눈 1,016원이 될 것이며 이를 당시의 달러/원 환율 1,474원과 비교하면 당시의 환율이 '빅맥'지수에 근거한 환율에 비해 약 31%가 저평가되어 있다고 볼 수 있었다. 따라서 환율은 더 떨어져야 한다는 이론이다.

이 이론은 환율결정에 있어 실물시장과 금융시장을 연결하여 설명하는 장점이 있

---

23) 일물일가의 법칙은 같은 상품의 가격이 서로 다른 지역에서도 동일한 가격이 된다는 것이다.

24) 빅맥지수와 함께 스타벅스의 '까페라떼' 가격을 기준으로 각국의 통화가치와 물가를 측정하는 까페라떼인덱스도 있다.

어 장기적인 환율예측에 가장 많이 사용된다. 그러나 실제 국가 간에 각국통화의 구매력을 측정하기 위한 똑같은 물품이 있어야 하나 현실적으로 이것이 불가능하다는 단점도 가지고 있다.

2. 환율제도와 외환시장

(1) 환율제도

환율제도란 통화정책당국이 환율의 변동에 어떤 대응을 할 것인지에 관한 규칙을 말한다. 환율제도는 크게 고정환율제도와 변동환율제도로 나눌 수 있다. 고정환율제도는 환율이 일정수준을 넘거나 그 아래로 떨어지지 않도록 정책당국이 외환시장에 개입하는 규칙을 채택하는 것을 의미한다. 변동환율제도는 환율이 외환시장에서의 외환수급에 따라 자율적으로 결정되도록 정책당국이 개입하지 않는 것을 의미한다.

1) 고정환율제도

고정환율제도(Fixed Exchange Rate System)란 환율변동을 전혀 인정하지 않거나 그 변동 폭을 극히 제한하는 환율제도를 말한다. 가장 전통적인 고정환율제도는 19세기 말~20세기 초의 금본위제인데 동 제도하에서 각국은 자국통화의 가치를 금에 고정시키고 금태환성을 보장함으로써 모든 통화에 대한 환율을 안정적으로 유지할 수 있었다.

제2차 대전 이후 1973년까지 유지되었던 브레튼우즈 체제도 고정환율제도의 한 형태로서 이 제도하에서는 미달러화만이 금에 대해 가치가 고정되었고 금태환성이 보장되었다. 그리고 기타 국가는 미달러화에 자국통화의 가치를 고정시켜서 운용하였다.

고정환율제도는 환율이 안정적으로 유지됨에 따라 경제활동의 안정성이 보장되어 대외거래를 촉진시키는 장점이 있으나 환율변동에 의한 국제수지의 조정이 불가능함에 따라 대외부문의 충격이 물가불안 등 국내경제를 불안정하게 하는 단점도 있다.

고정환율제도를 쉽게 설명하면 다음과 같다. 고정환율제도란 1달러 800원이라고 못을 박으면 영원히 환율이 800원에서 변하지 않는 환율결정 메커니즘을 말한다. 생각해 보면 매우 편하고, 환율계산도 쉬워서 좋을 것 같지만 사실은 그렇지가 않다. 예를 들어 환율이 1달러에 1000원으로 묶여 있고, 우리나라 제품이 너무 좋아서 수출이 증가하여 달러를 많이 벌어들이고 있다고 하자. 달러가 흘러 들어오는 만큼 원화가 풀리고, 원화가 풀리는 만큼 물가는 뛰게 된다. 물가를 낮추고, 외국의 통상압력을 피하기 위해서는 수출을 줄여야 하는데 환율은 여전히 1달러에 1000원이기 때문에 수출은 줄어들지 않는다. 환율을 낮추면 수출이 줄어들 수 있겠지만 환율이 고정되어 있기 때문에 어쩔 수가 없다. 고정환율제도의 최대 단점은 이처럼 국제수지를 조정하는 역할을 할 수 없다는 데 있다.

2) 변동환율제도

변동환율제도란 환율이 시장의 수요와 공급에 따라 변하는 제도를 말하며 현재 우리나라가 선택하고 있는 환율제도가 바로 변동환율제도이다. 달러에 대한 수요가 많아지면 달러의 가치가 올라가서 환율이 800원에서 1000원으로 뛰고, 반대로 달러에 대한 수요가 줄면 환율이 1000원에서 800원으로 변하는 제도가 바로 변동환율제도이다.

환율이 시장의 수요공급에 따라 급격하게 변하면 1달러에 1000원일 때 900원짜리 상품을 1달러에 수출하면 100원의 이익이 발생한다. 그런데 막상 대금결제를 받을 때에 환율이 변해서 1달러에 800원이 되면 수출업자는 가만히 앉아서 100원을 손해를 보게 된다. 이처럼 환율의 변동으로 오는 손실을 환차손이라고 하고, 환율의 변동으로 오는 이익을 환차익이라고 한다.

환율이 변동하면 환차손을 보아야 할 뿐만 아니라 원자재를 많이 수입하는 업체는 연초에 수립하였던 예산을 수정해야 한다. 이 같은 문제에도 불구하고 많은 나라들이 변동환율제도를 선택하는 이유는 변동환율제도가 국제수지를 조정하는 역할을 하기 때문이다.

환율이 1달러에 800원에서 1000원으로 올랐다고 가정하자. 그러면 우리나라 제품의 수출은 늘어나고 달러는 늘어나게 된다. 수출이 많으면 많을수록 좋다고 생각할수도 있겠지만 수출을 많이 해서 달러가 들어오면 기업은 임금을 주기 위해서라도 원화로 바꾸어야 하는데 지나치게 많은 달러가 들어오면 물가가 폭등하고, 경제에 거품이 생기는 현상도 발생할 수 있다. 이 같은 문제를 해결하기 위해서는 수출을 줄어야 하는데 변동환율제도하에서는 굳이 인위적인 수단을 강구하지 않아도 수출이 줄어들게 된다.

그 이유는 간단한데 달러가 많이 들어오게 되면 환율이 1달러에 1000원에서 1달러에 800원으로 떨어지게 된다. 미국기업의 입장에서는 옛날에는 1달러를 주고 1000원짜리 물건을 살 수 있었는데 이제는 800원짜리 물건밖에 살 수 없게 되어 구매선을 다른 나라로 돌리게 되고 이로 인해 당연히 수출은 줄어들 수밖에 없는 것이다.

(2) 외환시장

1) 외환시장의 개념

외환시장(foreign exchange market)이란 외환의 수요와 공급을 연결하는 장소 또는 메커니즘을 외환시장이라 하며, 참가자에 따라 은행 간 외환시장과 대고객 외환시장, 지역에 따라 국내외환시장과 국제외환시장으로 구분할 수 있다.

즉 외환시장이란 외환의 매입자와 매도자 그리고 이들의 매매를 지원하는 딜러와 브로커들을 연결하는 통신망을 통해 거래가 이루어지는 기능적인 의미에서의 시장 또는 은행의 딜러와 외환브로커가 모여서 거래하는 구체적 시장의 형태를 말한다.

이러한 외환시장에 참가하는 사람은 외환서비스의 실수요자인 개인과 기업, 외환시장에서 대단히 중요한 역할을 하고 있으며 매매의 반대입장에 있는 거래자들을 중개시켜 주는 브로커가 되기도 하고, 거래의 당사자가 되기도 하는 은행(금융기관), 외환시장여건을 조정하거나 자국의 통화 보호를 목적으로 환율에 개입하는 각국의 정부와 중앙은행, 은행들이 제시하는 매입률과 매도율을 알아내어 다른 은행에 가격정보를 제공해 주고 거래가 이루어지도록 주선하는 업무를 담당하는 외환브로커(외환중개인) 등이다.

외환시장에 참여하는 목적에 따라 구분해 보면 첫 번째 참여자는 헷저(hedger)를 들 수 있다. 헷저는 무역거래나 국제적 자본거래에 부수되는 외환위험을 피하려는 목적으로 참여하는 실수거래자들이다. 두 번째 참여자는 재정거래자(arbitrageur)로서 국가 간의 이자율의 차이를 재정하려고 하며, 이 과정에서 선물계약을 체결하여 자금의 국제적 이전에 따른 외환위험을 제거하여 확실한 이익을 얻으려 한다. 세 번째 참여자는 투기적 거래자로서 고의로 외환위험에 노출되는 계약을 체결하여 환율의 변동에 따르는 이익을 추구하려는 다시 말해 적극적으로 환위험을 부담하고 그 대가를 추구하려는 목적을 가진 거래자이다.

2) 외환거래의 형태

① 현물거래

외환거래에서 가장 빈번한 거래로서 이 현물거래[25]는 거래가 이루어진 후 두 번째 영업일에 결제하기로 하는 거래이다. 현물거래에 따른 지불지시가 은행제도를 통해서 결제되는 데는 보통 2영업일이 소요되기 때문에 현물환[26]의 경우에 계약이

---

25) 현물(환)거래(Spot Exchange Transaction)란 통상 외환매매계약 후 2영업일 이내에 외환의 인수도가 이루어지는 거래를 말한다.

26) 외국환은 거래된 외국환을 언제 건네받는가에 따라 현물환과 선물환으로 구분된다. 현물환(Spot Exchange)은 외국환 매매계약과 동시 또는 2영업일 이내에 받는 외국환을 말한다. 선물환(Forward Exchange)은 장래의 일정기일 또는 기간 내에 미리 정한 금액과 종류의 외환을 약속한 환율로 건네받는 것을 말한다. 기간은 1주일 내지 6개월이 일반적이다. 고객거래는 매매계약과 동시에 인도되는 현물환이 보편적이다. 단 은행 간 거래는 규모를 감안해 보통 2영업일을 기준으로 하고 있다. 현물환은 주로 무역거래 목적으로 사용한다. 선물환은 환시세 변동에 따른 환리스크(환위험)를 사전에 방지하기 위한 것이다. 수출업자는 수출계약 체결과 동시에 환계약을 체결함으로써 수출계약 때부터 수출대금회수 때까지 환율변동에 따른 손해를 예방하게 된다. 또 선물환은 환차익을 적극적으로 이용한 환투기나 외국환은행의 각종 환조작에도 이용된다.

성립된 지 이틀 후에야 실제로 외환이 거래되는 것이다.

② 선물거래[27]

미래에 이루어질 두 통화의 교환비율을 거래액과 함께 계약일에 미리 결정해 두고, 결제는 계약일로부터 세 번째 영업일 또는 일정기간이 지나서 이루어지는 외환거래를 말한다. 이러한 선물거래에 적용되는 선물환율[28]은 현물환율[29]과 같지 않으며 선물환계약의 만기에 따라 각기 다른 선물환율이 존재한다. 어떤 통화의 선물환율이 현물환율보다 높을 경우 그 통화가 그 선물만기에서 할증(premium)으로 거래된다고 말하고, 현물환율보다 낮을 때는 할인(discount)되어 거래된다고 하며 같을 때는 선물환율이 동률(flat)이라고 한다.

③ 스왑(swap)거래[30]

일정금액의 특정통화를 동시에 사고팔고 하는 것을 의미하는데 이때 매입과 매도

---

27) 선물거래란 미리 정한 가격으로 미래의 특정시점에 상품을 사고팔기, 즉 매도와 매수를 하기로 하고 현재시점에서 약속하는 거래를 말한다.

28) 선물환율(forward exchange rate)이란 선물환거래에 적용되는 환율로서 일반적으로 현물환율과의 차액으로 표시되며 이 차액을 선물마진이라 한다. 선물환율이 현물환율보다 높은 경우를 프리미엄, 낮은 경우를 디스카운트라 하며 선물마진 옆에 P 또는 D의 부호를 쓰고, 같은 경우에는 F 또는 E로 표시한다. 선물환율은 일반적으로 현물환율과 내외국 간의 금리 차에 의해 결정된다. 자국통화표시의 경우 일반적으로 고금리국에서는 선물환율이 현물환율보다 높고 저금리국에서는 그와 반대이다.

29) 현물환율(spot exchange rate)이란 외환의 매매계약의 성립과 동시에 외환의 인도와 대금 결제가 이루어지는 외환거래를 현물거래(spot transaction)라 하고 이때 적용되는 환시세를 현물환율이라 한다. 외환현물시장에서의 결제는 거래일로부터 제2영업일에 이루어지는 것이 보통이다. 이에 상응되는 것으로 매매계약 후 3영업일 이후 특정일 또는 특정기간 내에 외환의 인도가 이루어지는 거래를 선물환거래라 한다.

30) 스왑거래(swap transaction)란 서로 다른 금리 또는 통화로 표시된 부채를 상호교환하는 거래를 말한다. 스왑거래에는 동일한 통화이지만 금리가 다른 금리 스왑, 같은 금리이지만 결제통화가 다른 통화 스왑 등이 있다. 또 외환시장에서 외국통화 현물과 같은 액수의 선물(先物)을 교환하는 거래도 있다. 이 경우의 스왑거래는 수출입을 하는 기업이 외국환결제은행과 예약한 외환결제기간을 연장할 경우 등에 주로 이용된다.

가 같은 은행을 상대로 행해지지만 각각의 결제일은 서로 다르게 된다. 흔히 볼 수 있는 스왑거래의 예로서 현물–선물은 딜러가 특정통화를 현물환시장에서 매입함과 동시에 같은 금액을 선물환시장에서 매도하는 경우이다. 이러한 경우 현물환율과 선물환율과의 차이는 계약일에 고정되므로 예상치 못한 환위험에 노출되지 않게 된다.

3) 외환거래의 결제방법

외국환거래란 국제경제거래로 인하여 발생하는 국제대차관계를 은행의 중개를 통해 결제하는 방법을 말한다. 이러한 외(국)환에 의한 결제방법으로서는 기본적으로 두 가지 방식으로 구분된다. 첫 번째 방식은 송금환에 의하여 결제하는 방법이고, 두 번째 방식은 추심환에 의한 결제방법이다.

① 송금환에 의한 결제방법

송금환에 의한 결제방식은 채무자가 거래은행을 통하여 전신환이나 우편환을 채권자에게 송금함으로써 대차관계를 결제하는 방법이다. 송금환이나 우편환은 송부방향과 자금이동방향이 동일하다는 뜻에서 순환(順換)이라고도 불린다. 이러한 순환방식은 해외송금이나 서비스거래의 결제방법으로 널리 이용되고 있다.

② 추심환에 의한 결제방법

추심환에 의한 경제방식은 국내채권자가 외국에 있는 채무자의 채무액을 채권자의 거래은행에 회수요청(이를 '추심'이라 한다)하여 채건액을 회수하는 방법으로 이루어진다. 이것은 외국환어음의 송부방향과 자금이동방향이 정반대가 된다는 점에서 역환(逆換)이라고도 한다. 추심환에 의한 결제방식은 주로 무역거래에서 널리 이용되고 있다.

제3절 무역과 국제수지

1. 국제수지

(1) 국제수지의 개념과 의의

1) 국제수지의 개념

국제적인 경제교류에는 유형 및 무형재화의 흐름이 있고, 이에 따라 화폐의 흐름이 대응하게 된다. 이러한 국제경제교류를 대소항목을 통해 명백히 밝혀내고 있는 것이 국제수지(BOP: Balance of Payments)의 개념이다.

> 국제수지는 일정기간 동안 한 국가와 다른 국가 간에 발생한 경제적 거래를 체계적으로 기록한 통계를 의미한다.

즉 국제수지란 일정기간 동안 한 나라의 거주자와 비거주자 사이에 발생한 상품 및 서비스, 자본 등의 모든 경제적 거래에 따른 수취와 지급의 차이를 의미하며, 어느 한 나라의 국제거래에서 발생하는 화폐지급과 화폐수입을 대조시킨 것이라 할 수 있다.

2) 국제수지의 의의

국제수지는 어느 일국의 경제상태를 나타내 주는 중요한 지표라 할 수 있다. 어느 국가의 국제수지는 그 국가의 정부로 하여금 자국의 대외결제상태를 인식시킴으로써 효과적인 경제정책방향을 제시해 주고, 국민소득수준에 미치는 대외거래의 영향을 인지시켜 준다. 이를 통하여 그 국가의 단기적인 대외거래의 전망을 평가할 수 있다.

또한 국제수지는 한 국가의 대외지급능력의 척도인 동시에 적정환율의 결정요인이 된다. 특히 후진국의 경우 국제수지라는 지표를 통해 경제개발에 대한 선진국원조의 기여도를 평가할 수 있다.

그러나 국제수지가 각국의 경제측정지표로서 이용됨에도 불구하고 국제수지만으로는 알 수 없는 사실들이 있다. 즉 대외지급보다 대외수취가 많아 국제수지 흑자(Surplus)를 기록한 국가가 꼭 경제적 번영을 누린다거나 대외수취보다 대외지급이많아 국제수지 적자(Deficit)를 기록한 국가가 반드시 경제적으로 어렵다고는 할 수없다. 이는 후진국은 외국으로부터의 원조나 차관도입으로 국제수지 흑자를 기록할수 있는 반면 선진국은 해외투자 확대와 후진국으로의 원조로 인해 적자를 보일 수있기 때문이다.

3) 국제수지표

국제수지표는 외국과의 거래를 체계적으로 요약하여 정리한 것이다. 실제로 국제수지표에서는 외국과의 거래가 그 특성에 따라 경상계정과 자본계정으로 나누어 기록된다. 경상계정에는 상품과 서비스를 외국에 팔고 사는 거래와 외국에 투자한 대가로 벌어들이는 배당, 이자 등의 소득이 계상된다. 자본계정에는 외국에 돈을 빌려주거나 빚을 얻어오는 거래가 기록된다. 경상거래의 결과 벌어들인 수입과 지급한금액과의 차이를 경상수지라고 하며, 자본거래의 결과로 나타난 들어온 돈과 나간돈의 차이를 자본수지라고 한다.

> 국제수지표란 일정기간 동안 자기 나라와 다른 나라 사이에 일어난 모든 경제적 거래를 종합적으로 기록한 통계표이다. 외국과의 경제적 거래, 즉 대외거래는 상품과 서비스를 사고파는 경상거래와 돈을 빌리거나 빌려주는 자본거래로 나눌 수 있으며, 이에 맞추어 국제수지표에서도 두 거래의 결과가 각각 경상수지와 자본수지로 기록된다.

특히 경상수지는 상품의 수출과 수입의 차이를 나타내는 상품수지, 외국과 이루어진 서비스거래결과를 기록한 서비스수지, 근로자가 외국에 나가 일해서 벌어들인 돈과 해외투자결과 발생한 배당 및 이자를 기록하는 소득수지, 아무런 대가 없이 이루어지는 무상거래인 경상이전수지 등으로 나누어진다.

국제수지표를 작성하는 대상기간은 통상 1년을 기준으로 하고 있으나 나라에 따라서는 분기별 또는 월별로 작성하기도 한다. 현재 우리나라에서는 한국은행이 국제수지표를 월별로 작성하여 익월 말일경에 발표하고 있다.

(2) 국제수지의 구성

국제간의 대외거래가 재화와 용역의 거래와 금융자산거래로 구성되기 때문에 국제수지 역시 재화와 용역의 거래액을 기록한 경상거래와 금융자산거래액을 기록한 자본거래로 구성된다. 이러한 국제간의 거래로 해당 국가의 자산규모가 변하게 되는데 이는 중앙은행의 준비자산 변화로 표시된다.

현재 국제수지는 국제통화기금에서 제정한 방법에 따라 각국 정부가 발표하며, 우리나라에서는 한국은행이 매월 발표하고 있다. 현재에는 국제통화기금의 4차 개정방법에 의하여 작성되고 있다.[31]

한편 국제수지는 해외에서 생산된 재화와 용역 및 금융자산을 국내의 경제주체가 구입할 경우 외환으로 지급하므로 외환에 대한 수요를 발생시킨다. 반면 외국인이 국내에서 생산된 재화와 용역 및 국내금융자산을 구입할 경우 외환에 대한 공급이

---

31) 한국의 국제수지는 국제통화기금(IMF)에 가입한 것을 계기로 한국은행이 IMF의 국제수지 편제기준에 의거하여 1958년부터 편제해 왔다. 우리나라의 국제수지표는 그동안 IMF의 편제기준 개정에 따라 여러 차례 바뀌어 왔는데 1997년까지는 IMF가 1977년에 발간한 국제수지 편제 매뉴얼 제4판에 의거하여 1979년부터 작성해 온 것이다. 그러나 IMF가 1980년대 후반 이후 전 세계적으로 나타나기 시작한 금융·자본시장의 국제화, 자유화와 그에 따른 대외거래 및 국제유동성의 변화 등을 상세히 반영하고자 1993년 9월에 국제수지 편제 매뉴얼 제5판을 개정·발간하고 각국에 신기준에 따른 국제수지표 작성을 권고하였다. 이에 따라 한국은행은 1995년부터 신기준에 의한 국제수지표 작성을 위하여 세부 항목별 작성방법의 연구, 기초자료의 확충·보완 등 준비작업을 진행하여 왔으며 1998년부터 신기준에 따른 국제수지표를 작성하여 공표하게 되었다.

있게 된다. 따라서 국제간의 자금거래를 기록한 국제수지는 외환시장의 수요와 공급을 반영하게 된다.

국제수지에서는 경상수지가 가장 중요시되는데 경상수지는 상품수지, 서비스수지, 소득수지 및 경상이전수지의 4부문으로 나누어진다. 그리고 자본수지는 투자수지와 기타 투자수지로 나누어진다

〈표 2-4〉 국제수지의 구성

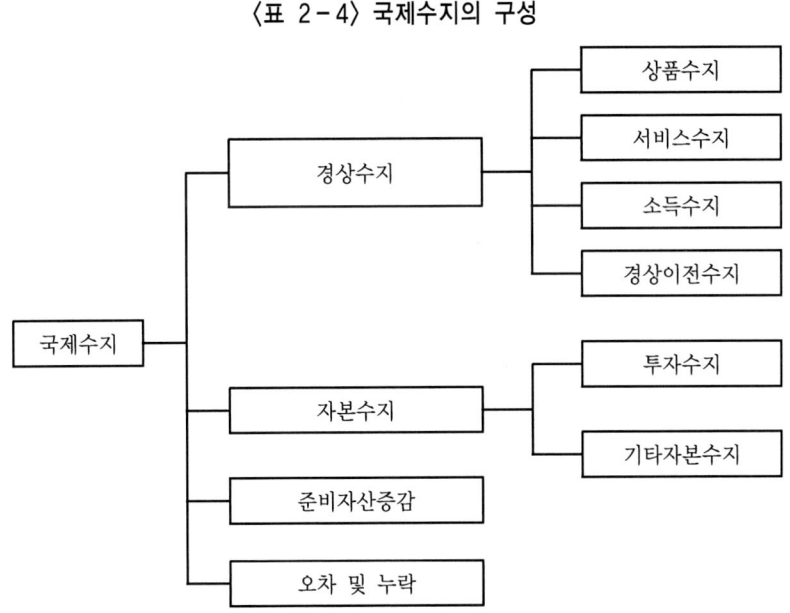

1) 경상수지

① 상품수지 및 서비스수지

　　㉠ 상품수지: 상품수지는 상품의 수출과 수입의 차이를 나타낸다. 즉 과거에 사용하였던 개념인 무역수지(trade balance)로서 상품의 수출로 인하여 지급받은 돈과 상품의 수입으로 인하여 그 대가를 지불한 돈과의 차액으로 나타난다.

　　㉡ 서비스수지: 서비스수지는 외국과의 서비스거래결과로 획득한 돈과 지급한

돈의 차이를 말한다. 즉 우리나라의 선박이나 항공기가 상품을 나르고 외국으로부터 받은 운임, 외국관광객이 쓰고 간 돈, 무역대리점의 수출입 알선수수료 수입 등이 서비스수입이 된다. 반대로 우리나라가 외국에 지급한 선박과 항공기의 운항경비, 여행경비, 특허권 사용료 등은 모두 서비스지급으로 나타난다.

② 소득수지

소득수지는 우리나라가 외국에 투자한 결과 벌어들이는 돈과 외국인이 우리나라에 투자한 결과 벌어 가는 돈의 차이 그리고 우리나라 근로자가 외국에 나가 일해서 벌어들이는 돈과 외국인 근로자가 우리나라에서 일해서 벌어 가는 돈의 차이를 나타낸다. 소득수지는 거주자가 외국에 단기간(1년 이내) 머물면서 일한 대가로 받은 돈과 국내에 일시 고용된 비거주자에게 지급한 돈의 차이를 나타내는 급료 및 임금수지와 거주자가 외국에 투자하여 벌어들인 배당금·이자와 비거주자에게 국내에 투자한 대가로 지급한 배당금·이자의 차이를 나타내는 투자소득수지로 구성된다.

③ 경상이전수지

경상이전수지라 함은 거주자와 비거주자 사이에 아무런 대가없이 주고받은 거래, 즉 무상거래의 수지차를 말한다. 경상이전은 수혜자의 소득과 소비를 늘려주게 되는데 해외에 거주하는 교포가 국내의 친척 등에게 보내오는 송금, 종교기관이나 자선단체의 기부금과 구호물자, 정부 간의 무상원조 등이 여기에 기록된다.

2) 자본수지

경상수지가 상품·서비스와 소득거래를 대상으로 하는 데 비해 자본수지는 민간기업, 금융기관, 정부 등이 외국으로부터 차입 등의 방식으로 돈을 빌리거나 이와는 반대로 외국에 신용공여 등의 방식으로 돈을 빌려줌으로써 발생하는 외화의 유출과 유입의 차를 나타낸다. 자본수지는 크게 투자수지와 기타자본수지의 두 가지로 구분되며, 투자수지는 다시 직접투자, 증권투자 그리고 기타투자의 3부문으로 나누어진다.

① 투자수지
　　㉠ 직접투자: 직접투자는 외국에 있는 기업에 대한 경영참여 등과 같이 영속적인 이익을 취득하기 위하여 행하는 대외투자를 기록한다. 직접투자는 직접투자가와 직접투자기업의 관계를 발생시키는 최초거래뿐만 아니라 양자 간 및 계열기업 간 자금의 차입, 대출 등 후속거래도 포함한다.
　　㉡ 증권투자: 증권투자는 외국과의 주식, 채권, 파생금융상품 거래를 나타낸다. 그런데 동일한 주식투자라 하더라도 기업의 경영참여를 통한 영속적인 이익 추구를 목적으로 하였을 때는 직접투자로 계상하며 이와는 달리 단지 투자자본의 가치증가 또는 이윤획득만을 목적으로 한 경우는 증권투자로 기록한다.
　　㉢ 기타투자: 기타투자는 직접투자와 증권투자에 포함되지 않는 외국과의 모든 금융거래를 기록한다. 여기에는 대출 및 차입, 상품을 외상으로 수출하거나 수입할 때 발생하는 무역관련 신용, 현금 및 예금 등의 금융거래가 기록된다.

② 기타자본수지
　　기타자본수지는 특허권, 상표권 등을 사고파는 거래에서 발생하게 되는 비금융자산의 취득과 처분 및 해외이주자가 외국에 이주할 때 가지고 가는 해외이주비 등을 기록한다.

③ 자본수지의 흑자와 적자
　　자본수지가 플러스(+)라는 것은 자본수지가 흑자인 의미로서 자본거래결과 발생한 자금의 유입(inflow)이 유출(outflow)보다 많았다는 것을 의미한다. 따라서 차관 등 외국 빚을 들여온 금액이 갚은 금액보다 많거나 우리가 가지고 있던 대외채권의 회수금액이 공여금액을 상회하여 들어온 돈이 나간 돈보다 많게 되면 자본수지는 플러스가 되고, 반대의 경우는 마이너스(-)가 된다.

(2) 국제수지의 안정화 정책

1) 국제수지의 균형과 불균형

국제수지가 균형을 이루고 있다고 하는 것은 국제수지를 구성하는 각 항목들의 수지들이 균형을 이루고 있음을 의미한다. 상품수지를 예로 든다면 상품의 수출로 인하여 수입국으로부터 수취한 금액과 수입으로 인하여 외국으로 대금을 지급한 금액이 일치하는 것이다. 즉 국제수지균형이란 각종 거래로 인하여 외국으로부터 수취한 총액과 외국에 지급한 총액이 일치하는 상태를 말한다.

그러나 이와 반대로 수취한 금액과 지급한 금액이 일치하지 않을 경우 이를 국제수지가 불균형 상태를 이루고 있다고 말한다. 국제수지의 불균형은 국제수지의 흑자 혹은 국제수지의 적자로 나타난다. 즉 외국으로부터 수취한 금액이 외국에 지급한 금액보다 많을 경우 이를 국제수지가 흑자상태에 있다고 말하며, 반대로 외국에 지급한 금액이 더 많을 경우 국제수지가 적자상태에 있다고 말한다.

2) 국제수지의 안정화 정책

국제수지 안정화 정책이란 국제수지의 누적적 흑자에 대한 정부의 정책과 누적적 적자에 대한 정부의 정책을 말한다. 그러나 일반적으로 국제수지의 안정화 정책은 누적적 적자에 대한 정부의 정책을 의미한다. 왜냐하면 국제수지 흑자는 자국으로 보아서는 직접적으로 큰 문제에 직면하지 않지만 국제수지적자는 자국의 대외지불능력의 감소로 국제적 신용을 떨어지게 하기 때문이다.

국제수지가 적자로 되면 그 나라의 금 및 외환보유고로써 적자를 해결해 나가든지 아니면 해외로부터 단기자본을 차입해서 충당해야 한다. 그러나 국제수지의 적자가 장기적이고 그 폭이 크게 되면 그와 같은 단순한 대책으로는 불충분할 것이다. 국제유동성 준비가 계속적으로 줄어들고 단기외채가 늘어나면 국제경제적 신용이 떨어져서 무역을 할 수 없고, 그 나라는 국제경제사회에서 고립될 것이다. 국제수지 안정화 정책으로는 크게 경상수지정책, 자본수지정책 그리고 외환정책을 들 수 있다.

① 경상수지정책

경상수지정책은 상품수지정책 및 서비스수지정책으로 나누어 생각해 볼 수 있다. 우선 상품수지정책으로서는 수입규제, 외환할당, 관세인상 등 수입억제정책과 수출보조금지급, 해외시장개척 촉진, 수출자금 우선 융자 등 수출촉진정책으로 구성된다. 한편 서비스수지정책으로는 해외여행의 제한, 해외로부터의 관광객 유치, 해운수지 개선, 해외에 대한 증여 삭감, 해외에 대한 정부지출 삭감 등을 들 수 있다.

그러나 이러한 직접적 규제 내지 통제는 정책당국의 자의성이 따르기 때문에 여러 가지 관료적 폐해를 수반함과 동시에 무역자유화를 해치게 된다. 하지만 경제력이 약한 개발도상국이나 후진국들은 부득이 이와 같은 직접통제를 취할 수밖에 없을 것이다.

② 자본수지정책

자본수지정책으로는 해외자본의 도입과 해외투자의 제한으로 크게 나누어 볼 수 있다. 해외자본의 도입에는 국제금융기관이나 외국으로부터의 공공차관 도입과 직접 또는 간접투자형태의 외국민간자본의 도입 등을 들 수 있다. 그러나 단기자본의 도입은 가까운 미래에 원리금 상환이라는 국제수지의 적자요인을 내포하고 있기 때문에 장기적인 국제수지의 안정화 정책이 되지 못한다. 한편 해외투자의 제한조치는 법적으로 직접 제한하는 조치와 이자율 인상 같은 간접규제방안을 들 수 있다.

③ 외환정책

외환정책이란 자국화폐를 평가절하함으로써 수출을 촉진하고, 수입을 억제하려는 정책을 의미한다. 다른 조건에 변화가 없는 한 환율을 인상하면 수출이 촉진되고, 수입은 억제되어 국제수지가 개선된다. 그러나 환율인상에 따라 상품수지가 개선되기 위해서는, 즉 약간의 환율인상에 대하여 수출이 상대적으로 크게 확대되어 수출에 의한 총수입(Total Revenue)이 전보다 증가해야 하는 전제가 필요하다.

원자재나 식량의 수입의존도가 높은 나라가 환율인상으로 상품수지의 개선을 도모한다면 원자재 및 식량수입의 수입가격이 상승하여 임금상승과 국내물가상승을 유발시켜 소기의 목적을 달성하기가 어렵게 될 수도 있다. 또한 자국화폐를 환율인상시켜 국제수지의 개선을 도모한다면 교역상대국들도 환율인상으로 대항하게 되어 무역을 악화시킬 수 있다.

2. 국제금융시장과 국제통화제도

(1) 국제금융시장

1) 국제금융시장의 개념

국제금융이란 어느 일국과 타 국가들의 경제주체들 사이에서 반복적으로, 지속적으로 발생되는 경제적 거래의 결과로 이동되는 금융자산의 국가 간 유출과 유입현상을 말한다. 즉 국내금융을 거주자들 사이의 금융자산에 대한 조달 및 운용과 관련된 것이라고 한다면 국제금융은 국내거주자와 국외비거주자 사이에 발생되는 경제적 거래와 수반된 금융자산의 이동현상이라고 말할 수 있다.

이러한 국제금융거래가 국제간에 이루어지는 시장을 단순히 국제금융시장이라 할 수 있으며 엄밀하게 설명하면 국제금융시장이란 국제무역, 해외직접 및 간접투자, 장·단기적 자금의 국제적 대차거래에 의해 야기된 금융자산 및 부채를 결제하기 위해 국제적인 차원에서 이루어지는 장소 또는 종합적인 거래조정 프로세스 및 메커니즘을 말한다.

2) 국제금융시장의 구조와 운용

국제금융시장은 자국의 국내금융시장, 외국의 금융시장, 역외금융시장, 외환시장으로 구분할 수 있다.

① 자국의 국내금융시장

각국의 국내금융시장은 각국의 경제적, 정치적, 지리적 상황에 따라서 그 구조와 기능 면에서는 차이를 보이고 있지만 역내금융시장으로서 해당 국가의 통화로 표시된 금융자산 및 부채가 거래된다는 공통점을 갖고 있다.

여기에는 첫째, 만기의 장단에 의한 구분으로 만기일이 1년 미만인 금융자산이 거래되는 시장인 단기금융시장과 만기일이 1년 이상인 금융자산이 거래되는 시장인 중장기자본시장으로 나누어진다. 둘째, 금융기관의 중개여부에 의하여 자금의 수요자가 발행한 채권 또는 주식을 자금의 공급자가 금융중개기관의 개입 없이 직접 구입하는 시장인 직접금융시장과 자금의 공급자가 은행 등 금융중개기관에 예치하고 금융중개기관이 자금의 수요자에게 대출하는 형태를 취하고 있는 간접금융시장으로 나누어진다.

② 외국의 금융시장

자국의 측면에서 볼 때 외국의 금융시장을 말한다. 여기에는 직접금융시장인 외국채시장(foreign bond market)과 외국주식시장(foreign stock market), 간접금융시장인 외국대출시장(foreign credit market) 등이 있다.

③ 역외금융시장

역외금융시장이란 유로금융시장과 동일한 개념으로 특정국 통화표시의 금융자산거래가 특정국 이외의 지역에서 이루어지고 있는 시장을 말한다. 예를 들어 1,000달러의 미국화폐를 런던의 은행에 예금하는 경우 이것을 역외금융시장거래 또는 유로금융시장거래라고 한다.

여기에는 첫째, 만기에 의한 구분에 의하여 유로커런시선물, 유로커런시선물옵션이 거래되는 유로커런시시장인 단기금융시장과 유로크레디트시장(대출시장)과 유로채(Eurobond)시장과 같은 중장기금융시장이 있다. 여기에서 유로채란 발행국 통화표시채권이 발행국 이외의 지역에서 발행되어 거래되는 채권을 총칭한다.

④ 외환시장

외환시장(foreign exchange market)이란 국제금융거래에서 야기되는 이종통화표시 통화나 외환의 매매거래가 이루어지는 시장을 의미하는데 자국의 국내금융시장, 외국의 금융시장, 역외금융시장에서 설명한 시장들이 국제금융자산 및 부채에 대한 대차거래를 하는 신용시장인 반면에 외환시장이란 현물환(spot exchange), 선물환(forward exchange), 통화선물(currency futures), 통화옵션(currency options) 등의 거래를 통하여 직접매매거래가 이루어지는 시장을 의미한다.

(2) 국제통화제도

국제통화제도란 포괄적인 각국 간의 대외적 거래에 관련하여 형성된 국제적인 제도 및 정책을 지칭하는 포괄적인 개념이라서 국제금융통화제도라 부르기도 한다. 국제통화제도의 주된 기능은 국제간의 결제를 원활히 하고 국제수지 불균형을 조정하며 적정수준의 유동성[32]을 공급하는 데 있다.

1) 국제통화제도의 변천과정

① 금본위제도

금본위제도(gold standard system)란 금과의 교환비율을 나타내는 자국통화의 금평가를 설정 유지하고 금의 뒷받침하에서 통화를 발행하는 제도이다. 금본위제도에서는 통화단위의 가치가 일정량의 금으로 정의되는데, 통화당국이 그 가격에서의 금과 통화의 매매에 무제한으로 응하며 또한 대외적으로는 금의 수출입이 자유롭다. 이러한 금본위제도는 통화와 금의 결속 정도에 의하여 금만이 통화로서 유통하는 제도인 금화본위제, 국내에서 중심적 화폐는 은행권이며 정부가 대외적 결제수단으

---

32) 유동성이란 경제주체가 보유하고 있는 지불준비금이나 동원할 수 있는 기타의 자금원으로서 거래의 지불능력을 말한다. 그러므로 국제유동성이란 어느 한 국가의 중앙은행이 보유하고 있는 대외지불준비금이나 동원할 수 있는 여타의 자금원으로서 대외거래의 지불능력을 의미한다.

로서 금을 보유하는 제도인 금지금본위제 및 통화당국이 금화본위제와 금지금본위제제도를 채택하는 나라의 통화와의 교환을 약속하는 지폐를 발행하는 제도인 금환본위제의 세 가지로 분류된다.

영국은 1821년 이후 금본위제도를 공식적으로 채용하였으며, 유럽의 여타 주요국은 1870년대에 사실상 금본위제도로 이행하였다. 미국은 1879년에 금본위제도로 복귀하였다. 일본은 청일전쟁에서 얻은 배상을 준비금으로 하여 1897년에 금본위제를 확립하였다. 금본위제도는 1차 세계대전이 일어난 1914년까지 유지되었다

금본위제도는 사람들이 고안해서 만들어 낸 것이 아니라 흡사 가격기구처럼 자연발생적으로 생긴 것이다. 즉 대부분의 나라에서는 금이 화폐로 사용되었으므로 국제통화제도로 금본위제도에 기초하게 되었다. 이때 각국의 화폐단위는 일정한 분량의 금을 함유하고 있었으므로 이에 따라서 국가들 사이의 환율도 고정되었다.

가정하기를 금본위제도하의 어떤 국민경제가 국제수지적자를 보이고 있다고 하자. 그러면 금의 해외유출이 발생하게 되는데, 이는 국내의 통화량을 감소시켜 물가수준의 하락을 가져온다. 물가가 하락하면 이 나라의 수출품의 가격이 비싸지므로 수출은 증가하는 반면에 수입품의 가격은 비싸져서 수입은 감소하게 된다. 따라서 국제수지는 다시 균형상태로 돌아가게 된다. 흑자의 경우도 마찬가지이다.

그러나 1차 세계대전 후에 대부분의 국가들은 금태환을 정지시킴으로써 금본위제도에서 이탈하였다. 한편 전쟁으로 인해 많은 나라들이 인플레이션을 겪었음에도 전후 환율이 변동되지 않았다.

즉 금본위제도의 재개에서 각 나라들은 위신을 생각해서 전쟁 전의 환율을 그대로 고집하였다. 그 결과로 어떤 나라의 통화는 과대평가되어 국제수지에 적자가 생기게 되었고, 다른 통화는 과소평가되어 국제수지가 상당한 흑자를 보이게 되었다. 그런데 실제에 있어서는 국내물가수준이 너무 천천히 변동하였기 때문에 국제수지의 불균형은 시정되지 못하였다.

② 금환본위제도

금환본위제도는 금을 다량 보유한 국가가 금본위제도를 채택하고 여타 국가들은

금 및 금태환이 보장된 국가의 통화를 화폐발행 준비로 보유함으로써 자국통화단위와 금의 일정량 사이에 간접적인 등가관계를 유지할 수 있도록 하는 제도이다. 여기에서 금환(gold exchange)이란 금태환이 가능한 금본위국가의 교환성 통화나 환어음 및 예금 등의 채권을 말한다. 금환본위제도가 세계 제1차 대전 이후 대두된 배경은 각국의 국제수지 불균형에 따른 금 준비의 국제적 편재현상과 금의 부족현상이다. 금환본위제도하에서 금본위국은 자국보유금을 준비로 하여 통화를 발행하고, 금환본위국은 금본위국의 통화를 준비로 하여 자국통화인 금환을 발행하기 때문에 금부족 문제는 해결이 되었다. 그러나 국제수지 자동조절 기능 면에서 취약점을 가져 1929년 세계공황을 계기로 1931년 9월 금환본위제도는 붕괴되었다. 금본위제도가 붕괴된 후의 1930년대는 환율의 혼란기였다. 주요국은 외환평형기금을 창설하여 시장개입에 의한 환율의 안정을 도모하였으며, 한편으로는 절하경쟁으로 불릴 만한 상황도 발생하였고, 또한 경제적인 대응으로서 무역의 불록화가 진행되었다

③ 브레튼우즈체제하의 국제통화제도

세계대공황 중에 경쟁적인 평가절하로 말미암아 세계무역의 축소를 경험한 주요국들은 2차 세계대전이 끝날 무렵인 1944년에 미국 뉴햄프셔의 브레튼우즈에서 모임을 갖고 전후 세계무역의 원활한 성장을 위하여 고정환율제도의 채택을 주된 내용으로 하는 브레튼우즈체제를 탄생시켰다.

브레튼우즈체제하에서는 어떤 나라가 국제수지의 일시적인 불균형에 직면하게 될지라도 환율을 평가(par value)의 상하 1%의 범위 내에서 고정시켜야만 되도록 하였다. 이 체제는 국제수지의 단기적인 불균형에 직면할 때는 상하 1%의 범위 내에서 고정된 환율을 유지하도록 되어 있으나, 장기적이고 기초적인 국제수지의 불균형이 봉착하게 되면 환율을 국제통화기금(IMF)과의 협의하에 변경시킬 수가 있는 소위 조정 가능한 고정환율제도를 채택하고 있었다.

그러나 실제에 있어서는 IMF는 평가절하를 달가워하지 않았으며 국제수지의 적자국이 지출감소정책을 사용하여 스스로 대외균형을 회복해야 한다고 보았다. 이에 따라 선진국들은 평가절하를 하면 위신이 떨어지고 경제정책이 실패한 것처럼 보일

것을 두려워하여 평가절하를 거의 활용하지를 않았다.

그리고 브레튼우즈체제는 금환본위제도에 기초하고 있었다. 즉 금이 궁극적인 준비자산이지만 미국의 달러화로 각국의 통화당국에 의하여 준비자산으로 보유되는데 그 이유는 달러화가 금과 태환될 수 있기 때문이다. 이러한 브레튼우즈체제의 문제점에 대해서 알아보면 다음과 같이 요약할 수 있겠다.

첫째, 브레튼우즈체제는 고정환율제도에 기초하고 있었으므로 국제수지에 불균형이 생겼을 때 이를 시정 혹은 조정하는 데 어려움이 따르게 된다. 이런 경우는 오직 지출감소정책으로 총수요를 줄임으로써 국제수지의 적자를 조정할 수 있는데 이는 실업을 증가시킨다. 그렇다면 국제수지의 적자를 줄이기 위해서는 수입은 줄이고 수출을 늘리기 위한 각종의 보호무역정책만이 남게 될 것이다.

둘째, 유동성의 부족인데 유동성이란 고정환율을 지탱시키기 위하여 각국의 통화당국이 보유하고 있는 준비자산을 말하는데, 화폐용 금과 달러화가 그것이다. 즉 어떤 나라가 외환시장에서 외환에 대한 초과수요가 존재할 때 평가절하를 피하고 고정환율을 유지하기 위해서는 통화당국이 보유하고 있는 준비자산을 매각하여야 하는데 이를 위해서는 평상시에도 준비자산을 지니고 있어야 하는 것이다.

그런데 이 체제하에서는 세계경제성장과 국제무역과 자본이동이 증가추세를 보임으로써 준비자산의 공급증대가 원활하지 못함으로써 유동성의 부족을 일으켰다. 금은 생산비의 상승과 상업용 수요가 증대함으로써 공급이 부족했고 미국의 국제수지의 적자가 가져오는 달러화 공급의 증대는 실제로는 금준비의 감소로써 달러화의 금태환을 의심하게 했다.

한편 준비자산으로 쓰이는 통화는 설령 국제수지상에 적자가 계속되어도 평가절하를 하기가 어려운데 그 이유는 준비자산으로 보유하는 나라들에는 평가절하를 하면 준비자산의 가치가 떨어질 것이므로 이들 국가들은 준비자산으로 사용되는 통화의 평가절하가 일어나지 못하도록 모든 압력을 가할 것이다. 따라서 자연히 준비자산이 자국의 통화인 나라의 국내정책(실업문제나 물가와 같은 것 등)의 달성은 고정환율의 유지를 위하여 어려워지게 된다.

셋째, 신뢰도의 저하문제이다. 이 체제는 미국이 국제수지의 적자를 계속 나타내야만 국제적인 유동성인 달러화의 공급증대를 가져올 수 있는 딜레마를 가지고 있다. 1960년대의 전반기까지도 비교적 잘 운영되던 브레튼우즈제도는 후반기에 접어들면서 외환에 대한 투기가 점점 가열되면서 빈번히 위기를 맞게 되었다.

고정환율제도가 지니는 주요한 취약점의 하나는 외환에 대한 투기가 거의 손해를 입을 확률이라고는 없는 이익만 볼 수가 있는 행위라는 것이다. 많은 사람들이 어떤 나라의 통화당국이 현재의 환율수준을 도저히 유지할 수 없을 것이라고 믿을 때 외환투기로 인한 위기가 발생하게 된다. 예를 들어 어떤 나라의 통화가 평가절하될 것이라고 생각되면 서둘러 이 나라의 통화를 외환시장에 매각하려 들 것이며 반대로 어떤 통화의 평가절상이 예상되면 이 통화를 서둘러 사려고 외환시장에 몰려들 것이다.

1960년대 중엽 이후 미국의 국제수지적자의 확대로 많은 사람들이 달러화의 평가절하는 금가격의 인상을 뜻하므로 달러화를 매각하고 금을 구입하기 위해 몰려들었고 이것은 금의 가격을 공정가격과는 별도로 자유시장가격에 의해 정해지게 하였다. 이로 인해 투기는 달러화를 팔고 그 대신 과소평가되어 있어 평가절상이 예상되는 독일의 마르크화나 일본의 엔화를 사기 위해 몰려들게 되었다. 며칠 동안 수십억 달러가 투기되어 외환시장은 붕괴되었고 이러한 위기가 계속되자 당시 미국의 닉슨 대통령은 1971년 8월 금태환을 정지하게 되었고 이에 따라 브레튼우즈체제는 붕괴되었다.

④ 스미소니언체제하의 국제통화제도

극심한 투기로 외환시장의 위기가 계속되자 1971년 12월 주요 선진국들의 대표가 워싱턴 D.C.의 스미소니안 박물관에 모여 불안한 국제통화제도를 수습하기 위하여 스미소니안협정을 맺었다. 스미소니안협정의 내용은 두 가지인데 하나는 주요 통화의 평가를 재조정하는 것이고 다른 하나는 환율의 변동 폭을 확대시킨 것이다.

먼저 평가 재조정한 것을 보면 미국은 8% 평가절하해서 금 1온스의 가격이 35달러에서 38달러로 인상되었다. 일본의 엔貨는 17%, 서독의 마르크貨는 14%, 영국의 파운드貨는 9%, 프랑스의 프랑貨도 9% 그리고 이탈리아의 리라貨는 8%가 달러화에 대해 각각 평가절상되었다.

둘째로 종전에는 환율의 변동 폭이 평가의 상하 1%이었으나 더욱 확대되어 +2.25% 범위 안에서 변동할 수 있게 되었다. 하지만 스미소니안협정이 체결된 지 6개월 만에 약세통화인 영국의 파운드화에 대한 투기가 심해지자 영국은 변동환율제를 채택함으로써 처음으로 스미소니안제도를 이탈하였다.

또한 1973년 1월에는 달러화를 매각하고 강세통화를 사려는 투기가 대규모로 일어나 11%의 평가절하를 실시하였다. 이에 EEC는 유럽통화제도(European Monetary System)를 만들어 공동변동환율제도(jointly floating system)를 채택함으로써 스미소니안체제도 붕괴되었다.

⑤ 킹스턴체제하의 국제통화제도

1976년 자메이카의 킹스턴(Kington)에서 열린 한 회의에서 잠정적인 스미소니안체제를 대체할 새로운 국제통화제도인 현재의 킹스턴체제를 탄생시켰다. 이 신체제에서는 IMF의 가맹국들이 스스로 자국의 경제적인 여건에 맞는 환율제도를 선택할 수 있는 재량권을 부여함으로써 주요국들이 1973년 3월에 스미소니안체제가 붕괴된 후 채택하고 있었던 변동환율제도를 사실상 인정하였다.

그런데 이 킹스턴체제는 자유로운 변동환율제도가 아니라 관리된 변동환율제도를 기초로 하고 있다. 즉 각국의 중앙은행은 환율의 급격한 변동을 억제하기 위해 외환시장에 개입하는 깨끗하지 못한 유동화(dirty floating)를 실시하고 있는 것이다.

한편 킹스턴체제는 금의 공정가격이 폐지하고 각종의 가치기준으로서 더 이상 금을 사용하지 않게 하고 특별인출권(Special Drawing Rights: SDRs)를 사용하였다. 즉 종전의 금환본위제도 또는 실제로는 달러본위제도가 SDR본위제도로 바꾸어지기 시작한 것이다. 그러나 아직까지는 국제준비자산으로서 금과 달러화의 비중이 대부분을 차지하고 있으며 SDR의 비중은 극히 작은 편이다. 즉 현재에도 달러화는 기축통화로 사용되고 있는 것이다.

2) 국제통화의 개편논의 배경과 주요내용

1997년에 발생하였던 아시아 외환위기는 기업 및 금융부문의 취약성 등과 같은 위기 국가들 내부의 구조적 결함에도 그 원인이 있었지만 그 당시의 국제통화체제가 급속히 확대된 세계자본이동을 적절히 조율할 수 없었기 때문이라고 할 수 있다. 이러한 아시아 외환위기의 발발과 확산은 기존의 국제금융기구 특히 국제통화기금(IMF) 기능의 취약성을 부각시키는 계기가 되었다.

즉 기존의 국제통화기금체제는 국제수지 불균형을 초래하는 거시경제적 불균형만을 감시하고 조정하는 기능을 갖고 있었으나 아시아 외환위기사태는 외환위기가 채무국의 구조적 모순과 투자자들의 위험을 무시한 투자확대와 이들의 집단행위 등과 같은 거시경제 이외의 요인으로 발생하였음을 보여주었다.

따라서 국제통화기금이 아시아 금융위기의 발생을 사전에 예방하지 못하였을 뿐만 아니라 그 처방도 기존의 방식에 의한 긴축적인 재정 및 통화정책을 고집함으로써 불필요한 경제 전반의 위기 확산을 초래하였던 것이다.

국제통화체제의 개편에 대한 국제사회에서의 논의는 1998년 G7회담[33]을 계기로 하여 본격적으로 논의되기 시작하였다. 1999년 6월 G7재무장관[34]들의 '국제금융체제 강화를 위한 보고서'가 발표되었고, 2000년 1월 G7재무장관 공동성명서에서는 과다채무금융기관에 대한 규제, 신흥시장국의 금융시스템 강화, 위기발생 시 민간분야 책임 확대, 투명성 제고와 국제기준 개발, 국제금융기구의 개혁 등의 주요의제가 채택되었다.

---

33) G7회담은 서방의 대표적인 선진 경제국인 미국과 영국, 프랑스, 독일, 일본, 이탈리아와 캐나다 간의 주요 경제문제에 관한 정기적인 정상급 협력회의를 말한다. 국제통화기금(IMF)의 많은 지분과 역할을 담당해 온 국가들로서 각국의 통화안전과 대외무역 불균형 문제, 보호주의문제 그리고 각종 통상마찰과 제3세계와의 불평등구조 시정문제 등을 포괄적으로 다룬다.

34) 7개국 재무장관회의는 미국, 일본, 영국, 프랑스, 독일, 이탈리아, 캐나다 등 서방 7개 선진국을 통상 G7이라고 말한다. 통화문제를 포함한 국제경제문제에 대해 주요국 간의 효과적인 협조정책을 실시하기 위한 협의의 장으로 1986년 5월 동경서 미트(선진국 정상회담)에서 창설이 결정되었다.

또한 1999년 G7 산하에 설립된 금융안정포럼은 과다채무금융기관, 자본이동, 역외금융센터에 대한 정책권고를 위해 3개의 작업반을 운영해 왔으며 2000년 3월에 최종보고서를 발표하였다. 그리고 1999년 9월 G7재무장관회의는 12개 주요 신흥시장국이 참여하는 G20[35]을 창설하기로 합의하였다. G20회의에서는 안정적 환율제도의 운영, 대외채무관리 개선, 위기해결을 위한 민간부문의 참여 확대, 국제기준개발 및 이행 등이 중점논의되었다.

국제통화기금, 세계은행, 국제결제은행 등의 국제금융기구는 자체적으로 국제통화체제 개편에 대한 논의에 주도적으로 참여하는 동시에 자체적인 구조개혁을 추진하고 있다.

아시아 외환위기 이후 현재의 국제통화 및 금융체제의 근본적인 구조로는 위기재발을 억제할 수 없다는 주장이 빈번히 제시되었다. 과거 브레튼우즈(Bretton Woods)체제하에서 설립되었던 국제금융체제의 구조로는 급변하는 환경에 효과적으로 안정시킬 수 없으므로 근본적인 개혁이 필요하다는 것이다. 이에 따라 국제부도처리법원의 설치, 국제투자보험회사의 설립, 세계중앙은행의 설립 등 새로운 형태의 국제금융기구의 설치가 논의되고 있으나 이러한 근본적인 개혁보다는 국제통화기금(IMF)을 중심으로 하는 점진적인 개혁안의 방향으로 체제개혁의 논의가 진행되고 있다.

---

35) G20은 G7국가 이외에 한국, 중국, 인도, 인도네시아 등 아시아 소속국가, 멕시코, 브라질, 아르헨티나 등 남미소속국가, 남아공화국, 사우디아라비아 등 아프리카 및 중동소속국가, 러시아, 터키, 호주, EU의장국 등 유럽 및 오세아니아 소속국가들로 구성되었다.

제3장 무역거래 절차의 이해

제1절 수출거래 절차에 대한 이해

수출절차는 각종 수출을 관리하는 법규의 내용에 따라 무역업을 수행할 수 있는 수출업자가 수출계약의 체결단계로부터 수출승인, 통관, 선적, 수출대금의 회수 등 거래가 종료될 때까지의 일련의 행정적·법규적 흐름을 의미한다. 여기에서는 가장 일반화되어 있는 화환신용장 방식에 의한 수출절차를 개괄적으로 살펴보기로 한다.[36]

(1) 무역업고유번호의 신청 및 부여

1996년 12월 30일 대외무역법 개정 시에 무역의 활성화를 위하여 2000년 1월 1일부터 무역업의 신고제를 폐지하도록 하는 경과규정을 두어 현재는 무역을 하고자 하는 자가 산업자원부장관에게 신고할 의무가 없어졌다. 그러나 무역업신고제가 폐지되면 지금까지 무역업신고번호를 기초로 한 각종 무역통계의 작성이 사실상 곤란해지고, 기존통계와 연속성이 없어지게 되며, 쿼터관리, 수출실적 확인 등과 같은 업체별 통계관리가 불가능하게 되어 산업피해조사, 통상마찰대응 등 무역 및 산업정책 수립의 애로가 발생할 수 있다.

따라서 이와 같은 문제들을 해결하기 위하여 2000년 1월 1일부터 통계목적을 위해 무역업 고유번호를 부여하는 제도의 실시를 규정하고 있다. 이에 따라 산업자원부에서는 종전의 무역업신고위탁기관이었던 한국무역협회로 하여금 우편·팩스·E-mail·EDI 등의 방법으로 무역업체의 신청을 받아 무역업고유번호를 부여하도록 하고 이를

---

36) 이용근, 무역실무, 동성사, 1998, p.53.

관리하도록 위탁하고 있다.

무역업체가 무역업고유번호를 부여받지 않았다 하더라도 그에 따른 처벌규정은 없으나 수출(입)신고 시 종전 무역업신고번호를 기재하던 것과 같이 무역업 고유번호를 필히 기재하도록 하고 있어 수출입활동을 원활히 영위하기 위해서는 무역업체는 반드시 무역업고유번호를 무역협회에 신청하여 이를 부여받아야 한다. 단, 기존의 신고업체는 무역업신고번호를 그대로 사용하고, 신규업체만 무역업고유번호를 신청하여 사용하면 된다.[37]

(2) 해외시장조사

수출거래를 하고자 하는 자는 먼저 어느 나라 어느 수입업자에게 수출할 것인지를 물색하는 해외시장조사를 해야 한다. 해외시장조사란 수출입절차의 최초단계로 특정시장에 있어서 어떤 물품의 판매 또는 구매가능성을 조사하는 것을 말한다. 해외시장은 국내시장과는 달리 지역적인 격리성, 상관습 및 언어의 차이 등과 같은 여러 요인들로 인하여 조사하는 데 많은 어려움이 따른다. 그럼에도 불구하고 외국의 거래선을 발굴하는 데 비용과 위험을 최소화하고 부가가치를 극대화하기 위해서는 사전에 목표시장(target market)에 대한 시장조사가 필수적이다.

(3) 수출계약의 체결

수출업자는 청약(offer)을 하고 이에 대하여 수입업자가 승낙(acceptance)을 하면 계약이 성립된다. 일정한 조건으로 계약을 체결하고 싶다는 의사표시인 청약은 보통 매도인 청약(selling offer)이며, 법적으로 구속력 있는 확정청약(firm offer)이다. 그리고 이러한 청약이 무조건적이고 무수정으로 승낙되면 즉시 체결되고 이때부터 계약은 성립되게 된다. 한편 국제간의 매매계약은 구두로 하더라도 성립되며 반드시 문서로 작성할 필요는 없지만, 계약내용에 관하여 매매당사자 간에 상호 확인하고 후

---

37) 산업자원부, 대외무역관리규정 개정고시, 1999. 12 참조.

일에 있을지도 모르는 분쟁에 대비하기 위하여 매매계약서(sales contract)를 서로 교환해 두는 것이 필요하다.

매매계약서의 기재내용은 상대방, 물품의 목적지, 물품의 내용 등에 따라 달라지지만, 당사자 간에 합의된 사항을 정확히 기재해야 한다. 매매계약서에 기재될 사항은 물품명세, 품질, 수량, 가격, 선적 등과 같은 개별거래조항과 불가항력, 무역조건, 이권침해, 클레임 제기기간, 중재, 준거법 등과 같은 일반거래조항 등이 있다.

(4) 신용장의 접수 및 검토

매매계약이 성립하면 매매당사자는 계약조건에 합치하는 각자의 의무를 이행하지 않으면 안 된다. 즉 계약의 결제조건에 따라 매수인은 자기의 거래은행에 신용장거래약정을 체결하고 수입신용장개설신청서를 제출하여 매도인 앞으로 신용장을 개설하도록 의뢰하고, 그 신용장을 통지은행을 통하여 전달받은 매도인은 수령한 신용장이 매매계약과 일치하는지를 확인[38]하고 일치하지 않는 사항이 있으면 신용장의 조건변경을 요구한다.

신용장은 수출자가 수출계약을 제대로 이행했을 때 수입자의 거래은행(신용장개설은행)이 대금결제를 보증하는 제도로서, 수출업자에게는 대금회수와 관련된 위험을 제거하고 수입자에게는 화물인수에 따른 위험을 제거하는 제도이다.

(5) 수출승인

우리나라에서 대부분의 물품은 수출하는 데 아무런 제한이 없으나 일정물품에 대해서는 개별수출에 대한 제한을 가하고 있다. 이에 따라 수출업자는 우리나라 대외무역법상에서 정한 수출입공고 등에 게기된 수출이 제한되는 물품을 수출하고자 하는 경우에는 산업자원부장관으로부터 수출승인을 받아야 한다.

---

38) 신용장조건의 주요 확인사항은 무역계약내용과 대조, 개설은행의 서명확인, 신용장의 종류확인 및 특수조건의 확인 등이다.

(6) 수출물품의 확보 및 무역금융

수출승인을 받은 뒤에는 물품을 자가 생산을 하거나 완제품을 구매하여 수출물품을 확보해야 한다. 수출물품을 제조·가공하는 데 소용되는 원자재는 소정의 수입절차에 따라 외국에서 직접 수입할 수도 있으며, 내국신용장(local L/C) 또는 구매확인서에 의하여 국내에서 조달 또는 구매할 수도 있다. 또한 수출금융규정에 의거하여 소요원자재를 수입할 경우에는 원자재수입자금, 국내에서 구매하는 경우에는 원자재구매자금, 완제품의 생산을 위해서는 생산자금을 융자받을 수 있다.

(7) 해상운송 및 보험계약

수출상은 수출통관수속과 함께 한편으로는 운송을 위하여 선박회사와 운송계약을 체결하게 되는데 실무적으로는 운항일정을 감안하여 수출상은 선복요청서(shipping request: S/R)를 제출하여 선복예약(booking)을 하게 된다. 한편 무역거래조건이 보험료를 포함하는 CIF, CIP조건일 경우에 수출상은 운송 중의 위험을 담보하기 위하여 보험회사와 해상보험계약을 체결하게 되는데, 이때 물품의 성질과 담보 및 면책위험 등을 감안하여 보험가입조건을 결정하여야 한다.

(8) 수출통관

수출통관이란 대외무역법령 등에 의해 수출이 적법하게 된 물품을 관세법상의 소정절차를 거쳐 외국물품화하는 과정을 말한다. 수출업자는 물품을 선적 전에 우선 관세법에 의한 수출통관을 거치게 되는데, 이러한 수출통관은 통상 수출물품을 보세구역에 반입한 후 실시된다. 이후 수출업자가 세관장에게 수출신고를 하면 세관장은 구비서류 및 기재사항 등을 심사한 다음 수출신고필증을 교부하고, 수출물품은 내국물품에서 외국물품으로 되어 보세구역으로부터 반출하여 선박에 선적할 수 있게 된다.

(9) 선적

수출통관을 마친 화물은 내륙운송을 거쳐 본선의 선측까지 운송하여 본선에 적재한다. 하주가 선적지시서(Shipping Order, S/O)를 본선에 제시하면 일등항해사(chief mate)가 이와 화물을 대조한 후 인수하고, 그 증빙으로 본선수취증(Mate's Receipt, M/R)을 화주에게 교부하면 선박회사는 이와 상환으로 하주에게 선하증권(Bill of Lading, B/L)을 교부한다.

한편, 화물이 컨테이너에 적입될 경우, 컨테이너만재화물(full container load, FCL) 화물의 경우에는 화물적재컨테이너를 CY(container yard)에, 컨테이너만재미달화물 (less than a container load, LCL)의 경우에는 화물을 CFS(container freight station)에 반입하면 선박회사의 대리인인 CY Operator 또는 CFS Operator로부터 부두수령증 (Dock Receipt, D/R)을 교부받는다. 하주는 이와 상환으로 선박회사로부터 선하증권이나 복합운송서류를 발급받는다.

(10) 수출대금의 회수

수출물품의 선적을 완료한 수출업자는 신용장에서 요구하는 환어음과 운송서류, 즉 상업송장(commercial invoice), 선하증권(bill of lading), 포장명세서(packing list), 원산지증명서(certificate of origin) 등의 서류를 구비하여 거래 외국환은행에 환어음의 매입을 의뢰하게 된다. 매입을 의뢰받은 외국환은행은 제시된 서류가 신용장조건과 일치하는지의 여부를 검토하고 수출이 이행되었는지를 확인하기 위하여 수출신고필증을 요구한 다음, 환어음을 매입하여 수출대금을 수출업자에게 지급한다. 수출대금을 지급한 외국환은행은 수입자의 거래은행인 신용장개설은행에 환어음과 선적서류를 송부하여 대금을 회수하게 된다.

(11) 관세환급

관세환급이란 수출품 원재료를 수입할 때 납부한 관세 및 내국세를 당해 원자재를 사용하여 만든 물품을 수출할 경우 수출업자에게 되돌려주는 것을 의미한다. 관세환급의 방법은 개별환급과 간이정액환급이 있다. 개별환급을 받을 때는 환급신청서에 소요량증명서, 수입신고필증 등을 첨부하고, 간이정액환급을 받을 때는 환급신청서에 수출신고필증만을 첨부하여 수출 등에 제공된 날로부터 2년 이내에 환급신청인의 주소지 관할세관에 환급신청을 해야 한다.

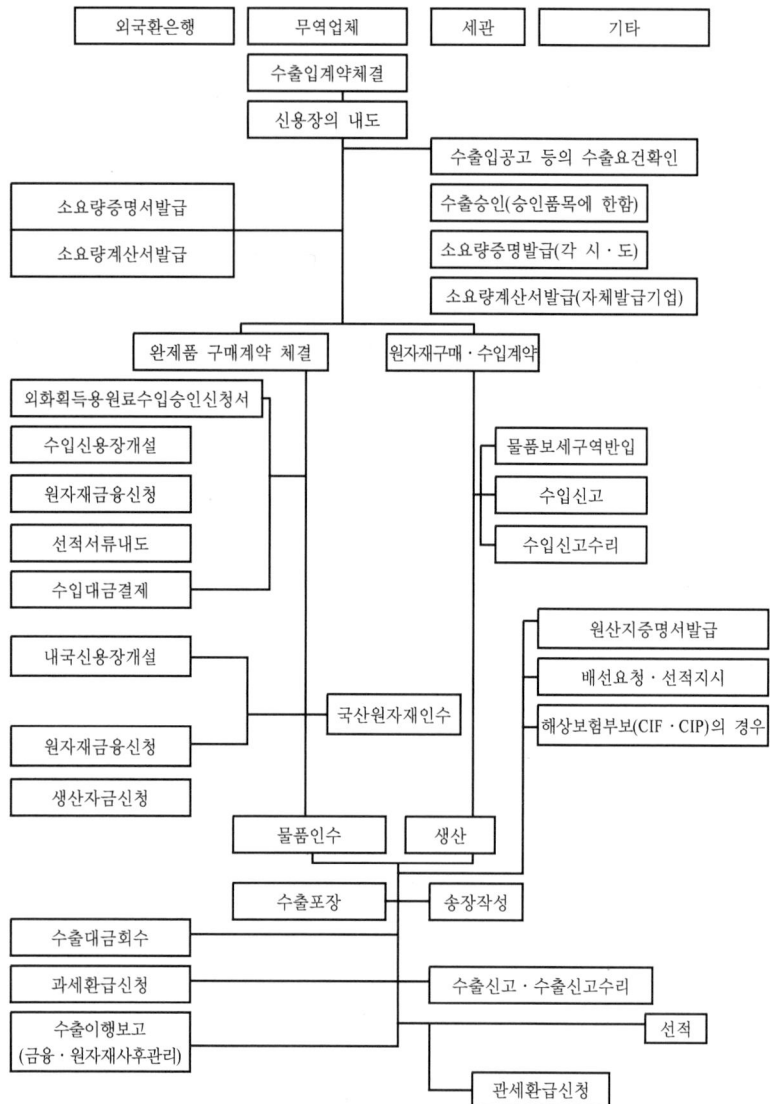

외국환은행	무역업체	세관	기타

[그림 3-1] 신용장에 의한 수출절차

〈서 식〉

무역업고유번호신청서

APPLICATION OF TRADE BUSINESS CODE

			처리기간(Handling Time)	
			즉 시(Immediate)	
① 상 호 (Name of Firm)	한글		② 무역업고유번호 (Trade Business Code)	
	영문			
③ 주 소 (Address)	한글		④ 업 종 (Business Type)	
	영문			
⑤	전화번호 (Phone Number)		⑥ 전자우편주소 (Email Address)	
	팩스번호 (Fax Number)		⑦ 사업자등록번호 (Business Restry Number)	
⑧ 대표자 성명 (Name of Rep.)	한글		⑨ 주민등록번호 (Passport Number)	
	영문			

대외무역법 제18조 및 동법 시행령 제30조 및 제31조, 대외무역관리규정 제3-5-1조의
규정에 의하여 무역업고유번호를 위와 같이 신청합니다.
I hereby apply for the above-mentioned trade business code in accordance with Article
3-5-1 of the Foreign Trade Management Regulation.

신청일: 년 월 일
Date of Application Year Month Day

신청인: (서명)
Applicant Signature

사단법인 **한국무역협회장**
Chairman of Korea International Trade Association

※ 기재요령

① 법인인 경우에는 등기부등본상의 상호를 기재하고, 개인인 경우에는 사업자등록증상의 상호를 기재한다.

② 산업자원부장의 위탁을 받은 무역협회의 장이 부여함(신청인 기재 불필요).

③ 법인의 경우는 등기부등본상의 본사소재지를 기재하고, 개인인 경우는 사업자등록증상의 본사소재지를 기재한다.

④ 신청인이 취급하는 업종을 기재(사업자등록상의 업태 및 종목 기재)한다.

⑤ 본사소재지 전화번호 및 팩스번호를 기재. 무역부 사무실이 별도로 설치되어 있는 경우에는 무역부 사무실을 명시하고 그 전화번호를 같이 기재하여도 무방하다.

[예] (262) 4914/9(춘천본사) (415)9331/3(서울사무소)

⑥ 대표이사 또는 본사 담당자 전자우편주소를 기재한다.

⑦ 사업자등록증상의 사업자등록번호를 기재한다.

⑧ 법인의 경우는 등기부등본상의 대표이사의 성명을 기재(법인 대표자가 2인 이상인 경우는 모두 기재)하고, 개인인 경우는 사업자등록증상의 대표이사의 성명을 기재한다.

⑨ 법인의 경우는 등기부등본상의 대표이사의 주민등록번호를 기재(법인 대표자가 2인 이상인 경우는 모두 기재)하고, 개인인 경우는 사업자등록증상의 대표이사의 주민등록번호를 기재한다.

제2절 수입거래 절차에 대한 이해

수입절차라 함은 수입업자가 외국으로부터 수입이 허용되는 물품을 수입하기 위하여 수입계약을 체결하고 무역대리업자 또는 기타로부터 물품매도확약서(offer sheet)를 수취하여 물품종류에 따라 수입승인을 받고 수입신용장을 개설한 후에 선적서류가 내도되면 수입대금을 결제하고 수입화물이 도착하면 이를 인수하여 수입통관을 하는 일련의 절차를 말한다.

(1) 수입계약의 체결

물품을 수입하고자 하는 수입상은 우선 해외시장조사와 함께 물품의 수입에 관한 조회(inquiry) 등을 통하여 신뢰성 있는 해외공급업자를 선정한다. 그리고 수입계약은 국외의 직접 청약(offer)에 의하거나 또는 보통 오퍼상이라 불리는 무역대리업자의 청약에 대해 수입상이 승낙을 통하여 이루어진다.

(2) 수입승인

해외수출상과 물품수입계약을 체결한 수입상은 수출의 경우와 마찬가지로 자신이 수입하고자 하는 물품이 수입의 제한을 받는 물품인지의 여부를 수출입공고 등을 통하여 확인한 후 수입제한품목으로 확인되면 산업자원부장관의 수입승인을 받아야 한다.[39] 이 경우 수입하고자 하는 물품이 수출입공고 등에서 제한품목이나 통합공고상 수입이 제한되는 품목일 경우에는 동 제한조치에 따라 관련 조합이나, 협회, 주무부처의 수입요건확인 또는 승인을 받아야 한다.

---

39) 현행 우리나라 대외무역법상 권한의 위임 및 위탁에 의해 산업자원부장관은 수출입승인 기관을 관계행정기관의 장 또는 단체의 장에게 위탁하고 있다(자세한 내용은 본서 6장 참조).

(3) 수입신용장개설

신용장이라 함은 수입업자의 요청에 의하여 수입업자의 거래은행이 상대방 수출업자에 대하여 신용장조건과 일치하는 운송서류의 지시가 있으면 그 수출화물의 대금을 틀림없이 지급하겠다는 개설은행의 확약을 나타내고 있는 서장(書狀)을 의미한다. 수입계약에서 대금결제를 신용장에 의해서 한다고 약정되어 있는 경우에는 수입승인을 받은 후 외국환은행을 통하여 일정한 수입담보금을 적립하고 수입신용장을 개설하여야 한다. 신용장은 신용장개설신청서에 기재된 내용대로 발행되므로 개설신청서의 모든 사항은 간단하고도 명료하여야 하며 수입업자가 원하는 모든 조건을 빠짐없이 기재하여야 한다.

한편 신용장의 개설방법에는 전신에 의한 방법과 우편에 의한 방법이 있다. 전자는 전신에 의하여 신용장을 개설하는 방법으로서 신용장을 신속히 개설할 필요가 있을 때 주로 사용하는데, 은행은 전신료의 절감 및 타전에서 오는 혼란을 피하기 위하여 대부분의 경우 미리 약정된 암호(cypher)를 사용하여 개설한다. 후자는 신용장개설은행이 신용장의 원본을 작성하며 우편의 수단을 이용, 환거래은행(correspondent bank)을 경유하여 수익자에게 보내는 방법으로서, 이는 신용장의 전달에 따른 비용은 적게 들지만 장시간이 소요되는 단점이 있다.

(4) 운송서류의 내도

수출업자는 물품을 선적한 후 신용장상의 요구조건에 따른 운송서류를 구비하고, 환어음을 거래은행을 통하여 신용장개설은행에 송부하여 대금을 회수하게 된다. 신용장개설은행은 내도된 선하증권(bill of lading: B/L) 등의 운송서류가 신용장조건과 일치하는지의 여부를 심사한 후 신용장개설의뢰인인 수입업자에게 운송서류도착통지서(arrival notice of documents)를 발송한다.

한편 수입화물은 이미 도착하였으나 운송서류가 도착하지 않아 화물의 인수가 불가능한 경우에는 은행으로부터 수입화물선취보증서(letter of guarantee: L/G)[40]를 받아 당해 화물을 인수할 수 있다.

(5) 수입대금의 결제

신용장개설은행은 환어음과 선적서류의 심사가 끝나면 개설의뢰인인 수입업자에게 대금의 지급을 청구하게 된다. 수입업자가 선적서류를 인수하고 수입대금의 지급을 동의하게 되면, 개설은행은 수입업자로부터 수입대금 및 관련수수료를 징수하고 선적서류를 인도하게 된다.

(6) 물품수입통관

선적서류 원본이나 수입화물선취보증서를 수취한 수입업자는 수입신고를 하고 수입신고필증을 발급받아야 한다. 수입신고를 받은 세관은 수입화물이 수입승인서의 물품과 동일한 것인지의 여부와 구비서류상의 기재사항이 일치하는지를 검사·확인한 후 과세가격을 결정하고 세율을 확정하여 관세 등을 납부고지한다. 수입업자가 관세 등을 납부하게 되면 세관장은 수입신고를 수리하고 그 증거로 수입업자에게 수입신고필증을 교부해 준다.

이와 같이 수입통관은 수입신고 → 서류검사 → 물품검사 → 관세율 결정 → 관세부과 및 징수 → 수입신고필증 발급에 이르는 일련의 과정으로서 수입신고가 수리된 후에야 비로소 수입물품은 관세법상 내국물품이 되어 보세구역으로부터 자유롭게 반출될 수 있다. 수입신고필증을 교부받은 수입신고인은 물품을 보세구역으로부터 반출하여 자신이 의도한 용도에 쓰기 위해 최종목적지로 운송을 함으로써 수입절차는 모두 종료된다.

---

40) 수입화물선취보증서(L/G)는 수입업자의 요청에 따라 신용장개설은행이 수입업자와 연대하여 선박회사 앞으로 발행하는 서류로서, 선박회사가 미리 수입상에게 물품을 인도하여 주더라도 나중에 신용장개설은행에 도착되는 선하증권 원본에 의해 이중으로 물품인도 청구를 않겠다는 취지의 보증서이다.

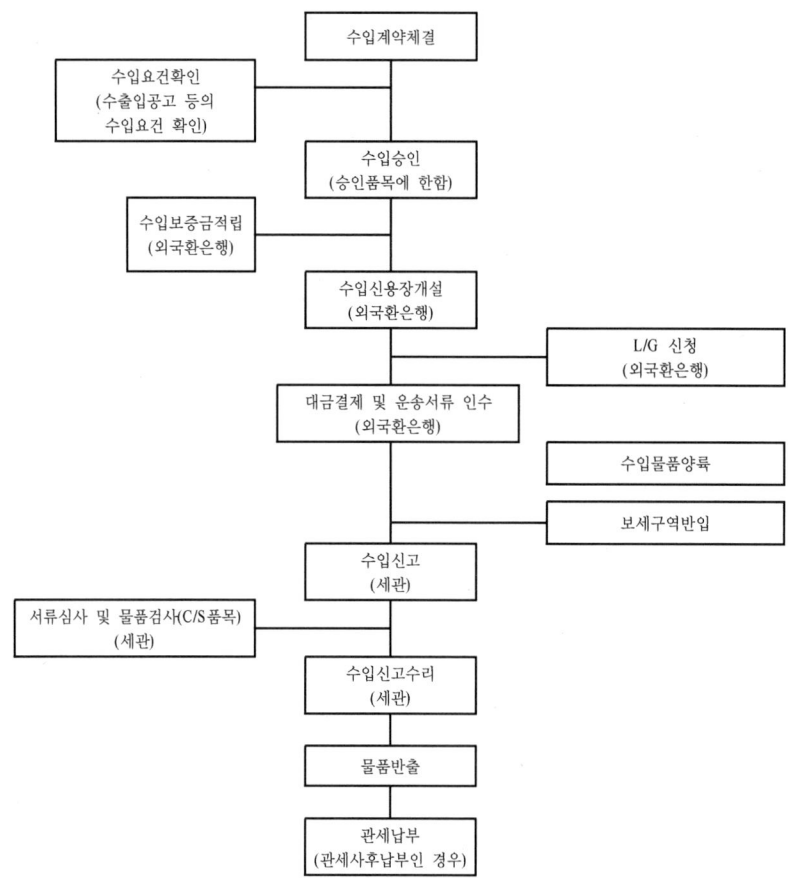

[그림 3-2] 신용장에 의한 수입절차

제4장 해외시장조사와 무역거래선 발굴

제1절 해외시장조사

1. 해외시장조사의 의의

해외시장조사(overseas market research)란 해외시장의 개척과 수출증진을 목적으로 무역상사가 특정시장의 제반환경 및 동향을 조사·분석하는 일련의 과정을 말한다. 즉 목적상품을 가장 효율적으로 수출할 수 있는 목적시장을 탐색하고 그 판매가능성을 조사하는 활동이라고 할 수 있다.[1] 해외시장조사는 정치, 경제, 사회, 문화, 역사, 경제기구, 과학기술의 수준, 기후, 언어 등 목적시장의 전반적인 개황을 조사한 다음 취급상품에 대한 유통구조, 경쟁대상, 제품의 가격정책, 거래대상, 거래처 등을 조사하는 일련의 단계를 거치게 된다.

마케팅전략의 성공은 정확한 정보의 확보에 달려 있다. 그러므로 무역업을 성공시키기 위해서는 무엇보다 특정시장을 형성하는 여러 가지 요소를 과학적으로 조사, 분석 후 적격성을 판정하는 것이며 이에 따라 해당 품목의 수출 또는 수입계획을 수립하게 되는 일련의 과정이 해외시장조사이다.

---

1) 이용근, 전게서, p.149.

2. 해외시장조사의 내용과 방법

(1) 해외시장조사의 내용

해외시장조사는 마케팅[2]활동의 기초가 되는 것이다. 해외시장조사의 내용은 우선적으로 목적시장의 일반환경조사를 한 다음 고객조사, 상품조사, 판매경로조사 그리고 판매조사 등을 보다 구체적으로 실시하고 마지막으로 믿을 만한 거래선을 발굴하는 단계를 거치게 되는데, 주요내용은 다음과 같다.[3]

1) 목적시장의 일반환경조사

만일 해외시장에서 가죽의류를 팔고자 한다면 목적시장은 열대지방이 아닌 계절적으로 어느 정도 추위를 느낄 수 있는 지역을 선정해야 할 것이다. 이처럼 지리적으로 어떠한 국가를 목적시장으로 할 것인가를 고려하여 당해 시장의 일반적인 제반 환경에 대하여 다음과 같은 사항을 조사한다.

① 정치에 관한 사항으로 정치체제, 정치적 안정도 조사.

② 경제에 관한 사항으로 전반적인 경제사정, 경제적 안정도, 국민소득, 국제수지, 경제성장률, 주요자원, 노동 및 고용사정, 임금, 물가, 조세체계, 금융기관, 산업구조 내용 조사.

③ 사회일반에 관한 사항으로 인구, 인구증가율, 면적, 기후, 인종, 종교, 문화, 통신, 교통, 언어, 교육수준, 법률제도 내용 조사.

④ 무역에 관한 사항으로 품목별·지역별수출입 규모, 수출입규제제도, 외환관리, 대금결제조건, 관세율, 환율, 특허, 항만사정, 운송수단, 상관습 내용 조사.

---

2) 미국마케팅협회(American Marketing Association: AMA)에 의하면 '생산자로부터 소비자 내지 사용자에게 상품이나 용역의 흐름을 유도하는 사업활동의 수행'(The performance of business activities that direct the flow of goods and services from producer to consumer or user)이라고 마케팅의 정의를 하고 있다.

3) 강원진, 국제상무론, 법문사, 1997, pp.12－14.

2) 고객조사

고객(customer)이란 당해 상품을 직접적으로 수출할 수 있는 거래선과 실제 최종 수요자 모두를 포함하는 개념이다. 고객조사는 다음과 같은 사항을 조사한다.

① 고객층에 관한 사항으로 소비자 또는 사용자의 지역적 분포, 소득분포, 계급별 분포, 구매능력 정도 조사.

② 고객의 기호 및 이미지에 관한 사항으로 기호, 취향 및 품질·상표·메이커 등의 이미지 조사.

3) 상품조사

상품조사(merchandise research)는 취급상품의 수요·공급·가격에 대한 전반적인 조사를 말하며 다음과 같은 사항을 조사한다.

① 당해 상품의 수요에 관한 사항으로 수요품목·품질·규격, 현재의 수요량, 장래의 수요량, 계절적인 특별수요, 현지에서의 국산품의 수요량의 정도 조사.

② 당해 상품의 공급에 관한 사항으로 주요 공급선, 공급선의 상호, 계절적인 특별공급 가능성, 현지에서의 국산품 공급량 조사.

③ 경쟁상품, 대체상품 및 유사상품의 현황 조사.

④ 가격에 관한 사항으로 수입품과 현지국산품의 가격 정도 조사.

⑤ 할당품목에 해당 여부 조사.

⑥ 당해 상품은 특허·상표·공업소유권에 저촉될 수 있는 품목 여부 조사.

4) 판매경로조사

판매경로조사(sales route research)란 고객이 수입한 상품은 어떠한 경로를 통하여 판매되고 소비자 내지 사용자에게 전달되는가를 조사하는 것으로 다음과 같은 사항을 조사한다.

① 시장기구 및 유통과정에 관한 사항으로 수입상, 판매점, 특약점, 백화점, 체인스토아, 도매상, 소매상 등의 기구와 유통경로 조사.

② 서비스에 관한 사항으로 판매 전에 행하여지는 사전서비스와 판매 후에 행하는 사후서비스 등의 조사.

5) 판매조사

판매조사(sales research)는 상품계획과 효과적인 판매정책을 어떻게 수립할 것인가를 조사하는 것으로 다음과 같은 사항을 조사한다.

① 상품계획에 관한 사항으로 수출상품의 품종, 품질, 디자인, 상표, 특허, 포장, 운송 등에 대한 선택의 계획 조사.

② 판매정책에 관한 사항으로 판매계획과 예측, 견본, 카탈로그, 안내서 제공 등 판매촉진, 광고, 전시 등의 효율적 기획 조사.

(2) 해외시장조사의 방법

시장조사 내용을 조사하기 위해서는 다음의 방법들을 통하여 조사할 수 있다.[4]

1) 국별 수출입통계자료 이용

상공회의소나 무역협회 등 도서실에 비치된 "UN 무역통계연보"나 "IMF 발간연보" 등의 국별 수출입통계자료를 이용한다.

2) 국내외 경제단체 및 유관기관의 자료 이용

해외시장조사에 필요한 기초자료는 무역협회나 대한무역투자진흥공사 도서실에 비치된 각종 무역통계, 지역별 시장동향, 국별 수출업체 총람 등을 활용할 수 있다. 그리고 해당 지역에 대한 구체적 조사를 요할 때에는 대한무역투자진흥공사의 해외무역관을 활용하는 방법이 현지조사라는 데에서 신빙성이 높다.

---

4) 손태빈, 신무역실무, 도서출판 두남, 1997, pp.28 - 29.

3) 주한외국공관의 자료 이용

국내에 주재하고 있는 외국공관의 상무관실 또는 자료실에 비치된 각종 자료를 이용할 수 있으며, 상무관과의 상담을 통해 시장조사를 할 수 있다.

4) 자체시장조사방법

수출입가능지역을 직접 방문하는 방법이 최선의 조사방법이다. 물론 경비문제가 따르겠으나 일단 해당 지역의 수입규제가 없는 한 최소한의 주문도 받을 수 있고, 수입의 경우도 예상 공급선을 직접 방문하면 큰 성과를 기대할 수 있다.

제2절 무역거래선에 대한 이해

해외시장조사를 통하여 목적시장이 선정되면 해당시장에서 실제로 무역거래를 수행할 거래선(business counterpart)을 발굴해야 할 것이다.

1. 무역거래선 발굴방법과 거래제의

(1) 무역거래선 발굴방법

1) 무역업자명부를 통한 발굴

거래처의 선정을 위해서는 세계적인 상공인명부(Trade Directory) 기타 각종 간행물이나 동업자 또는 전문기관을 통하여 해당 품목을 수입 혹은 취급하는 업체의 명단을 입수하여 그 가운데 몇몇을 잠정적인 후보거래선으로 내정한 다음 이들 업체의 홍보물(catalog, leaflet)을 발송, 거래제의 또는 offer의 제시 등을 통하여 거래선을 물색하게 된다.

2) 해외광고를 통한 발굴

해외거래처를 발굴하기 위한 기초단계로 해외홍보용 상품목록(Catalog) 및 소책자(leaflet)를 제작하여 예상거래처에 배포하거나 국내의 해외홍보매체 등에 자사상품을 홍보하여 거래선을 물색할 수 있을 것이다. 홍보물을 배포할 경우에는 경제적인 비용으로 홍보효과를 극대화시키기 위하여 작성 배포처를 선정하는 것이 중요한데, 작성 배포처는 지역별 상공인명부를 통해 물색된 예정거래선, 주한외국공관의 바이어 안내, 기타 대한무역투자진흥공사, 한국무역협회 등 무역유관기관의 거래알선, 안내 등을 활용하여 선정·배포하는 것이 효과적이다.

3) 국내외공공기관 등을 통한 발굴

각국의 상공회의소, WTCA(World Trade Center Association)체인, 또는 수출입관련 기관에 거래알선의뢰 안내장을 발송하는 방법으로 이 경우 그들이 발행하는 기관지를 통해 업계홍보 또는 관련업자의 소개를 의뢰하여 발굴하는 방법이다. 한편 국내의 유관기관으로서는 한국무역협회의 거래알선 서비스를 받거나, 세계 각국에 현지 무역관을 운영하고 있는 대한무역투자진흥공사에 의뢰하여 거래처를 선정하거나 국제상업회의소에 가입되어 있는 대한상공회의소를 활용하거나 기타 우리나라 재외공관에 협조를 의뢰하여 거래선을 선정할 수 있다.

4) 인터넷을 이용한 방법

인터넷을 이용한 방법으로는 웹사이트를 구축하여 각종 검색엔진을 등록하고 거래알선 사이트, 무역관련 사이트에 연결시키는 방법과 무역관련 뉴스그룹, 메일링리스트(mailing list)에 가입하여 자사의 제품이나 회사를 홍보하는 방법이 있다. 보다 적극적인 방법으로는 목표시장에 대한 잠재고객을 웹사이트를 통하여 직접 찾아

보거나 유명사이트에 자사를 홍보하는 방법, 그리고 웹사이트상의 무역전시회 등에 참여하는 방법이 있다.

5) 각종 사절단 및 전시회 참가

무역관련기관에서 주관하여 파견하는 각종 투자 및 무역사절단, 박람회 및 전시회에 참여하여 거래처를 직접 물색할 수 있다. 특히 한국무역협회에서 총괄하여 파견하는 해외투자 및 무역사절단과 대한무역투자진흥공사에서 총괄하여 참가하는 해외박람회 및 전시회를 통해 각종 경비를 지원받을 수 있고, 사전홍보를 통해 현지 거래처와의 상담을 효율적으로 수행할 수 있다.[5]

(2) 무역거래에 대한 제의

거래선이 발굴되면 해외출장이나 전시회에 참가하여 직접 상대방과 교섭하는 경우를 제외하고는 거래를 제의하는 권유장(circular letter)을 발송한다. 권유장은 알지 못하는 상대방에게 자기를 소개하는 첫 번째의 서신이므로 권유장을 받은 상대방으로 하여금 좋은 인상을 받게 하여 거래가 성사될 수 있도록 작성되어야 한다. 그리고 권유장을 보낼 때에는 카탈로그나 가격표(price list)를 동봉하는 것도 유익하다. 또한 한 번의 권유장으로 즉각 반응을 보이는 경우는 드물기 때문에 수차에 걸쳐 끈기 있게 보내야 할 것이다.

---

5) 해외전시회에 대해서는 http://www.fairbank.co.kr를 통해 검색할 수 있다.

2. 신용조회와 인콰이어리(Inquiry)

(1) 신용조회

1) 신용조회의 필요성

신용조회(credit inquiry)란, 특정인에 대한 신용상태(credit standing, business standing, standing)의 조회를 말한다. 그리고 신용조회의 목적은 특정인이 신뢰할 수 있는 자인가의 여부를 조사하는 데에 있다. 신용조회의 필요성으로는 다음 세 가지를 지적할 수 있다.

첫째, 무역거래에는 신용위험(credit risk)이 존재하기 때문에 신용조회가 필요하다. 신용위험이란 수입업자가 무역계약상의 결제조건대로 지급을 이행하지 아니하는 위험을 말한다.6) 둘째, 무역거래에는 때때로 악덕상인이 등장하기 때문에 신용조회가 필요하다. 악덕상인 중에는 해외에서 견본만을 요구·수집하여 그것을 전매함으로써 이익을 보는 견본상인(sample merchant)이 있으며, 고의로 클레임(Claim)을 제기할 것을 처음부터 계획하고 계약의 맹점을 남겨 두었다가 상습적으로 클레임을 제기하는 클레임상인(claim merchant)이 있다. 셋째, 무역거래는 본질적으로 거래상대방의 신뢰성에 기반을 둔 거래이기 때문에, 거래상대방의 신뢰성을 확인하기 위한 신용조회가 필요하다.

2) 신용조회의 내용

신용조회에 있어서 필수적으로 조회내용에 포함해야 하는 것으로는 보통 당해 업체의 성격(character), 자본(capital) 및 능력(capacity)의 셋을 들고 있는데, 이를 일컬어 신뢰도측정요소(reliability of credit factors)로서의 신용조사의 3C's(Three C's)라 한다.

---

6) 신용위험은 구체적으로 ① 수입업자의 파산 등에 기인하는 지급불능의 위험, ② 수입업자의 부도덕이나 불법행위에 기인하는 지급 불이행의 위험, ③ 지급은행의 지급거절 등에 기인하는 환어음의 부도위험, ④ 전쟁, 천재지변, 외환통제 등의 비상위험에 기인하는 지급 불이행의 위험 등이 있다.

① 성격(character)

당해 업체의 개성(personality), 성실성(integrity), 평판(reputation), 영업태도(attitude toward business) 및 특히 채무변제이행열의(willingness to meet obligation) 및 계약 이행에 대한 도덕성에 관련된 내용을 조사한다.

② 자본(capital)

당해 업체의 재무상태(financial status), 즉 수권자본(authorized capital)과 납입자본 (paid－up capital), 자기자본과 타인자본, 기타 자산상태 등 지불능력과 직결되는 내용 을 조사한다.

③ 능력(capacity)

당해 업체의 연간매출액(turn－over), 개인 또는 법인 등 업체의 형태, 업종, 연혁 내지 경력(career) 및 영업권(goodwill) 등 영업능력에 관한 내용을 조사한다.

3) 신용조회의 방법

① 신용조회처(Credit Reference)를 이용하는 방법

신용조회처를 이용하는 방법이란, 조사대상자의 은행조회처(bank reference) 또는 동업자조회처(trade reference)를 알고 있는 경우에 그러한 신용조회처에 조사대상자 의 신용상태를 조회하는 방법을 말한다. 은행조회처를 이용하는 경우에는, 조사자의 거래은행을 경유하여 조사대상자의 은행조회처에 조회하는 것이 좋다.

② 상업흥신소(Mercantile Agency, Credit Agency, Credit Bureau)에 의뢰하는 방법

상업흥신소에 의뢰하는 방법이란, 세계적으로 유명한 상업흥신소에 조회비용을 지 급하는 조건으로 조회목적과 조회항목을 명시하여 특정인에 대한 신용조회를 의뢰하 는 방법을 말한다. 상업흥신소는 신용조회를 전문업으로 하는 기관이며, 세계적으로 유명한 상업흥신소는 세계주요도시에 통신원 또는 조사원을 주재 또는 파견하여 현

지조사를 실시하고 있다.

③ 국내의 신용조회기관에 의뢰하는 방법

우리나라에서 신용조사를 해 주는 기관으로 한국수출보험공사의 수출신용정보센터, 대한무역투자진흥공사의 종합상담실, 신용보증기금의 신용조사부 등이 있다. 이들 기관에 의뢰하는 방법은 비용도 그다지 많이 들지 않고 늦어도 2개월 이내에 회신을 받을 수 있어 우리나라 업체가 가장 많이 이용하는 방법이다.

(2) 인콰이어리(Inquiry)

거래제의를 받은 해외의 수입업자가 수출업자의 거래조건 내용에 대한 구체적인 문의를 조회라 한다. 이 조회(Inquiry)를 거래조회 또는 무역조회(trade inquiry)라 하며 해외거래처 선정 시의 신용조회(credit inquiry)와는 구별된다. 이 조회는 계약체결 전 예비적인 무역상담의 한 과정에 있어서 수입업자의 물품수입에 관한 최초의 의사표시를 말하며, 조회(Inquiry)의 내용에는 정가표나 견본의 송부를 의뢰하는 조회, 수출업자에게 청약(offer)을 권유하는 조회 등이 있다. 이와 같이 조회는 일반거래조건의 협정 또는 청약을 위한 당사자 간의 거래조건에 대한 의사를 타진하는 상담의 과정이며, 조회를 받은 수출업자는 지체 없이 조회사항에 대하여 회신을 하여야 한다.

제5장 무역계약

제1절 무역계약과 무역계약의 성립과정

수출업자와 수입업자가 상품을 수출·입하기 위해서 우선적으로 선행되어야 하는 것이 당사자 간의 합의가 존재해야 한다. 해외시장조사를 통하여 믿을 만한 거래선을 확보한 후에는 거래관계를 창설하기 위하여 자기를 소개하는 권유장(C/L: Circular Letter)을 보낸다. 이에 대해 수입업자가 상품에 대한 거래조건, 즉 품질조건, 수량조건, 가격조건 등과 계약이행에 관한 조건, 즉 선적조건, 결제조건 등을 문의하게 되는 조회(inquiry)과정을 거치게 된다.

수입업자의 이러한 조회에 수출업자는 이에 대한 회신으로 오퍼(offer)를 송부하게 되며, 이를 수입업자가 승낙(acceptance)할 경우에는 바로 거래관계가 이루어지게 되지만, 만일 특정조건에 대해 수입업자가 반대할 경우 반대오퍼(counter offer)를 보내게 되며, 이에 대해 수출업자의 회신 등과 같은 여러 과정을 통하여 합의에 이르게 된다.

1. 무역계약

(1) 무역계약의 개념

본질적으로 계약이란 일정한 채권·채무관계의 형성을 목적으로, 복수당사자의 상호대립되는 의사표시의 합치에 의하여 성립되는 법률행위를 말한다. 다시 말하면

채권·채무관계를 창설하는 당사자 상호간의 합의(agreement)를 의미한다. 여기서 합의란 계약을 체결하려는 당사자들의 의사의 합치를 말한다. 따라서 계약이 성립하려면 당사자의 의사표시가 내용적으로 합치하고 있을 것, 즉 합의가 반드시 있어야 한다. 이와 같이 계약당사자 상호간의 합의의 성립이 계약성립의 기본원칙이다. 일반적으로 합의는 일방 당사자가 상대방의 청약을 승낙한 경우에 성립되며, 그러한 합의는 반드시 명확하고 최종적(certain and final)이어야 한다.

무역계약은 물품이 국제적으로 이동하는 수출입거래를 포함한 대리점계약, 플랜트수출계약, 합작투자계약 등 제(諸) 계약을 의미한다. 무역계약의 기본적 계약은 매도인(seller)과 매수인(buyer) 사이에 체결되는 국제물품매매계약(contracts for international sale of goods)이다. 이를 매도인 측에서 보면 수출계약(export contract)이며, 매수인 측에서 보면 수입계약(import contract)이다.7)

(2) 무역계약의 법적 성격

1) 낙성계약

무역계약은 매매당사자 쌍방의 의사표시합치만으로 성립하고 계약성립을 위하여 당사자 간에 아무런 급여를 요하지 않는 낙성계약이다. 무역계약이 성립되기 위해서는 당사자 일방의 청약(offer)과 이에 대한 상대방의 승낙(acceptance)만 있으면 된다. 매도인이 물품을 일정조건으로 판매하고 싶다는 의사표시를 하고 매수인이 이를 승낙하면 무역계약은 성립된다.

2) 불요식계약

무역계약은 그 성립을 위하여 당사자 간의 합의 외에는 다른 특별한 방식을 필요로 하지 않는 불요식계약이다. 무역계약에서는 법률행위의 요소인 의사표시를 일정한 방식에 의해 행할 것을 필요로 하지 않는다. 따라서 무역계약은 문서뿐만 아니라

---

7) 오원석, 무역계약론, 삼영사, 1994, p.19.

구두에 의해서도 성립된다. 이와 같이 무역계약에서는 계약을 매매당사자의 자유의사에 맡겨 당사자 간의 합의를 최우선으로 존중하는 계약자유의 원칙이 적용된다.

3) 유상계약

유상계약은 계약당사자가 서로 가치 있는 대가교환을 목적으로 하는 계약을 말한다. 무역계약은 유상계약에 해당하므로 매도인은 물품을 인도하고 매수인은 그에 따른 대금을 지급함으로써 계약이 성립된다.

4) 쌍무계약

쌍무계약은 계약의 결과로 당사자들이 서로 채무를 부담하는 계약을 의미한다. 이에 반해 편무계약은 당사자 일방만이 급부를 하고 상대방은 이에 대응하는 반대급부를 하지 않는 계약을 말한다. 무역계약에서 매도인은 물품인도의무를 부담하고 매수인은 대금지급의무를 부담하므로 무역계약은 쌍무계약에 해당한다.

(3) 무역계약의 종류

1) 개별계약

개별계약은 거래가 성립될 때마다 매매당사자가 거래조건에 합의하여 계약서를 작성하는 경우를 말한다. 판매서, 구매서, 물품매도확약서 등은 모두 개별계약에 해당된다. 매 거래 시마다 개별계약을 체결해야 하는 번거로움은 따르지만 모든 거래조건을 법적으로 분명히 해 둠으로써 분쟁을 사전에 방지할 수 있다.

2) 포괄계약

포괄계약은 매매당사자 간에 서로 오랜 기간 거래를 하여 잘 알고 있을 경우 특정품목을 지정하여 일정기간 포괄적으로 계약을 체결하고 필요할 때마다 선적해 주는 경우에 사용되는 계약형태이다. 포괄계약을 체결할 때는 지정품목에 대해서 일반거래조건을 합의한 일반거래협정서를 당사자 간에 교환한다. 동일품목을 반복해서 거래할 경우 매 거래 시마다 거래조건을 확인해야 하는 개별계약보다 일반거래협정서에 의한 포괄계약이 편리하다.

3) 독점계약

수출입을 특정기업에 국한시킬 경우에는 당사자 간에 독점계약이 체결된다. 독점계약이 체결되면 수출업자는 계약품목을 수입국의 지정수입업자 외에는 수출해서는 안 되며, 특히 다른 명의나 제3자를 통해서도 그 시장에 침투하지 말아야 한다. 마찬가지로 수입업자도 수출국의 다른 기업으로부터 동일한 품목을 수입해서도 안 된다. 독점계약을 체결하는 목적은 당사자 간의 이윤극대화에 있기 때문에 수출업자는 가능한 한 저렴한 가격으로 오퍼를 해야 하고 해당 품목의 품질도 보장해 주어야 한다. 그리고 수입업자는 가장 좋은 가격으로 최대한 계약물품을 판매하도록 노력해야 하며 연간 어느 정도 판매량을 보장해 주어야 한다.

2. 무역계약의 성립과정

(1) 청약과 승낙

1) 청약

① 청약의 개념

청약(offer)이란 청약자(offeror)가 피청약자(offeree)에게 관심이 있는 특정상품에 대해 일정한 조건으로 계약을 맺고자 하는 의사표시, 즉 매매계약을 체결하려는 의사표시를 말한다. 이는 일반적으로 수출업자가 해외의 수입업자에게 특정상품을 어떤 상품명, 규격, 원산지, 유효기간, 선적일, 포장방법, 수량, 단가 및 대금결제조건으로 매도하겠다는 의사표시이기도 하다.

② 청약의 종류

청약은 크게 분류하여 매도인이 주체가 되는 매도청약(Selling Offer)과 매수인이 주체가 되는 매입청약(Buying Offer)으로 분류되는데 무역에서 말하는 오퍼는 매도인의 매도청약을 일컫는다.

㉠ 확정오퍼(Firm Offer): 청약자가 상대방의 승낙기간을 지정하고 그 기간 내에 승낙회신할 것을 조건으로 하거나 만일 특별한 승낙기간을 정하지 않았을 때는 그 청약이 확정적으로 철회가 불능한 오퍼를 말한다.

> (예문)
> We offer you firm subject to your confirmation received here by August 3, 2005.

㉡ 자유오퍼(Free Offer): 자유오퍼는 승낙기간이 지정되어 있지 않은 오퍼로 확정적임을 표시하지 않는 것이다. 청약자가 상대방으로부터 승낙을 받기 이전까지 임의로 변경하거나 철회할 수 있다.

㉢ 조건부 오퍼(Conditional Offer): 청약자의 오퍼내용상에 특정한 단서가 첨가되는 것으로 이 조건의 오퍼에서 상대방의 승낙이 있다 할지라도 반드시 청약자의 최종확인이 필요한 오퍼이다.

> (예문)
> We offer you subject to our final confirmation.

㉣ 반대오퍼(Counter Offer): 청약자의 오퍼내용에 대해 상대방이 일부를 변경하거나 혹은 추가적으로 제의할 경우에 제시하는 오퍼를 말한다. 이는 청약자의 오퍼에 대한 피청약자의 오퍼의 성격을 갖게 된다.

> (예문)
> We accept on the condition that partial shipments are not allowed.

2) 승낙(Acceptance)

① 승낙의 개념

승낙(acceptance)은 청약자의 청약에 상대방의 피청약자가 무역계약을 성립시킬 목적으로 응하는 의사표시를 말한다. 따라서 피청약자가 승낙을 할 경우에는 쌍방간에 합의가 이루어지게 되어 계약이 성립될 수 있다. 따라서 승낙은 무조건적(unconditional)이고 절대적(absolute)일 경우에만 계약의 성립이 가능하다.

② 승낙의 효력

원칙적으로 승낙의 효력은 피청약자의 승낙이 청약자에게 도달되었을 경우에 효력이 발생하지만 이는 대화자 간의 동시계약, 즉 전화, 텔렉스(telex) 및 팩스(fax)에 의한 통신에서 주로 사용된다. 하지만 전보나 우편으로 승낙을 통보하는 경우에는 일반적으로 발신한 시점을 기준으로 승낙의 효력시기를 산정하기도 한다. 따라서 이와 같은 효력발생시기에 대한 문제를 해결하기 위하여 승낙의 효력발생시기에 대한 명확한 조건제시가 필요하다.

③ 승낙의 효력발생시기

청약자의 청약과 피청약자의 승낙으로 계약이 성립하지만 청약자와 피청약자는 공간적으로 떨어져 있는 국제물품매매계약에 있어서 승낙의 의사표시가 피청약자로부터 발송되어 청약자에게 도달하기까지 어느 시점에서 그 효력이 발생하며, 계약이 성립하느냐에 관한 문제가 제기될 수 있다. 이러한 문제를 해결하기 위해 각국의 국내법과 국제조약 등에서는 다음과 같은 입법주의에 근거하여 법률을 제정함으로써 이러한 문제를 해결하고 있다.

    ㉠ 발신주의: 피청약자가 승낙의 의사표시를 발송한 때 계약이 성립된다.
    ㉡ 도달주의: 피청약자의 승낙의 의사표시가 청약자에게 도달한 때 계약의 성립을 인정한다.
    ㉢ 요지주의: 단지 물리적으로 승낙의 의사표시가 청약자에게 도달할 뿐 아니라

현실적으로 청약자가 그 내용을 인지한 때에 계약의 성립을 인정한다.

<표 5-1> 승낙의 효력발생시기

준거법 ＼ 통신수단			한국법	일본법	영미법	독일법	ULFCIS	UNCCIS
의사표시에 의한 일반원칙			도달주의	도달주의	도달주의	도달주의	도달주의	도달주의
승낙의 의사 표시	대화 자간	대 화	도달주의	도달주의	도달주의	도달주의	도달주의	도달주의
		전화 FAX, EDI	도달주의	도달주의	도달주의	도달주의	도달주의	도달주의
		텔렉스	도달주의	도달주의	도달주의	도달주의	도달주의	도달주의
	격지 자간	우 편	발신주의	발신주의	발신주의	도달주의	도달주의	도달주의
		전 보	발신주의	발신주의	발신주의	도달주의	도달주의	도달주의

(2) 주문과 주문승낙

1) 주문

무역매매계약이 성립되기 위한 방법으로 수출업자가 수입업자에게 제품을 판매할 목적으로 오퍼하는 경우와 수입업자가 먼저 수출업자에게 제품을 구매하기 위해 주문을 하는 방법이 있다. 주문(Order)은 수입업자가 수출업자로부터 제품에 대한 정보, 예를 들면 견본, 가격표, 카탈로그 및 거래조건 등과 같은 자료를 토대로 이루어지는 것이 대부분이며, 주문서(Order Sheet)나 매입주문서(Purchase Order: P/O)를 통해 이루어진다.

2) 주문승낙

어느 경우든 주문을 받은 상대방은 주문을 접수하는 대로 주문에 대한 승낙의 의사표시를 하여야 한다. 만일 주문사항에 대해 변경하고자 하는 내용이나 첨가하고자 하는 내용이 있을 경우 상대방에게 다시 조회하여 조정토록 한다. 주문승낙에 관련된 내용으로는 '주문을 승낙한다는 내용과 감사표시', '주문내용을 다시 언급',

'선적과 관련된 지시사항 및 결제방법의 언급', '주문에 대한 성실한 이행을 보장' 등이다.

제2절 무역계약의 5대조건

무역계약을 체결할 때에는 후일의 오해와 분쟁을 방지하기 위하여 그 내용을 명확히 하는 동시에 다른 절차나 무역클레임에 대한 해결방법까지도 명시하여 문서화하는 것이 현명하며, 또한 상대방과의 장기적인 거래관계가 예상되면 거래의 기준이 되는 일반적인 거래조건을 계약서 또는 무역조건협정서에 협정해 두어야 한다. 무역거래에서 필수적으로 약정해야 할 거래조건을 무역계약의 5대 조건이라 한다. 무역계약의 5대 조건은 상품자체에 대한 조건인 품질조건, 수량조건, 가격조건과 계약이행에 관한 조건인 선적조건, 결제조건 등으로 구성되어 있다.

1. 상품자체에 대한 조건

(1) 품질조건

무역거래에 있어서 거래대상물품의 품질조건은 품질의 결정방법, 품질의 결정시기, 품질의 증명방법 등을 미리 약정하여야 한다. 왜냐하면 품질문제로 인한 상거래 분쟁이 야기되는 경우가 많기 때문이다.

1) 품질의 결정방법

품질결정방법으로 견본매매, 상표매매, 규격매매, 명세서매매, 표준품매매, 점검매매 등이 있다.

① 견본매매(sales by Sample)

견본매매(sales by sample)란 거래목적물의 품질을 제시된 견본(sample)에 의하여 약정하는 방법, 즉 매매당사자가 제시한 견본과 같은 품질의 물품을 인도하도록 약정하는 방법을 말하며, 오늘날의 무역거래에서 가장 널리 이용되고 있는 방법이다. 견본에는 매도인견본(seller's sample: 매도인이 매수인에게 보내는 견본), 매수인견본(buyer's sample: 매수인이 매도인에게 보내는 견본), 반대견본(counter sample) 등이 있다.[8]

견본에 의해 품질을 결정할 경우에는 향후 조회나 분쟁 시의 입증용으로 매도인은 동일한 견본품 3개를 1조로 하여 준비해 두는 것이 통례이다. 그것은 1개는 매수인에게 발송하는 원견본(original sample)으로 다른 1개는 매도인 자신이 보존하는 비치견본(duplicate sample)으로 그리고 또 다른 하나는 물품공급자의 보존용인 제3견본(triplicate sample)으로 사용하기 위해서이다.

② 상표매매(sales by Brand or Trade Mark)

상표에 의한 매매라 함은 국제적으로 널리 알려진 물품에 대해서는 견본을 제시할 필요 없이 상표(trade mark)나 통명(brand)에 의하여 품질기준으로 삼는 거래를 말한다. 이를테면, Nikon카메라, Parker만년필, Omega손목시계, Dunhill라이터 등과 같은 상표를 이용하는 방법이다.

③ 규격매매(Sales by Type or Grades)

규격매매(sales by type or grade)란 물품의 규격이 국제적으로 통일되어 있거나 수출국의 공적 규격으로 특정되어 있는 경우에 이용되는 매매방법이다. 국제표준화기구,

---

8) 매도인이 매수인에게 보낸 견본에 대해 매수인이 수정을 하여 매도인에게 다시 보내는 견본 또는 매수인이 매도인에게 보낸 견본에 대해 매도인이 실제로 선적이 가능한 견본을 다시 보내는 견본이 있다.

즉 ISO(International Organization for Standardization), 영국의 BBS(British Standard Specification), 일본의 JIS(Japan Industrial Standard), 한국의 KS(Korean Standard) 등에서 정한 규격으로 거래할 때 자주 이용되며 전기전자제품 등과 같은 공산품이 여기에 해당된다.

④ 명세서매매(Sales by Specification or Dimensions)

상품의 재료, 구조, 성능 등을 자세히 설명한 명세서, 설명서, 청사진 등에 의해서 품질을 결정하는 방법이다. 주로 견본이 곤란한 선박, 철도차량, 기계류, 의료기구 등 고가상품의 거래에서 많이 이용된다.

⑤ 표준품매매(Sales by standard)

농산물이나 수산물 및 광물의 경우에는 공산품과는 달리 일정한 규격이 있을 수 없고, 유명한 상표도 있을 수 없으며 견본제시도 곤란하다. 이처럼 종류는 같지만 이질적인 여러 제품들이 혼합되어 한 가지 종류의 상품을 이루는 천연산물은 등급 (grade)을 정하여 거래하는 것이 일반적인데, 이러한 품질결정방법을 '표준품매매'라 한다. 여기서 표준품(standard)이란 동종 이질상품의 품질을 대표하는 상품의 소량을 말한다.

⑥ 점검매매(Sales by Inspection)

매수인이 현물을 직접 점검·확인한 후 점검한 그 현물을 수도하는 매매방법이다. 이 조건은 오늘날 국내거래에서 널리 활용되는 점두매매가 그 전형적인데 격지 간의 무역거래에서는 그다지 이용되지 않고 있다.

2) 품질의 결정시기

① 선적품질조건(Shipped Quality Terms)

검품의 기준시기를 선적완료시점(time of shipment)으로 하는 조건을 선적품질조건이라 한다.

② 양륙품질조건(Landed Quality Terms)

이 조건은 인도물품의 품질이 계약과 일치하는지의 여부를 목적항(port of destination)에서 물품을 양륙한 시점에서 검품한 결과에 따라 정하는 조건으로 매도인은 운송도중의 상품변질에 대해서 모든 책임을 지고 보상하여야 한다.

3) 품질증명방법

품질의 증명방법은 품질의 증명시기와 직결된다. 즉 선적품질조건에서는 이러한 입증책임이 매도인에게 있으므로 그는 권위 있는 공인검사기관으로부터 검사증명서(certificate of inspection) 내지 품질증명서(certificate of quality)를 발급받아 매수인에게 제공해야 한다. 반대로 양륙품질조건의 경우에는 매수인에게 품질수준의 미달 또는 운송도중의 변질에 대한 입증책임이 귀속되기 때문에 그가 권위 있는 감정인(surveyor)의 검정보고서(survey report)에 의해 사실을 증명하고 배상을 청구하게 된다.[9] 한편 농산물이나 일부 천연산물의 품질에 대해서는 공공기관의 검사(agency's inspection), 관계조합이나 협회의 검사 및 물품별 전문검사기관의 검사에 의한 품질증명서(certificate of quality)나 검정보고서(survey report)로써 품질을 증명하기도 한다.

(2) 수량조건

1) 수량단위

수량단위는 상품의 성질과 관습에 따라 중량(weight), 용적(measurement), 개수(piece, dozen), 포장단위(package), 길이(length), 면적(square)으로 분류한다.

---

9) 권위 있는 검사기관 내지 감정인으로는 Lloyd's Surveyor, Lloyd's Agent, SGS, Del-Corporation 등이 세계적으로 유명하다.

① 중량(Weight)

중량을 표시하는 단위에는 Ton, Pound(1b), kilogram(kg)등의 종류가 있고, Ton의 경우에는 다음과 같다.

> Long Ton(English Ton, Gross Ton)＝1,016kgs＝2,240lbs
> Short Ton(America Ton, Net Ton)＝907kgs＝2,000lbs
> Metric Ton(French Ton, Kilo Ton)＝1,000kgs＝2,204lbs

② 용적(Measurement)

용적을 단위로 하는 경우에는 목재 등에 Cubic Meter(m3), Cubic Feet(cft), 석유 등 액체에 Barrel(31.5 America Galon), 곡물 등에 Bushel(8 English Galon, 36.367Liters)이 사용된다.

③ 개수(Number)

잡화 및 기계들의 수량단위로 사용되며, Piece(1개), Dozen(12개), Gross, Small gross, great gross등이 있다.

> 1gross＝12 dozen(12×12 piece)＝144개
> 1Small gross＝10 dozen(10×12 piece)＝120개
> 1Great gross＝12 gross(12×12×12 piece)＝1,728개

④ 길이(Length)

길이는 섬유류, 전선, 강관 등에 사용된다.

⑤ 포장단위(Package)

면화, 밀가루, 시멘트, 비료, 통조림, 유제품 등의 거래에는 bale, bag, case, can, drum 등의 포장용기가 사용된다.

2) 수량의 결정시기

무역거래는 상품의 성질에 따라서 선적할 당시에는 계약의 내용대로 정확한 수량을 선적하여도 해상운송을 하는 과정에서 기온변화나 기타의 사정에 영향을 받아서 선적상품의 중량이 증감될 수도 있다. 따라서 인도상품의 수량이 계약서에 언급된 수량과 일치하는 시점을 어디로 할 것인가에 관하여 확정해 둘 필요가 있다. 일반적으로 거래수량을 확정하는 방법으로는 선적지를 기준으로 하는 선적수량조건과 양륙지를 기준으로 하는 양륙수량조건이 있다.

① 선적수량조건

이 조건은 인도상품의 수량을 선적지의 수량으로 인정하는 것이다. 즉 선적 시에 검량한 적재수량이 계약에 규정된 수량과 일치하면 해상운송 중에 비록 수량이 감소되었다 하더라도 매도인은 감소된 수량에 대하여 책임을 면할 수 있으며, 계약수량에 대한 대금의 전액을 청구할 수 있다. 따라서 이 조건은 매도인에게 유리한 조건이 되며, 일반적으로 감량의 우려가 없는 상품거래에 이용되고 있다. 그리고 수량의 증명방법은 매수인이 승인한 검량인(Surveyor)이나 공인검량인(Public Weighter)의 중량증명서(Certificate of Weight)로 행한다.

② 양륙수량조건

이 조건은 인도상품의 수량을 양륙항에서 화물양륙 당시의 수량으로 인정하는 것이다. 즉 수입항에서 양륙할 당시에 검량한 수량이 계약수량과 일치하여야만 매도인이 계약수량의 대금 전액을 청구할 수 있다. 따라서 이 조건은 매수인에게 유리한 조건이 되며, 매도인은 운송도중 발생하는 감량에 대하여 책임을 져야 하는 수량조건이다. 그리고 수량의 증명방법은 선적수량조건과 마찬가지로 검량인(Surveyor)이나 공인검량인의 중량증명서에 의한다.

3) 과부족용인조건(More or Less Clause, M/L Clause)

살화물(Bulk cargo)을 거래할 때에는 물품인도 시에 일정비율의 과부족이 발생하는 것이 통례이다. 이 경우 매매계약서상에 과부족의 허용치를 명시하기도 하는데 이를 과부족용인조건이라 한다. 예를 들어 More or Less 5%로 매매계약을 체결하면 5% 이내의 과부족이 발생해도 클레임이 제기되지 않는다. 수량표시단위에 'about', 'circa', 'approximately' 등의 표현이 있으면 현행 신용장통일규칙에 의해 10% 과부족이 허용된다. 철광물, 석탄, 양곡 등과 같이 산적되는 화물은 정확하게 수량을 측정하는 것이 불가능하기 때문에 과부족용인조건이 없더라도 신용장금액의 범위 내에서 5%의 과부족이 허용되고 있다.

(3) 가격조건

가격조건(Price terms)은 적정한 매매가격을 채산하는 데 기본적인 조건이며, 중요한 요소이다. 가격조건에서는 매매가격의 산정기준, 가격의 표시통화를 고려하여야 한다.

1) 가격의 산정기준

상품의 판매와 구매가격, 즉 수출입단가(unit price)는 물품의 제조원가만으로 정해지는 것이 아님은 물론이다. 물품의 제조원가에 이윤을 붙이고 거기에다 수출입에 수반되는 여러 가지 수출입부대비용을 포함시킨 '수출입요소비용' 전체에 의하여 단가는 채산(estimation)되어 그에 따라 가격제시(quotation)가 이루어진다.

수출입에서 소요되는 수출입요소비용으로는 제조원가, 포장비, 희망이익(expected profit), 각종검사 및 증명료와 인허가비용, 선적항까지의 수출국에서의 내륙수송비(inland freight), 창고비(godown rent) 또는 보관료(storage), 수출통관비용(cost of export clearance) 및 수출세(export duties), 선적비용(shipping charges 및 stowing charges), 해상운임(ocean freight), 보험료(insurance premium), 양하비용(unloading charges), 항구세와 부두세(사용료), 수입통관비(cost of import clearance) 및 관세(import duties), 수입국 내에서의 창고료와 보관료 및 각종 행정비용, 그 밖에 수출입에 수반되는 이자, 환비용(cost of exchange), 수수료(commission), cable이나 telex 비용을 포함한 여러 가지 영업비용 또는 잡비(petties) 등이 있는데 이들을 매도인과 매수인이 각각 어느 정도 부담하는가에 따라 상품의 단가가 달라진다.

2) 가격의 표시통화

물품의 수출입대금을 결제하는 데는 화폐가 필요하며, 어느 나라 통화로 결제하느냐 하는 것은 환율의 변동에 따르는 환위험을 회피하는 데 중요하다. 즉 거래통화를 자국통화로 할 경우 아무런 환위험이 개재되지 않으나 상대방 국가의 통화나 제3국의 통화로 표시할 경우에는 환위험이 수반된다. 따라서 수출입업자는 무역계약 시 통화의 교환성, 안정성, 유통성 등을 고려하여 물품대금의 결제통화를 결정하여야 한다.

2. 계약이행에 관한 조건

(1) 선적조건

오늘날 선적(shipment)의 의미는 계약물품을 선적항의 지정 선박에 적재하는 것뿐만 아니라 항공기에 적재하거나 운송인(carrier)에게 인도하는 것까지를 포함하며, 선적조건에서는 주로 선적시기, 분할선적 또는 환적의 허용 여부 등에 관하여 약정한다.

1) 선적시기

① 특정월 선적

'Shipment shall be effected during September, 1999' 또는 'September Shipment'라

고 선적시기를 약정하는 방법인데, 이 경우, 수출업자는 1999년 9월 1일부터 9월 30일까지의 1개월 중에 선적을 이행하여야 한다.

② 특정연월(連月) 조건

'Shipment shall be effected during September and October, 1999' 또는 'September and October Shipment'라고 약정하는 방법인데, 이 경우, 수출업자는 1999년 9월 1일부터 10월 31일까지의 2개월 중에 선적을 이행하여야 한다. 그리고 'Shiment shall be effected during October, November and December, 1999' 또는 'October~ December Shipment'라고 약정한 경우에는, 1999년 10월 1일부터 12월 31일까지의 3개월 중에 선적이 이행되어야 한다. 이와 같은 '특정연월 선적조건'을 '연월(連月)선적조건'이라고도 한다.

③ 특정기간선적

'Shipment shall be made till September 15, 1999'과 같이 '1999년 9월 15일까지 선적'이라고 되어 있으면 9월 15일 당일까지 선적하면 된다. 또한 'Shipment shall be made within 30days after receipt of L/C'와 같은 날로부터 30일 이내에 선적하면 된다.

여기서 유의해야 하는 것은 기간용어 및 일자용어인바 'from', 'till', 'until', 'to'는 당해일을 포함하며 'after'는 당해일을 제외한다. 또한 'on or about'는 지정일로부터 5일 전후로 이루어지는 기간을 지칭한다.

최종선적일(laterst shipping date)을 표시하는 형태로 'Shipment shall be made May 10, 1999' 혹은 'Shipment shall be made on or about May 10, 1999' 등으로 표시하기도 한다. 앞에서 본 바와 같이 이때의 'on or about'는 '당해 일자 또는 그때쯤'이라는 뜻으로 당해 일자의 양단일을 포함하여 5일 전부터 5일 후까지의 기간을 의미한다.

또한 선적에 관한 용어 중 'forst half', 'Second half'라는 용어는 '1일부터 15일', '16일부터 30일'이라는 개념이고 'beginning', 'middle', 'end'라고 되어 있으면 '초순', '중순', '하순'이라는 뜻이다.

④ 즉시선적

이것은 선적시기를 약정하지 아니하고, 'prompt shipment', 'immediate shipment', 'Shipment as soon as possible' 등의 표현과 같이 막연하게 선적시기를 약정하는 방법이다. 이와 같은 방법으로 선적시기를 약정하는 경우에는 수출입의 당사자 간에 선적시기에 관한 분쟁이 야기되기 쉽다. 그러므로 이러한 방법으로는 선적시기를 위와 같이 약정하는 것을 삼가야 한다.

2) 분할선적과 환적

① 분할선적

분할선적(Partial Shipment)이란 계약상품을 선적하지 못하고 2회 이상 분할하여 선적하는 경우를 의미하며, 할부선적은 계약당사자에 의해 선적수량·선적일자가 각각 정해져 있는 경우이다. 그리고 이러한 분할선적은 신용장상에 별도의 금지규정에 관한 내용이 표시되지 않는 경우에는 허용된다. 따라서 매수인은 분할선적의 내용에 특수한 조건이나 또는 분할선적을 금지시키고자 할 경우에는 금지규정을 계약의 조건에 명시하여야 한다. 그러나 동일항해의 동일선박에 의한 선적은 비록 선하증권의 일부가 다르거나 또는 상이한 선적항이 표시되어 있다 하여도 그것은 분할선적으로 간주하지 않는다.

② 환적

환적(換積: Transhipment)이란 선적된 화물을 다른 선박이나 운송기관에 다시 적재하는 경우를 의미한다. 일반작으로 환적은 귀중품이나 파손되기 쉬운 상품의 경우에는 미수인에 의하여 금지되는데, 이에 대해서는 사전에 명확히 합의하는 것이 바람직하다.

3) 선적일자의 증명

선적일자는 일반적으로 운송서류의 일부(日附)일(B/L date)로 간주하는 것이 무역관습으로 되어 있다. 선적선하증권의 경우에는 선적의 일부일을, 수취선하증권 (Received B/L)의 경우에는 후일 선적이 완료되었음을 나타내는 문언을 해당 선하증 권이나 운송서류 면에 운송인 또는 그 대리인이 부기(notation)하고, 이에 기입하는 일부일을 선적일로 간주하고 있다.

2. 결제조건

무역계약에서는 매도인의 물품인도와 매수인의 대금결제(payment)로 이루어지므 로, 수출업계약에서는 전술한 선적조건과 더불어 대금결제조건이 그 근간이며 핵심 을 이룬다. 이러한 결제조건은 다음에 열거될 여러 가지 대금결제방식 가운데 어느 것을 채택할 것인지 결정해야 한다.

1) 대금결제의 시기(time of payment)

① 선지급조건(advanced payment)

물품이 선적이나 인도되기 전에 미리 대금을 지급하는 선지급조건으로 상품의 구 매를 주문과 동시에 현금결제가 이루어지는 CWO(Cash with Order)방식과 주문과 함께 T/T(Telegraphic Transfer) 등에 의해 송금하는 이른바 단순송금방식(remittance base) 및 선대신용장(red clause L/C, packing L/C)에 의해 신용장통지도착 수익자 (beneficiary)인 매도인의 신용장 수취와 더불어 미리 대금의 일부를 결제하는 선대 신용장방식 등을 들 수 있다.

② 동시지급조건(concurrent payment)

물품의 선적 또는 인도나 물품을 화체(化體)한 운송서류의 인도와 동시에 대금결 제가 이루어지는 동시지급조건에는 COD(Cash on Delivery: 상품인도 결제방식), 즉 현물인도와 동시에 현금결제가 일어나는 조건과 CAD(Cash against Documents: 서류 인도 결제방식), 즉 선하증권을 위시한 보험증권(insurance policy), 상업송장(commercial invoice) 등 운송서류인도와 동시에 현금결제가 이루어지는 조건이 있다.

신용장에 의한 거래에서 어음발행인(drawer), 즉 매도인에 의해 발행된 어음이 어음지급인(drawee), 즉 매수인에게 제시되면 매수인(drawee)이 이를 일람(at sight)함과 동시에 어음대금을 지급해야 하는 일람출급어음(sight bill, sight draft, demand draft)으로 결제되는 일람지급방식(at sight base)과 어음을 추심(collection)해서 대금을 회수하는 경우, 즉 무신용장거래(transaction without L/C)에서 어음이 매수인(drawee)에게 제시되었을 때 어음대금지급이 있어야 운송서류가 그에게 인도되는 지급인도방식(D/P: documents against payment base) 등이 있다.

③ 후지급조건(연지급, deferred payment)

물품의 선적 또는 인도나 운송서류의 인도가 있은 후 일정한 기간이 경과되어야 대금결제가 이루어지는 외상거래조건이 곧 연불(후지급)조건이다. 후지급에는 단기연지급과 중장기연지급의 두 가지로 구분할 수 있는데, 단기와 중장기의 구분기준이 일정하지 않아 통일적으로 말하기는 어려우나 통상 물품의 선적이나 인도 후 또는 운송서류의 인도 후 1년 이내에 결제되면 단기연지급, 그 이상의 기간, 즉 1년 초과 10년 이내(때로는 20년까지)의 기간에 결제되면 중장기연지급이라 할 수 있다.

④ 혼합조건

선지급, 동시지급 및 후지급방식을 혼합한 결제조건으로는 누진지급(progressive payment basis) 방식을 들 수 있다. 누진지급은 대금을 일시에 결제하지 않고 계약 시, 선적 시, 선착 시 등으로, 또는 공정에 따라 분할해서 지급하는 방식으로 분할지급(instalment payment)의 형태를 취하는 것이므로 앞서 말한 중장기연불방식은 분할지급을 택하므로 누진지급의 일종이라 볼 수 있으나, 어디까지나 후지급(연불) 부분이 주이므로 연불수출로 분류하는 것이 일반적이다.

2) 대금결제의 방법(methods of payment)

① 현금결제조건

현금(cash)으로 수출입대금을 직접 결제하는 방식으로는 CWO와 COD 및 CAD 등이 있고, 이 밖에 수취증상환지급신용장(payment on receipt L/C)에 의한 결제에도 서로 어음의 발행 없이 바로 현금결제방식을 취한다.

② 어음결제조건

매도인이 매수인을 지급인으로 하는 어음을 발행하여 이를 매입(negotiation) 또는 추심(collection)을 하여 수출대금을 회수하는 역환방식(逆換方式)을 활용하며 때로는 신용장개설은행을 지급인으로 하는 어음을 발행하기도 한다.

무역거래에서 쓰이는 어음은 화환어음(documentary bill/draft)이 원칙이고 또 일반 적이지만 드물게는 무담보어음(clean bill/draft)에 의하는 경우도 있다. 전자는 어음 에 선하증권이나 보험증권 등의 운송서류가 담보물로 첨부되어 당해 어음의 지급불 능(default)이나 지급거절(unpaid)과 같은 어음사고가 발생하였을 경우 선하증권으로 물품을 찾아 이를 매각하거나 보험증권으로 보험금을 찾아 전보(塡補)를 받을 수 있는 안전한 어음이며, 후자는 운송서류를 첨부하지 않고 어음만 발행함으로써 담 보물이 첨부되지 않은 불안전한 어음이다. 따라서 전자는 은행에의 매각, 즉 은행의 어음매입(negotiation)이 자유롭고 후자의 경우는 은행이 매입에 선뜻 응하지 않기 때문에 유의할 필요가 있다.

한편 무역거래에서 사용되는 어음을 신용장에 의한 어음과 무신용장거래에 의한 어음으로 대별할 수도 있다. 즉 신용장방식에 의한 거래에서 쓰이는 어음은 기술한 바와 같이 일람지급어음(sight bill)과 기한부어음(usance bill)이며, 무신용장거래인 추심결제방법에 의한 수출입에서 발행되는 어음은 기술한 D/P어음과 D/A어음이다.

③ 송금환결제조건

전신환(T/T: Telegraphic Transfer)이나 우편환(M/T: Mail Transfer)에 의하여 송금

함으로써 대금을 결제하는 조건으로는 전술한 단순송금방식에 의한 수출입거래를 가장 대표적인 것으로 들 수 있다. 누진지급 또는 분할지급방식의 경우에도 이러한 T/T나 M/T가 활용되며 중장기연불수출입에서도 순수한 연불 부분을 제외한 선수금 부분과 공정별 지급부분은 일반적으로 송금환에 의해 결제된다.

3) 대금결제의 통화

무역계약에서 대금을 결제하기 위한 통화는 일반적으로 ① 자국통화로 결제하는 방법, ② 상대국국가의 통화로 결제하는 방법, ③ 제3국의 통화로 결제하는 방법 등 세 가지가 있다. 이 중에서 어느 통화로 결제할 것인가는 당사자 간의 합의나 협정된 방법에 의해 이루어지는 것이 원칙이다.

제6장 국제정형거래와 INCOTERMS

제1절 국제정형거래와 INCOTERMS의 개요

무역거래는 매도인과 매수인의 상호합의에 의한 물품매매계약에서 시작되므로 당사자의 의무사항은 여러 가지로 구성될 수 있다. 그러나 이러한 의무사항을 매번 계약 시마다 일일이 합의한다는 것은 상당히 번거롭고 부정확할 수 있다. 여기서 정형거래조건(Trade Terms)이란 물품이 매도인으로부터 매수인에게 이르기까지 운송과 수출입통관을 비롯하여 모든 비용과 위험부담의 당사자를 구분해 주는 국제매매계약의 주요소를 말한다. 그런데 이러한 정형거래조건도 국가나 지역별로 상관습과 법체계가 달라 종종 그 해석상의 오해와 분쟁이 야기되기도 하였다.

이러한 무역거래의 불확실성을 해소하기 위하여 1920년대부터 국제상업회의소(ICC)가 중심이 되어 개발한 무역거래조건의 해석에 관한 국제적인 규칙을 이른바 International Commercial Terms(Incoterms)라고 칭한다. 이 규칙의 공식명칭은 정형거래의 해석에 관한 국제규칙(International Rules for the Interpretation of Trade Terms)으로서 1936년에 처음 제정되었다.

1. INCOTERMS의 의의

INCOTERMS란 무역조건의 해석에 관한 국제규칙(International Rules For the Interpretation of the trade Terms)의 의미로 통상 International Commercial Terms의 약자를 말한다. 이는 국제무역 거래당사자들 간에 법률, 언어, 화폐제도 및 관습이 다르

기 때문에 일어나는 무역거래의 분쟁을 사전에 예방하기 위하여 1920년에 창립된 국제상공회의소(International Chamber of Commerce)가 1936년 첫 제정을 하였으며, 2000년 1월 1일 시행령으로 다시 개정되었다. INCOTERMS는 무역거래당사자들 간의 참고규칙일 뿐 강제규칙이 아니므로 거래당사자가 준거규칙으로 채택할 것을 합의한 경우에만 유효하며, 당사자 간의 특약이 있을 경우 특약이 우선 적용된다.

국제운송에서 INCOTERMS의 의의는 국제운송 자체가 무역과 밀접한 관련이 있다는 데 있다. 그 기준점을 INCOTERMS가 제공해 주고 있다. 즉 매도인과 매수인의 위험의 분기점과 비용부담의 기준을 제공해 주고 있다. 또한 적하보험에서도 마찬가지로 INCOTERMS의 의의는 적하보험 자체가 무역과 밀접한 관련이 있다. 즉 무역거래상 수출입업자 간의 권리 및 책임소재 유무에 대한 명확한 판단이 필요하듯이 보험금의 지급 시에도 보험금 수취권리와 실제 피보험이익을 가지고 있는 당사자에게 보험금이 지급되어야 하기 때문이다. 즉 적하보험 역시 무역거래의 한 축으로 국제거래상 인정되는 규정 및 법규를 따라야 하며, 그 기준점은 INCOTERMS에 있다고 할 수 있다.

(1) 목 적

매매당사자들에게 다 같이 공통적으로 적용될 수 있도록 중립적이고 합리적인 국제규칙을 제공함으로써 각국에 일반적으로 사용되고 있는 무역거래조건에 대한 상이한 해석으로 인한 오해와 마찰, 기타 예견치 못한 위험요인을 제거 또는 경감하는 데 목적을 두고 있다.

(2) 법적 성격

무역거래조건의 해석에 관한 국제규칙이라고는 하지만 그 자체가 국제적으로 통일된 조약이나 법률과 같은 수준의 강제력을 갖는 것은 아니다. 이는 어디까지나 국제상업회의소에서 마련한 여러 무역거래조건의 국제적인 해석기준에 불과한 것이다. 그러므로 이 규칙은 각 국가에서 공식적으로 채택하거나 법률에 의하여 적용되는 것이 아니고, 오직 매매당사자들의 선택에 의하여 임의로 적용되는 것이다. 따라서 실무적으로 매매당사자 사이에 무역계약서를 작성할 때에는 당해 거래에 있어서 먼저 어느 국가의 법률을 적용할 것인가에 관한 준거법(Governing LAW)의 조항을 명시적으로 합의해 두어야 한다.

2. INCOTERMS의 구성

INCOTERMS는 모두 네 그룹(Group)으로 구성되어 있다.

〈표 6-1〉 INCOTERMS 2000의 구성

GROUP(그룹명)	전신부호	비　고
GROUP E DAPARTURE (출하조건)	EXW	EX WORKS(공장인도조건)
GROUP F MAIN CARRIAGE UNPAID (주요운임매수인부담조건)	FCA	FREE CARRIER(운송인인도조건)
	FAS	FREE ALONGSIDE SHIP(선측인도조건)
	FOB	FREE ON BOARD(본선인도조건)
GROUP C MAIN CARRIAGE PAID (주요운임매도인 부담)	CFR	COST AND FREIGHT(운임포함조건)
	CIF	COST INSURANCE AND FREIGHT (운임 · 보험료포함조건)
	CPT	CARRIAGE PAID TO(운송비지급조건)
	CIP	CARRIAGE AND INSURANCE PAID TO (운송비 · 보험료지급조건)
GROUP D ARRIVAL (도착조건)	DAF	DELIVERED AT FRONTIER(국경인도조건)
	DES	DELIVERED EX SHIP(착선인도조건)
	DEQ	DELIVERED EX QUAY(부두인도조건)
	DDU	DELIVERED DUTY UNPAID(통관미필인도조건)
	DDP	DELIVERED DUTY PAID(통관인도조건)

1) Group E(Depature)

출발지인도조건으로 매도인은 자신의 작업장 구내에서 물품을 매수인에게 인도하는 것으로 공장인도조건(EXW)이 있다.

2) Group F(Main Carriage Unpaid)

운임미지급조건으로 매도인은 매수인이 지정한 운송인에게 물품을 인도하고 목적지까지의 주 운임은 지급하지 않는 조건이다. 이 그룹에는 운송인인도조건(FCA), 선측인도조건(FAS), 본선인도조건(FOB) 등이 있다.

3) Group C(Main Carriage Paid)

운임지급필조건으로 매도인은 기본적으로 목적지까지 운송계약 또는 보험계약을 체결하고 주 운임을 지급하지만 선적 후의 위험이나 추가비용을 부담하지 않는 조건이다. 이 그룹에는 운임포함조건(CFR), 운임·보험료포함 인도조건(CIF), 운송비지급조건(CPT), 운송비·보험료지급조건(CIP) 등이 있다.

4) Group D(Arrival)

도착지인도조건으로 매도인은 물품을 도착지까지 운송하는 데 따른 모든 위험과 비용을 스스로 부담하여 매수인에게 인도하는 것이다. 이 그룹에는 국경인도조건(DAF), 착선인도조건(DES), 부두인도조건(DEQ), 통관미필인도조건(DDU), 통관인도조건(DDP) 등이 있다.

제2절 INCOTERMS의 유형별 무역조건

1. 출발지인도조건

(1) 공장인도조건(EXW)

공장인도조건은 수출업자의 책임담보구간이 최소화한 무역조건으로 수출업자는 육상운송이 개시되는 시점까지의 화물에 대한 책임을 지며, 그 이후부터는 수입업자의 피보험이익이 발생하여 수입업자가 적하보험을 부보하여야 하는 조건이다. 공장인도조건은 매도인이 자신의 작업장, 공장, 창고 등과 같은 장치장에서 매수인에게 인도가 가능하도록 계약물품을 준비하기만 하면 매수인에 대한 그의 의무가 완료되는 것이다. 특히 별도의 합의가 없는 한 매도인은 매수인에 의해 제공된 운송수단에 물품을 적재하거나 수출통관을 행할 의무는 없다. 매수인은 매도인의 장치장에서 목적지까지 운반하는 데 소요되는 모든 비용과 위험을 부담한다. 따라서 공장인도조건에서는 매도인은 최소한의 의무를 부담하는 조건이라 할 수 있다. 또한 이 조건은 매수인이 직접 또는 간접적으로 수출절차를 감당할 능력이 없을 경우에는 사용될 수 없으며, 이러한 경우에는 운송인인도조건이 사용되어야 한다.

2. 운임미지급인도조건

(1) 운송인인도조건(FCA)

운송인인도조건의 경우 일정시간과 장소가 아닌 운송인에게 인도되는 시점을 비용과 위험의 분기점으로 하는 무역조건을 말한다. 이 조건은 운송방식에 관계없이 사용될 수 있기 때문에 복합적인 운송이 이루어질 경우 사용된다. 즉 운송인이 인도되는 시점부터 모든 책임과 의무는 매수인이 부담을 해야 하므로 매수인이 적하보험을 부보하여야 한다.

운송인인도조건은 매수인이 지정한 운송인에게 계약에서 지정된 장소 혹은 지점에서 수출통관을 이행한 상태로 인도하였을 때 매도인의 인도의무가 종료됨을 의미하는 것이다. 만약 매수인이 특정지점을 지정하지 않았을 경우, 매도인은 운송인이 물품을 인수할 수 있는 특정한 장소 또는 지역을 선택할 수 있다. 상관습에 따라 매수인이 운송인(철도, 항공운송인)과 운송계약을 체결할 때 매도인의 도움이 필요하면 매도인은 매수인의 위험과 비용으로 운송계약을 체결할 수 있다. 이 조건은 복합운송을 포함하여 모든 형태의 운송에 사용될 수 있다.

운송인이라 함은 운송계약을 체결하여 철도, 육로, 해상, 항로, 내륙수로 및 복합운송방식에 의해 운송을 수행하거나 혹은 주선하는 사람을 의미한다. 만약 매수인이 매도인에게 어느 특정인, 예를 들면 운송인이 아닌 운송주선인에게 물품을 인도하도록 지시했다면 매도인이 그 운송주선인의 임의 처분하에 물품을 처분하였을 때 매도인의 의무를 종료하는 것으로 간주한다.

(2) 선측인도조건(FAS)

선측인도조건은 화물을 본선에 적재하기 위해 선측에 도착하거나 아니면 선적용구가 도달할 수 있는 장소에 도착할 때 그 화물의 모든 책임과 권리는 매수인에게 넘어가는 조건을 말한다. 이러한 선측인도조건은 일반화물의 매매보다는 본선 양륙시에 많은 비용이 발생하는 원목, 원면(RAW COTTON), 곡물 및 사료(GRAINS) 등에 많이 사용되는데, 이는 이러한 화물의 적재비용을 통상적으로 수입업자가 부담하기 때문이다. 선측인도조건은 물품이 지정선적항 부두의 선측이나 부선에 위치했을 때 매도인이 물품을 인도하는 자신의 의무를 완수함을 의미한다. 이것은 그 순간부터 매수인이 물품의 멸실이나 손상으로부터 발생하는 모든 비용과 위험을 부담하여야 한다는 것을 의미한다. 선측인도조건은 매도인이 물품의 수출검사를 이행해야 한다. 매도인이 직접적으로 혹은 간접적으로 수출통관절차를 이행할 수 없을 경우에는 이 조건이 사용되어서는 안 되며, 본 조건은 해상이나 내륙수로 운송에만 사용될 수 있다.

(3) 본선인도조건(FOB)

이 조건은 물품이 지정된 선적항에서 본선의 난간을 통과할 때 매도인이 인도하는 것을 의미한다. 이것은 매수인이 그 지점으로부터 물품의 멸실 또는 손상의 모든 비용과 위험을 부담하여야 한다는 것을 의미한다. FOB조건은 매도인에게 수출을 위하여 물품을 통관할 것을 요구하고 있다. 이 조건은 해상 또는 내륙수로운송에만 사용될 수 있다. 만일 당사자가 본선의 난간을 통과하여 물품을 인도할 의도가 없는 경우에는 FCA조건을 사용하여야 한다.

이 조건에서 매도인의 인도의무가 완료되는 시점은 지정된 선적항에서 약정물품이 본선의 난간(Ship's rail)을 통과하는 시점이다. 따라서 이 시점은 매도인과 매수인 사이의 위험 및 비용의 분기점이 되는 것이다. 즉 매도인은 물품이 본선의 난간을 통과할 때까지의 물품의 인도과정에서 발생되는 모든 비용을, 매수인은 선창내 적부비용(Stowape)을 포함하여 그 이후 발생하는 모든 비용을 부담한다.

3. 운임지급인도조건

(1) 운임포함조건(CFR)

운임포함조건은 매도인이 선박의 본선까지 계약물품을 인도하여야 하며, 일단 화물이 본선의 난간(Ship's rail)을 유효하게 통과한 그 이후로는 매수인의 위험과 비용부담이 된다.

이 조건은 선적항에서의 약정품의 선적원가(cost), 목적항까지의 운임(freight)을 포함한 복합가격으로 계약을 체결하는 것이다. 이러한 운임포함조건(CFR)은 운임·보험료포함조건(CIF)의 변형으로서 그 기본적 성격은 CIF조건과 동일하다. 그러나 CFR조건은 선적지항에서 양륙지항까지의 물품의 멸실 및 손상의 위험에 대한 부보(附保)는 매수인에게 그 의무가 있는 데 반해 CIF조건에서는 매도인이 그 의무를 지고 있음이 유일한 차이라고 할 수 있다.

이 조건은 FOB조건과 마찬가지로 해상운송 또는 내륙수로운송을 전제로 하는 무역계약에만 사용할 수 있는 조건이다. 이 조건으로 무역계약을 체결하는 경우에 있어서의 매매가격에는 해상운임 또는 내륙수로운임이 포함된다. 따라서 CFR가격은 수출원가(export cost)에 해상운임 또는 내륙수로운임이 가산된 금액이라고 할 수 있다. 한편 목적지 항구에서의 양하비(charges for unloading)는 원칙적으로 수입업자가 부담하여야 할 비용이지만, 해상운임에 그것이 포함되어 있는 경우에는 결과적으로 수출업자가 부담하게 되는 비용이다.

(2) 운임·보험료포함조건(CIF)

운임·보험료포함조건은 선적항에서의 계약물품의 선적원가(cost), 목적항까지의 보험료(insurance) 및 해상운임(freight) 등 세 가지 복합요소가 하나의 거래조건에 통합된 계약형태다. 따라서 CIF조건은 인도장소를 중심으로 하는 FOB조건과는 달리 FOB가격(C)에 수입항까지의 해상보험료(I)와 해상운임(F)을 가산한 비용을 중심으로 하는 거래조건이다.

이 조건의 거래에 있어서 매도인은 자기의 위험과 비용으로 약정기간 내에 지정된 목적항까지의 운송계약을 체결하여 약정품을 선적하고 선적품의 위험에 대하여 해상보험을 체결하고, 선적서류를 취득하여 매수인에게 제공할 의무를 부담하는 한편, 매수인은 선적 이후의 약정품에 대한 모든 위험을 부담하는 동시에 그 선적서류와 상환으로 대금을 지급할 의무가 있다.

또한 이 조건은 FOB와 마찬가지로 위험의 분기점은 약정물품이 선적항에서 본선의 난간(ships rail)을 통과하는 시점이며, 해상운송 또는 내륙수로 운송을 전제로 하는 조건이다.

(3) 운송비지급조건(CPT)

운송비지급조건에서는 물품의 멸실이나 손상에 대한 위험부담은 수출국 내에서 운송인의 보관하에 (Into the Custody) 물품이 인도된 때에 매도인에게서부터 매수인에게로 이전된다. 복합운송의 경우처럼 운송형태(수단) 또는 운송구간별로 하청운송인 등 다수의 운송인이 운송을 분담함으로써 일관운송(Through Carriage)이 이루어지는 경우 필연적으로 1인 또는 여러 명의 후속운송인이 운송에 개입하게 된다. 이때에는 최초의 운송인에게 물품이 인도된 때에 물품에 대한 위험부담이 매도인으로부터 매수인에게로 이전된다.

또한 매수인 수송비를 제외하고 물품이 운송인의 보관하에 인도된 이후의 모든 추가비용은 매수인에게 귀속된다. 이 조건은 어떠한 운송형태에도 채용될 수 있으며, 특히 FCA나 CIP와 함께 복합운송에 적합하다. CPT조건하에서의 매도인은 물품의 수출통관을 이행해야 한다. 따라서 수출승인(E/L: Export Licence) 등 수출국 내에서의 수출에 관련된 모든 공적 절차는 매도인이 완수해야 한다.

(4) 운송비·보험료지급조건(CIP)

운송비·보험료지급조건은 운송도중에 발생될 수 있는 물품의 멸실이나 손상에 대한 위험에 대비하여 매도인이 매수인을 위하여 적하보험(cargo insurance)에 부보할 의무를 진다는 것 이외에는 CPT와 동일하다. CFR과 CIF의 관계는 CPT와 CIP의 관계와 같다고 할 수 있다.

이 조건에서는 매도인이 물품의 수출통관을 이행할 의무를 부담하며, 복합운송을 포함하여 어떠한 운송형태에도 사용될 수 있으나, 특히 복합운송의 경우에는 더욱 유용하게 이용될 수 있다는 점에서 FCA나 CPT조건과 공통점을 갖는다. 또한 이 조건에서 매매당사자 간의 책임분기점은 CPT조건과 마찬가지로 최초의 운송인이 된다. 따라서 매도인이 비록 운송도중의 물품에 대해서 운송보험을 체결하더라도 매도인의 책임은 물품을 최초의 운송인에게 인도, 보관시키는 시점에서 끝나기 때문에 운송도중의 위험에 대해서 책임질 필요는 없다.

CIP조건에서도 문제가 될 수 있는 점은 매도인이 매수인을 위하여 운송보험을 체결하고 보험료를 지불하는 점이다. 매도인은 자신을 위한 보험이 아니라 매수인을 위한 보험계약이기 때문에 가능하면 보험료를 적게 부담하려고 할 것이다. 이런 점 때문에 CIP조건에서도 매도인이 체결해야 할 보험을 엄격히 규정하고 있다. 그 내용은 CIF조건에서의 보험규정과 동일한데 단지 CIF조건에서는 해상보험이 체결되기 때문에 적하보험약관 중 최소의 담보조건으로 보험계약이 체결되도록 규정하고 있다. 그러나 CIP조건은 주로 복합운송에서 사용되기 때문에 해상보험의 약관을 이용하도록 획일적으로 규정할 수 없어 보험조건은 당사자가 합의하도록 하고 있다.

4. 도착지인도조건

(1) 국경인도조건(DAF)

국경인도조건 수출통관된 물품을 지정된 국가의 관세선(the customs border) 이전의 접경지대(지정장소)에서 매수인에게 인도할 때에 매도인의 모든 의무가 완수되는 조건이다. 따라서 매도인은 지정된 국경인도장소까지의 모든 위험과 비용을 부담하여야 한다. 여기에서 국경(frontier)이란 수출국의 국경은 물론 기타 어느 국가의 국경도 포함되는 개념이며 정확히 국경을 통과하기 바로 전의 지점이므로 매도인이 수입통관을 할 의무가 없다.

국경인도조건은 주로 해상운송이 필요 없는 내륙국 간의 거래에 사용되어 온 조건이나 영국에서 해상운송을 거쳐 유럽의 어느 국가의 국경에서 물품을 인도하는 경우에도 사용되고 있음을 볼 수 있다.

(2) 착선인도조건(DES)

착선인도조건은 물품이 지정된 목적항에서 수입통관되지 않고 본선 상에서 매수인의 임의처분상태로 놓였을 때 매도인이 인도하는 것을 의미한다. 매도인은 양륙하기 전에 지정된 목적항까지 물품을 운송하는 데 따른 모든 비용과 위험을 부담하여야 한다. 당사자가 물품의 양륙비용 및 위험을 매도인에게 부담시키고자 하는 경우에는 DEQ조건을 사용하여야 한다. 이 조건은 물품이 해상 또는 내륙수로 또는 복합운송에 의해 목적항의 본선 상에서 인도될 경우에만 사용될 수 있다.

착선인도조건으로 무역계약을 체결한 수출업자는 자기 자신을 위하여 해상보험계약을 체결하고서 해상보험료도 지급하여야 하며, 또한 수출업자는 목적항까지의 운송을 위한 해상운송계약을 체결하고서 해상운임도 지급하여야 한다.

(3) 부두인도조건(DEQ)

부두인도조건은 물품이 지정된 목적항의 부두 상에서 수입통관되지 않고 매수인의 임의처분상태로 놓였을 때 매도인이 인도하는 것을 의미한다. 매도인은 지정된 목적항까지 물품을 운송하고 부두 상으로 물품을 양륙하는 것에 따른 모든 비용과 위험을 부담하여야 한다. DEQ조건은 매수인에게 수입을 위하여 물품을 통관하도록 요구하고, 또한 수입 시의 모든 절차비용, 관세, 조세 및 기타 비용을 매수인에게 지불하도록 요구하고 있다. 이것은 매도인에게 수입통관절차를 이행하도록 요구하고 있던 이전의 Incoterms 1990과는 반대되는 것이다. 만일 당사자가 물품의 수입 시에 지불해야 하는 비용의 전부 또는 일부를 매도인의 의무에 포함시키고자 하는 경우에는, 매매계약에서 이러한 취지에 관한 문언을 명시적으로 추가함으로써 이를 명확하게 하여야 한다.

부두인도조건은 물품이 해상 또는 내륙수로 또는 복합운송에 의해 목적항의 본선으로부터 부두로 양륙 시 물품이 인도될 경우에만 사용될 수 있다. 그러나 만일 당사자가 부두에서 창고, 터미널, 운송역 등과 같은 항구 내 이외의 다른 장소로 물품을 운반하는 위험과 비용을 매도인의 의무에 포함시키고자 하는 경우에는 DDU 또는 DDP조건을 사용하여야 한다.

(4) 통관미필인도조건(DDU)

통관미필인도조건 또는 관세미지급인도조건은 매도인의 지정된 목적지에서 수입통관을 이행하지 않고 도착된 운송수단으로부터 양륙하지 않은 상태로 매수인에게 물품을 인도하는 것을 의미한다. 매도인은 목적지 국가에서 수입을 위한 모든 관세[10] 이외에 그곳까지 물품을 운송하는 데 따른 비용과 위험을 부담하여야 한다. 이러한 관세는 적시에 물품의 수입통관을 이행하지 못함으로써 생긴 모든 비용 및 위험과 마찬가지로 매수인이 부담해야 하는 것이다.

매도인이 통관절차를 이행하고, 그로부터 발생하는 비용 및 위험, 그리고 물품의 수입 시에 지불해야 하는 비용의 일부를 부담하도록 당사자가 원하는 경우에는, 매매계약에서 이러한 취지에 관한 문언을 명시적으로 추가함으로써 이를 명확하게 하여야 한다.

통관미필인도조건은 운송수단에 관계없이 사용될 수 있지만 인도가 목적항의 본선 상 또는 부두 상에서 이행되는 경우에는 DES 또는 DEQ조건을 사용하여야 한다.

(5) 통관인도조건(DDP)

통관인도조건 또는 관세지급인도조건은 매도인이 지정된 목적지에서 수입통관을 이행하고, 도착된 운송수단으로부터 양륙되지 않은 상태로 매수인에게 물품을 인도하는 것을 의미한다. 매도인은 목적지 국가에서의 수입에 필요한 모든 관세를 포함하여, 그곳까지의 물품의 운송에 따른 모든 비용 및 위험을 부담하여야 한다.

EXW조건이 매도인의 최소의무를 나타내는 데 비해, DDP조건은 최대의무를 나타낸다.

이 조건은 매도인이 직접 또는 간접적으로 수입허가를 취득할 수 없을 경우에 사

---

10) 이 용어는 통관절차를 이행하는 책임 및 위험 그리고 통관수수료, 관세, 조세 기타 비용의 지불을 포함한다.

용되어서는 안 된다. 그러나 당사자가 물품의 수입 시에 지불해야 하는 비용의 일부(예를 들면, 부가가치세(VAT))를 매도인의 의무로부터 제외시키고자 하는 경우에는, 매매계약에서 이러한 취지에 관한 문언을 명시적으로 추가함으로써 이를 명확하게 하여야 한다.

그리고 당사자 간의 합의에 의해 매도인이 부가가치세를 부담하지 않기로 합의한다면 'Delivered Duty Paid, VAT unpaid'처럼 명확하게 표시해야 한다. 관세지급인도조건은 매도인이 수입에 따른 모든 법적절차를 취해야 하는 점을 제외하고는 통관미필인도조건과 동일하다.

〈표 6-2〉 Incoterms의 정형거래조건별 비용과 위험의 분기점

부대비용 구분: 포장비~수출항본선적치비용 = 수출지발생, 해상운임·적하보험료 = 운송과정발생, 수입항양륙비~수입지내륙운송비 = 수입지발생

정형거래조건	기본원가 상품(제조.구매)원가	간접원가 사업부문별 간접원가	예상이익 이익	포장비	검사비	내륙운송비	최초운송인측인도비용	수출통관제비용	수출제세공과금	수출항부선사용료	운송서류제공비용	수출항본선적치비용	해상운임	적하보험료	수입항양륙비	수입관세	수입통관제비용	수입제세공과금	수입지내륙운송비
1. EXW	○	○	○	○															
2. FCA	○	○	○	○	○	○	○	○	△	○									
3. FAS	○	○	○	○	○	○	○	●	○	○									
4. FOB	○	○	○	○	○	○	○	○	○	○	○	○							
5. CFR	○	○	○	○	○	○	○	○	○	○	○	○	○		◈				
6. CIF	○	○	○	○	○	○	○	○	○	○	○	○	○	○	◈				
7. CPT	○	○	○	○	○	○	○	○	○	○	○	○	○						△
8. CIP	○	○	○	○	○	○	○	○	○	○	○	○	○	○					△
9. DAF	○	○	○	○	○	○	○	○	△										
10. DES	○	○	○	○	○	○	○	○	○	○	○	○	○		◈				
11. DEQ	○	○	○	○	○	○	○	○	○	○	○	○	○		○	★	★	★	
12. DDU	○	○	○	○	○	○	○	○	○	○	○	○	○		○				○
13. DDP	○	○	○	○	○	○	○	○	○	○	○	○	○	○	○	○	○	○	○

주: 1) ○표는 매도인 부담비용, 공란은 매수인 부담비용
2) △표는 필요에 따라 매도인 부담비용
3) ◈표는 정기선 운송 시 운임에 양륙비가 포함된 경우(매도인 부담비용)
4) 해상(내수로)운송 시 이용 가능한 조건: FAS, FOB, CFR, CIF, DES, DEQ
5) 운송형태와 관계없이 이용 가능한 조건: EXW, FCA, CPT, CIP, DAF, DDU, DDP
6) ●표는 인코텀즈2000개정 시 매수인의 의무에서 매도인의 의무로 추가 이전되었고
7) ★는 인코텀즈2000개정 시 매도인의 의무에서 매수인의 의무로 변경되었다.

제7장 국제무역거래와 신용장

제1절 신용장의 기초

국제간의 무역거래는 정치, 경제, 상관습 등을 달리하는 외국과의 거래이기 때문에 매우 복잡하면서도 많은 위험을 내포하고 있다. 그중에서도 중요한 것은 수출상이 물품을 선적하고 대금회수의 불안에 직면하게 된다는 것이다. 이러한 문제가 해결되지 않는 한 국제거래의 활성화를 기대하기 어렵고 각국은 이의 해결방안을 모색하게 되었다.[11]

수출대금회수에 대한 불안을 회피하기 위해서 수출업자는 선불을 원할 것이다. 그러나 수입업자의 입장에서는 물품을 인수하기 전에 대금을 먼저 지급할 자들은 그리 많지 않다. 이 문제를 해결하자면 매매당사자 특히 수입상을 대신하여 대금지급을 책임질 신용 있는 제3자의 출현이 가장 소망스러운 방법이다. 이런 대금지급을 책임질 수 있는 제3자로서 가장 적임자는 은행이나 은행은 상품에 대한 전문지식의 결여, 복잡한 법률관계의 개입 기피 등의 제약을 받으므로 신용장이란 결국 은행의 행동제약요인을 제거하여 은행으로 하여금 대금지급자의 지위를 맡을 수 있도록 매매계약을 은행편의위주로 개편, 제도화한 것이라 할 수 있다.

따라서 은행은 수입업자의 거래은행으로서 자기의 고객을 위해 수입업자 앞으로 발행되는 어음의 대금지급을 약속하는 보증서를 수출업자에게 보내줌으로써 수출업자로 하여금 대금회수에 대한 불안을 잊고 기꺼이 선적준비를 할 수 있게 한다. 수입업자 입장에서도 대금을 먼저 지불하는 것이 아니라 계약상품이 도착하는 시점에

---

11) 한국무역협회 국제무역연수원, 신용장, 1998, p.7.

서 은행에다 결제하므로 선불에 따르는 불안과 자금부담을 면할 수 있게 된다.[12] 이와 같이 신용장은 수출입 당사자들의 신용문제에 은행이 개입함으로써 국제거래를 활성화시키는 제도라고 할 수 있다.

1. 신용장의 정의와 특성

(1) 신용장의 정의

신용장(Letter of Credit: L/C)이란 매수인의 거래은행인 신용장개설은행이 신용장의 제 조건에 일치되고 약정기간 내에 신용장상에 요구하는 서류가 제시되었을 때 수익자인 수출상에게 대금의 지급을 확약한 증서를 말한다. 다시 말해 신용장은 특정은행의 조건부 지급확약으로서 한편으로는 상업신용을 은행신용으로 전환시켜 주는 일종의 금융수단이다.

화환신용장 통일규칙에서는 "화환신용장 및 보증신용장이란 표현은 그 명칭이나 표현에 관계없이 고객(개설의뢰인)의 요청과 지시에 따르거나 또는 은행 스스로를 위하여 행동하는 한 은행(개설은행)이 신용장의 제 조건에 일치하는 소정의 서류와 상환으로 제3자(수익자)에게 또는 그 지시인에게 지급을 행하거나, 수익자가 발행한 환어음을 인수하고 지급하거나, 다른 은행으로 하여금 이러한 지급을 하도록 하거나, 또는 이러한 환어음을 인수하고 지급하도록 수권하거나, 다른 은행으로 하여금 매입하도록 수권한 약정을 말한다."라고 정의하고 있다. 이와 같이 신용장은 신용장이 요구하는 서류를 제시했을 때 대금을 지급하겠다는 은행의 조건부 지급확약서라고 할 수 있다.[13]

---

12) 박대위, 신용장, 법문사, 1999, p.4.
13) 이용근, 전게서, p.332.

(2) 신용장의 특성

1) 서류엄격일치의 원칙

신용장거래에 있어서 분쟁의 대상이 종종 되는 것으로, 제시된 서류를 은행이 어느 정도의 주의를 갖고 검토해야 상당한 주의가 되는지에 관한 기준으로서 이른바 엄격일치의 원칙(Doctrine of Strict Compliance)을 두고 있다. 서류엄격일치의 원칙 (doctrine of strict compliance)이란 은행이 신용장조건에 엄격히 일치하지 않는 서류를 거절할 권리가 있다는 것을 말한다. 다시 말해 은행은 제시된 서류가 신용장조건과 문면상 일치된 것으로 판명되었을 때에만 지급할 수 있다는 원칙이다. 따라서 제시된 서류는 신용장조건에 엄격하게 일치하여야 하는 것이다.

신용장거래에서 매입은행은 개설은행의 특별대리인(special agent)이며, 그 개설은행은 수입상의 특별대리인이므로 대리인인 은행이 보호받기 위해서는 서류의 엄격일치원칙이 필요하다.

2) 독립성

무역거래에 있어서 매매당사자가 계약 시 지급조건에 신용장조건으로 약정하면 매수인인 수입상은 자신의 거래은행에 신용장개설을 의뢰한다. 그러나 일단 신용장이 은행에서 개설되면, 신용장은 그 기초가 되었던 매매계약이나 기타의 계약관계로부터 완전히 독립되어 자체적으로 별도의 법률관계를 형성하게 되는데, 이를 신용장의 독립성(independency of the credit)이라고 한다. 만약 신용장이 그러한 계약에 관한 참조사항을 언급하고 있다 하더라도 신용장의 당사자들은 이에 영향이나 구속을 받지 않는다.[14]

거의 모든 신용장은 매수인과 매도인 사이에 체결된 매매계약 등에 의거하여 발행되는 것이다. 즉 무역거래의 당사자는 매매계약의 지급방식으로서 신용장에 의한 방식을 선택한다고 합의하며 따라서 매매계약의 확정과 함께 매수인인 수입상은 자

---

14) 양영환, 오원석, 서정두, 전게서, p.61.

기의 거래은행에 의뢰하여 신용장을 발행한다. 그러나 신용장이 일단 은행에 의하여 발행되면 그 신용장은 그 근거가 되었던 매매계약으로부터 완전히 독립되어 그 자체로서 별도의 법률관계를 형성하게 되는 독립성을 갖게 된다. 만일 신용장이 그러한 계약에 관한 참조사항을 언급하고 있다 하더라도 신용장의 관계당사자들은 그 계약의 조건에 아무런 영향이나 구속도 받지 않는다.

이것은 신용장거래를 매매계약에 연계시키게 되면 은행이 매매계약의 내용을 일일이 확인하여야 하는바 이는 현실적으로 불가능하므로 이러한 구속으로부터 은행을 해방시켜 신용장거래가 원활하게 이루어지도록 함에 그 취지가 있다. 따라서 수입업자는 신용장의 조건이 매매계약의 조건과 다르다는 이유로 대금지급을 취소하거나 지연시킬 수도 없거니와 매매계약조건과 일치하지 않는 물품을 선적했다고 하여 대금지급을 취소 또는 지연시킬 수 없다. 마찬가지로 수출업자도 수입업자에 의해 매매계약이 취소되었다고 할지라도 신용장조건대로 이행을 하였다면 은행으로부터 대금을 지급받을 수 있다.

3) 추상성

신용장의 추상성(abstraction)이란 은행은 오직 신용장에서 요구하는 서류만 가지고 대금지급여부를 판단한다는 것을 말한다. 따라서 신용장거래는 오직 서류에 의해 거래하는 것이지 상품거래가 아니라는 점과 은행은 신용장조건에 일치하는 서류와 상환으로 대금을 지급한다는 원칙을 신용장거래의 추상성이라 한다. 신용장과 관련하여 선적서류를 자기자금으로 매입하거나 지급하는 당사자는 모두 은행들인데 은행은 상품에 관한 전문지식 결여 및 복잡한 계약관계 개입 기피라는 기본입장 때문에 매매당사자 간의 사실상의 거래내용에는 관여하기 어려운 특성을 가지고 있다. 따라서 은행이 매입이나 지급에 응할 때 부담하는 의무는 수출상이 제시한 여러 가지 서류가 신용장의 요구사항과 일치하는지, 또는 서류 상호간의 모순이 있는지의 여부에만 국한하여 서류심사를 하게 되고 선적된 상품의 불량이나, 사실상의 선적 여하에는 전혀 관여할 필요가 없는 것이다.

이 추상성의 결과에 따라 신용장거래를 '서류상의 거래'라 칭하게 되고 은행은 가장 간편한 의무만을 부담하게 되지만, 수입상은 계약조건과 다른 상품을 입수할 위험을 부담하게 되고 수출상은 서류작성상의 사소한 실수만으로 대금지급을 거절 당할 위험에 직면하게 되는 것이다.[15]

신용장거래는 물품의 거래가 아니고 서류상의 거래이다. 즉 신용장거래의 목적은 물품이 아니라 이와 인과관계에 있는 서류라는 것이다. 따라서 수입상은 물품이 미리 목적지에 도착하였다 하더라도 그 물품을 검사한 후 지급한다는 주장을 할 수 없다. 신용장거래의 원활한 결제에 필요한 법칙은 바로 서류가 외관상 정당하면 은행은 지급의무를 진다는 것이다.

따라서 신용장거래에 있어서 은행은 신용장조건과 문면상 엄격히 일치한 서류만을 수리하여야 하고, 신용장조건과 문면상 엄격히 일치하지 않는 서류는 수리 거절하여야 한다.

2. 신용장거래의 당사자와 거래과정

(1) 신용장거래의 당사자

신용장거래에 관계되는 자를 총칭해서 당사자 또는 관계당사자라고 한다. 관계당사자는 모든 신용장에 일정하게 등장하는 것이 아니고 신용장의 종류별 또는 개설은행의 사정에 따라 다르다.

1) 기본당사자

① 신용장개설의뢰인(Applicant)

신용장개설의뢰인 또는 신용장개설신청인은 수출업자와의 매매계약에 따라 수출업자 앞으로 신용장의 개설을 해 줄 것을 자신의 거래은행에 요청하거나 지시하는 자

---

15) UCP 500, 제4조.

를 말한다. 이 당사자는 보통 매매계약서상의 매수인(buyer)이며 수출업자(importer)가 되고, 은행으로부터 신용을 공여받기 때문에 수신매수인(accredited buyer), 신용장의 개설인이기 때문에 opener, issuer라고 불리기도 한다.

② 개설은행(Issuing Bank)

개설은행은 자기 고객인 개설의뢰인의 요청과 지시에 따라 수출업자(수익자) 앞으로 신용장을 개설하는 은행이다. 개설은행은 신용장의 조건에 따라 개설된 환어음을 지급, 인수 또는 매입할 것을 수출업자나 그 밖의 선의의 소지인에게 약정한다. 신용장거래는 개설은행이 신용을 토대로 모든 거래가 이루어지기 때문에 개설은행의 역할이 아주 중요하다.[16]

③ 수익자(Beneficiary)

신용장의 대금을 수취하는 자를 수익자(beneficiary)라고 한다. 수익자는 보통 수출업자(exporter)가 되며, 매매계약의 매도인(seller)이거나 송하인(shipper/ consignor)이다. 또한 수익자는 환어음의 발행인(drawer)이며, 신용장을 사용한다는 점에서 사용인(user)이고 채권자(accounter)이며, 신용을 받고 있다는 점에서 신용수취인(accreditee)이라고도 한다.

2) 기타 당사자

① 통지은행(Advising Bank)

신용장거래에서 통지은행은 개설은행이 발행한 신용장을 수익자의 소재지에 위치한 개설은행의 본점이나 지점 혹은 환거래은행을 통하여, 수익자에게 신용장이 발행된 사실과 그 신용장의 내용을 통지하는 은행이다. 일반적으로 이를 'Advising Bank', 'Notifying Bank', 'Transmitting Bank' 등으로 부른다. 통지은행은 개설은행의

---

16) 개설은행을 나타내는 표현으로는 'issuing bank', 'opening bank', 'credit writing bank', 'grantor'(신용공여은행) 등이 있지만 신용장통일규칙에서는 'issuing bank'를 사용하고 있다.

위탁을 받고서 수익자에게 신용장발행의 사실과 내용을 단순히 통지해 주는 은행으로 신용장에 대한 어떠한 책임이나 의무를 지거나 약정을 하지 않는다. 그러나 그 통지은행은 자기가 통지하는 신용장의 외면상의 진정성(authenticity)을 증명하기 위하여 상당한 주의를 기울여야 할 의무가 있다.

② 확인은행(Confirming Bank)

개설은행으로부터 수권되었거나 요청받은 제3은행이 신용장에 의해 발행된 어음의 지급 또는 매입을 추가로 확약하는 은행을 확인은행(confirming bank)이라고 한다. 신용장의 확인은 개설은행과는 독립적인 확약이며 개설은행에 대한 확인은행의 여신행위라고 할 수 있으므로 개설은행의 확인요구에 대해 반드시 응할 필요는 없다. 수출상은 수입상의 거래은행이 정치·경제적으로 대금회수의 위험이 있다고 판단되면 보통 수출상 소재지의 제3은행을 확인은행으로 하는 이른바 확인신용장(Confirmed L/C) 발행을 요청하게 할 수 있다,

③ 지급은행(Paying Bank)

수익자가 발행한 환어음에 대해서 직접 대금을 지급하여 주는 은행으로서 어음금액을 지급하도록 수권받은 은행을 지급은행(paying bank)이라고 한다.

지급은행은 개설은행의 예치환거래은행(depositary bank)으로서 예치환거래계약을 체결하고 개설은행의 예금계정(deposit account)을 설정하여 신용장조건과 일치되는 서류에 대하여 제시환어음 지급[17] 시마다 개설은행의 예금계정에서 당해 금액을 차감하면서 지급을 행하기 때문에 지급과 동시에 상환을 받게 된다. 그러나 어음지급에 대한 최종적 책임은 지급은행이 아니고 개설은행이 지게 된다.

---

17) 지급(Payment)이라 함은 개설은행의 요청에 따라 지정된 수출지의 특정은행(예치환거래은행) 또는 개설은행 자신이 매입은행 또는 수익자가 제시하는 서류를 받고 약정된 신용장금액을 액면가액 그대로 지급하는 것을 말한다.

④ 인수은행(Accepting Bank)

신용장조건에 따라 수익자가 발행하는 어음이 기한부어음(usance bill)일 경우 은행은 지급에 앞서 인수(acceptance)[18]를 하게 되는데 이러한 기한부어음을 인수하는 은행을 인수은행(accepting bank)이라고 한다. 인수은행은 어음의 인수행위에 의하여 그 환어음을 지급할 의무를 지게 되며 지급만기일에 어음금액을 지급하게 된다. 인수된 환어음에 대하여 수익자인 수출업자는 즉시 현금화를 원하게 되며 인수은행이 그 환어음을 할인하여 매입하거나 수출업자가 직접 금융시장에서 매도할 수가 있다. 일단 은행에서 인수한 환어음을 은행의 무조건 지급보증이 추가되므로 금융시장에서 유리하게 유통될 수 있다.

⑤ 매입은행(Negotiating Bank)

수익자는 신용장을 받은 후 상품을 제조하거나 구입하여 선적을 완료하면 신용장조건에 따라 수입업자 또는 신용장개설은행 혹은 개설은행이 지정하는 거래은행 앞으로 어음을 발행하고 이 어음에 신용장에서 요구하는 운송서류를 첨부하여 통지은행 또는 자기의 거래은행에 그 어음의 매입[19]을 의뢰하게 된다. 이때에 그 어음을 매입하는 은행을 매입은행이라고 한다. 매입은행은 신용장에 지정되어 있는 경우도 있고 아무런 제한이 없는 경우도 있다.

⑥ 상환은행(Reimbursing Bank)

신용장거래에서 상환은행은 신용장에서 지급, 인수 또는 매입은행에 대한 상환[20)]

---

18) 인수(Acceptance)라 함은 개설은행의 요청에 따라 지정된 수출지의 인수은행이 수익자 또는 매입은행에 대하여 기한부신용장의 어음을 기간만료 시 자행에 제시하면 대금을 지급하겠다고 하는 의사표시를 말한다.

19) 매입(Negotiation)이라 함은 수출지의 은행이 수출상이 제시하는 서류(환어음, 선적서류, 상업송장 등)를 할인가격(신용장금액에서 이자, 수수료 등을 공제한 금액)으로 사는 것을 말한다.

20) 상환(Reimbursement)이라 함은 수출지 또는 제3국에 소재하는 개설은행의 예치환거래은행이 개설은행의 요청과 지시에 따라 일람불 또는 기한부신용장의 대금을 어음수령과 동시에 지급하는 것을 말한다.

을 개설은행의 본·지점 또는 제3의 은행으로 청구하게 하는 경우 개설은행을 대신하여 상환업무를 수행하는 은행을 상환은행이라 하며, 개설은행이 당좌예금계정을 발행하고 있는 예치환거래은행(depository correspondent bank)이 이를 담당한다. 대금을 결제한다는 의미에서 결제은행(settling bank), 어음에 대하여 지급을 하는 은행이라는 점에서 어음지급은행(drawee bank)이라고도 한다.

(2) 신용장의 거래과정

신용장방식의 대금결제는 일반적으로 다음의 과정을 통하여 이루어지게 된다.

① 매수인인 수입상(신용장개설의뢰인)은 외국의 수출상인 매도인과 매매계약을 체결하면서 일반거래조건협정서나 매매계약서에 대금결제방법으로써 신용장에 의한 대금지급이 이루어지도록 합의한다.

② 무역거래물품이 수입제한품목인 경우에 있어서는 수입상은 관계기관, 단체, 조합 등에 수입승인을 신청하여 수입승인서(Import Licence: I/L)를 받는다.

③ 수입상은 자기 거래은행을 통하여 매도인 앞으로 수입신용장(수출업자의 입장에서 보면 수출신용장)을 주도록 의뢰한다. 이때 수입상은 발행될 신용장의 제 조건을 명시한 신용장개설신청서(Application for Irrevocable Documentary Credit)에 명확하게 기재하여야 한다.

④ 신용장개설을 의뢰받은 수입상 나라의 외국환은행(신용장개설은행)은 개설의뢰인의 지시를 준수하여 수익자 앞으로 신용장을 개설하여 수출상이 소재하고 있는 외국의 환거래은행(통지은행)에 신용장을 송부하여 신용장의 통지를 요청한다.

⑤ 수익자 소재지의 수출지의 통지은행은 신용장의 외관상의 진정성(眞正性)을 확인하여 수출상에게 신용장 도착을 통지한다. 이 경우 통지은행이 개설은행으로부터 확인의 추가를 요청받은 경우에는 별도의 확약문언을 기재한 통지은행 양식의 신용장을 통지한다.

⑥~⑨ 신용장을 수취한 수출상은 그 신용장조건이 매매계약조건과 일치하는가를 반드시 확인하고, 무역거래물품이 수출제한품목인 경우라면 이를 토대로 수출승인을

신청하여 수출승인서(Export License, E/L)를 신청하여 교부받는다. 신용장을 받은 수출상은 물품을 제조하거나 집하(集荷)하여 선적한 후, 신용장에서 요구한 선적서류와 환어음을 준비하여 신용장에서 지정된 지급·인수 또는 매입은행 또는 자유매입신용장의 경우에는 자신에게 유리한 은행에 이를 제시한다.

⑩ 수출지의 매입은행은 환어음 및 제시서류와 교환으로 수출상에게 환어음대금을 지급한다.

⑪ 매입은행은 수출상에게 지급한 환어음대금을 결제받기 위해 신용장개설은행에 환어음 및 서류를 송부한다.

⑫ 매입은행은 환어음대금을 개설은행에 상환 청구하여 수출대금을 상환받는다. 상환은행(결제은행)이 별도로 있을 경우에 매입은행은 선적서류를 개설은행 앞으로 송부하고 상환은행으로부터 수출대금을 상환받는다.

⑬ 개설은행은 매입은행으로부터 운송서류와 환어음이 도착하면 수입상에게 운송서류 도착을 통지한다.

⑭ 개설은행은 수입상으로부터 수입대금을 결제받고 운송서류를 인도한다. 만일 수입상이 개설은행에 대금을 불입하지 않고 선적서류를 먼저 인수하고자 한다면 개설은행에 수입담보화물보관증의 성격을 가지고 있는 대도증서(Trust Receipt: T/R)를 제공한다.

⑮ 선박회사는 화물이 도착하면 수입상에게 그 사실을 통지한다.

⑯ 화물도착통지를 받고 선적서류를 인수한 수입상은 선박회사에 선하증권을 제시하고 화물을 수령한다. 이때 수입상은 물품이 계약과 일치하는지의 여부를 검사하여야 하며 만약 물품이 계약에 부적합할 때에는 계약서에서 약정한 기일 내에 클레임을 제기한다.

물품은 이미 도착하였으나 선적서류가 도착하지 않았을 경우에는 개설은행으로부터 수입화물선취보증장(Letter of Guarantee: L/G)을 발급받아 운송인으로부터 미리 물품을 수령할 수 있다.

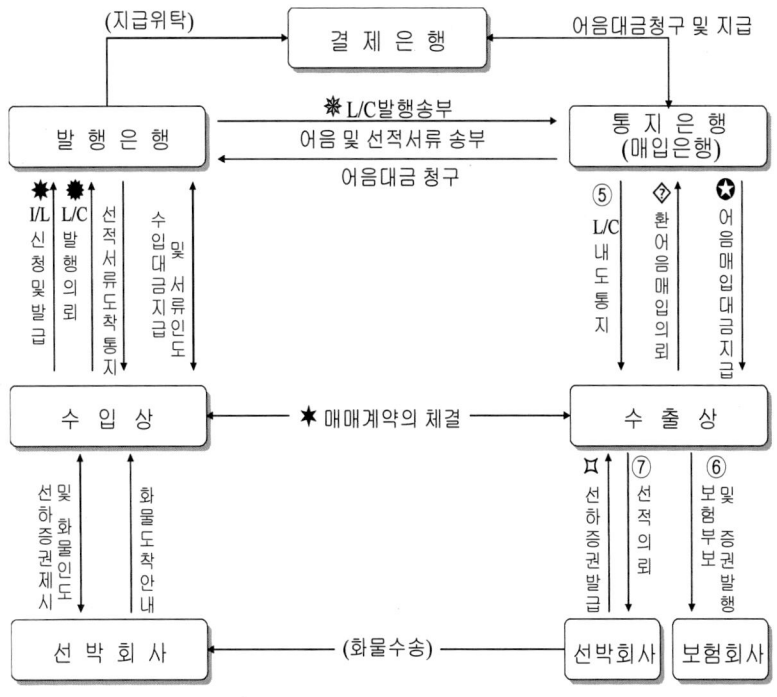

〈그림 7-1〉 신용장거래의 흐름도

제2절 신용장의 종류에 대한 이해

신용장의 종류를 구분하는 것은 절대적 기준이나 통일된 기준이 없다. 왜냐하면 무역거래를 하는 상인들의 편의에 따라 만들어진 수단이므로 그 형태나 기능이 다양하며 운송 및 통신수단의 발달 등 상업환경의 변화에 따라 새로운 신용장이 생겨날 수 있기 때문이다. 일반적으로 신용장의 분류는 개설주체, 사용목적, 표시통화, 개설행위, 용도, 매입자금의 상환방법, 운송서류의 첨부유무 등으로 분류할 수 있다.

이처럼 하나의 신용장이 보통 여러 가지의 종류를 겸하고 있는 것이 대부분이기 때문에 신용장 통일규칙에서도 종류별 특성에 관한 명문규정은 두고 있지 않다.

1. 화환신용장(documentary credit)과 무담보신용장(clean credit)

화환신용장(documentary credit)이란 수익자가 발행한 환어음에 신용장조건과 일치하는 선하증권, 상업송장, 보험증권 등의 운송서류를 첨부할 것을 조건으로 지급, 인수 또는 매입할 것을 확약하는 신용장을 말한다. 무담보신용장(clean credit)이란 환어음의 발행에 있어 운송서류의 첨부가 필요 없이 수익자가 발행한 환어음의 제시만으로 그 지급, 인수 또는 매입을 보증하는 신용장을 말한다.

2. 취소불능신용장(irrevocable credit)과 취소가능신용장(revocable credit)

취소불능신용장(clean credit)이란 신용장에 명기된 조건과 일치하는 한, 개설은행이 틀림없이 대금을 지급하겠다는 확약하에, 개설은행이 일단 신용장을 발행하여 수익자에게 통지된 이상 그 유효기간 내에는 신용장의 기본당사자 전원의 동의가 없이는 일방적으로 신용장의 취소나 내용의 변경이 불가능한 신용장을 말한다. 신용장 상에 'irrevocable'이라는 문자가 표시되어 있거나, 신용장 상에 취소불능 또는 취소가능의 어떠한 표시도 없는 경우에는 '취소불능신용장'으로 간주한다.

이 취소불능신용장은 개설은행이 수익자와 그 신용장에 의하여 발행된 환어음 또는 제시된 선적서류의 선의의 소지인(bona fide holder)에 대하여 그것이 신용장의 모든 조건에 합치되어 있는 한, 이 신용장이 확약하는 지급·인수 또는 매입을 이행해야 하므로 어느 한 당사자에 의해서 임의로 변경이나 취소될 수 없다. 또한 수익자의 개설은행에 대한 권리는 수출업자와 수입업자 간의 매매계약의 내용이나 그리고 수입업자와 개설은행 간의 계약관계에 구애됨이 없이 독립되고 절대적인 것으로서 이를 취소불능신용장의 독립성이라 한다.

취소가능신용장(revocable credit)이란 신용장을 발행한 은행이 수익자에게 사전에 아무런 통지 없이 일방적으로 신용장을 취소하거나 그 조건을 변경할 수 있는 신용장을 말한다. 신용장 상에 'revocable'이라는 표시가 되어 있으면 개설은행은 수익자의 동의 없이 일방적인 의사표시로 신용장의 매입통지가 있기 전에는 아무 때나 취소권을 행사할 수 있다.

3. 확인신용장(Confirmed Credit)과 무확인신용장(Unconfirmed Credit)

확인신용장(Confirmed Credit)이란 신용장개설은행의 신용도가 낮아 수익자가 수입자에게 개설은행 이외의 제3의 은행이 발행된 신용장에 대하여 지급보증해 줄 것을 요구하여 제3의 은행이 지급보증에 대한 확인을 해 주는 신용장을 말한다. 따라서 확인신용장은 개설은행이 도산하여 대금상환을 할 수 없는 상황이 발생하면 제3의 은행이 대금상환을 하여야 한다. 그리고 이때의 지급보증을 하는 제3의 은행은 국제적으로 신용도가 높은 은행이 되기 때문에 수익자는 안심하고 상품선적을 하게 된다. 확인신용장을 수익자가 요구하는 경우는 개설은행의 신용도가 낮은 경우와 수입국 내의 사회불안으로 외화자금결제가 동결될 가능성이 있는 국가에 수출하는 경우로서 수익자는 대금결제에 따르는 위험을 피하기 위하여 사용한다. 반면 불(不)확인신용장(Unconfirmed Credit)은 제3의 확인은행이 없는 일반적인 신용장을 의미한다.

4. 보통신용장(General Credit)과 특정신용장(Special Credit)

특정신용장(Special Credit)이란 신용장상의 수익자가 선적을 완료한 후 수출대금의 회수를 위하여 발행하는 환어음의 매입은행을 신용장에서 금융관계·자금의 수배 또는 업무상의 연락 등으로 특정은행에 한정하고 있는 것을 말하며, 이를 매입제한신용장(Restricted Credit)이라고도 한다. 보통신용장(General Credit)이란 신용장에서 어음의 매입을 특정한 은행으로 제한하지 않고 아무 은행에서나 매입할 수 있도록 된 조건의 신용장을 말하며, 이를 일반신용장, 자유매입신용장(Freely Negotiable Credit) 또는 개방신용장(Open Credit)이라고도 한다. 따라서 수익자의 입장에서 보면 자기의 거래은행에 매입시킬 수 있고, 또한 서비스나 기타의 조건의 유리한 은행에 매입시킬 수 있기 때문에 보통신용장이 훨씬 편리하다.

5. 일람출급신용장(Sight Credit)과 기한부신용장(Usance Credit)

일람출급신용장(Sight Credit)이란 환어음이 제시되면 지급인은 즉시 대금을 지급할 의무가 있는 신용장이다. 기한부신용장(Usance Credit)이란 발행된 환어음의 기간이 기한부인신용장으로 어음의 지급인에게 제시되면 즉시 인수가 이루어지고, 만기일(maturity date, due date)이 도래하면 지급할 것을 약속한 것이다.

6. 양도가능신용장(Transferable Credit)과 양도불능신용장(Non-Transferable Credit)

양도가능신용장이란 원래의 수익자가 신용장의 금액 전부나 일부를 제3자에게 양도할 수 있는 권한이 부여된 신용장을 의미하고, 양도불능신용장은 원래의 수익자가 제3자에게 양도할 수 없는 경우의 신용장을 말한다. 양도가능신용장에는 반드시 'Transferable'이라는 표시가 명시되어 있어야 한다. 그리고 양도가능신용장에 특별한 명시가 없는 한 동일국 내 또는 타국의 제3자에게 양도할 수 있으며, 양도는 1회에 한하여 가능하고 분할선적이 가능하면 분할양도도 가능하다. 그리고 양도가능신용장에 원래의 신용장에 나타나 있는 수익자를 First-Beneficiary, 양도가 이루어진 후에 나타나는 수익자를 Second-Beneficiary라 하고, 모든 책임은 Second-Beneficiary에게 이전된다.

7. 매입신용장(Negotiation Credit)과 지급신용장(Straight Credit)

신용장에 기재된 개설은행의 확약문언이 어음의 발행인(drawer), 배서인(endorser) 및 선의의 소지인(bona fide holder)에 대해서도 신용장에 의해서 발행되는 화환어음이 매입될 것을 확약하고 있는 신용장을 매입신용장(Negotiation Credit)이라 한다. 지급신용장(Straight Credit)이란 신용장에 의거한 화환어음의 매입 여부에 대해서는 아무런 명시가 없이 신용장개설은행 또는 그가 지정하는 은행에 수익자가 직접 화환어음을 제시하면 지급하겠다고 약정하는 신용장을 말한다.

8. 내국신용장(Local Credit)

내국신용장(Local Credit)은 수익자인 수출업자가 받은 원신용장(原信用狀)을 근거로 하여 수출품 또는 원자재 공급업자(make or supplier)에게 대금지급을 보증하기 위해 수익자가 원신용장의 통지은행 또는 거래은행에 의뢰하여 별도로 수출품 또는 원자재 공급업자를 수익자로 하는 신용장을 국내에서 발행하는데 이를 내국신용장이라고 한다.

내국신용장은 수출업자로 하여금 수출물품이나 수출용 원자재를 국내에서 손쉽게 조달할 수 있게 해 줄 뿐만 아니라 공급업자에게도 대금지급보증 및 수출금융의 혜택을 주며 내국신용장에 의한 공급실적을 수출실적으로 인정해 주고 있다.

제8장 국제해상운송과 해상보험

제1절 국제해상운송

1. 국제해상운송

해상운송(Shipping by Sea, Ocean Transportation)은 '바다 위에서 선박을 이용하여 사람이나 재화를 장소적·공간적으로 이동하는 현상'을 가리킨다. 해운이 다른 운송 부분과 구별되는 점은 '운송로'와 '운송수단'이 다르다는 데에 있다. 따라서 해상화물운송은 그중에서 상선(商船)에 의하여 이루어지는 국제간의 물품의 운송을 뜻한다.

해상운송은 항공운송, 육상운송과 비교하여 신속성, 편리성, 안전성, 정확성 등의 면에서는 뒤떨어지지만 대량성, 장거리성, 저렴성을 가지고 있다. 따라서 삼면이 바다이고 자원을 해외에 의존하고 있는 우리나라의 경우에는 화물운송의 대부분은 해상운송을 이용하고 있다. 물론 최근에 항공화물운송이 뚜렷하게 발달하고 있지만 무역화물의 수량 면에서 볼 때 해상운송화물은 아직도 압도적인 비중을 차지하고 있다.

(1) 국제해상화물운송의 형태

1) 정기선운송

정기선(liner)이라 함은 특정항로를 화물의 많고 적음에 관계없이 규칙적이고 반복적으로 운송하는 것이다. 정기선운송은 일정한 항로에 선박을 취항시켜 일정한 항해일정(sailing schedule) 및 운임률표(freight tariff)에 따라 운항하는 것을 공표하고 행하여지는 운송서비스를 말한다. 또한 정기선에 의한 잡화수송의 경우는 다수의 하주로부터 개개의 화물의 운송을 선박회사가 인수하는 계약이므로 개개의 운송계약서가 작성되지 않고 선박회사의 운송계약조건을 인쇄한 선하증권(bill of lading)에 선박회사가 서명하여 송하인(shipper)에게 교부하고 그 선하증권을 이의 없이 수취함으로써 송하인은 포괄적으로 인쇄약관에 의한 운송조건에 합의한 것으로 간주한다. 정기선운송방식의 특징을 요약하면 다음과 같다.

첫째, 사전에 작성되고 공표된 운항일정에 의해서 사전에 정해진 특정한 항로만을 반복운항한다. 둘째, 불특정 다수 하주의 소량화물이나 여객 및 우편물 등의 장거리수송을 주요대상으로 하고 있다. 셋째, 고정된 항로(route), 운임(tariff) 등에 의하여 선사마다 평등한 서비스를 제공하고 있다.

2) 부정기선운송

부정기선(Tramper)은 하주가 요구하는 그때그때의 시기 및 장소에 맞춰 불규칙적으로 운항하는 운송형태이다. 정기적으로 일정한 항로를 운항하는 정기선과는 달리 항로나 화물 또는 항해에 관한 아무런 제한을 받지 않고 집화(集貨)가 가능한 곳을 찾아 어느 곳이나 회항(回航)하기도 한다.

부정기선운송의 특징은 운송수요가 급증하는 화물과 운임 부담력이 약한 철광석, 곡물, 원당, 원면, 원목, 비료 등의 대량의 철물(bulk cargo)을 주로 운송하며, 운임은 그 당시의 수요와 공급에 의하여 결정되고 용선계약(charter party)에 의하는 것이 보통이다.

(2) 국제해상화물운송계약

1) 개품운송계약

일반적으로 정기선항로에 취항하는 정기선(liner)운송의 대부분은 개개의 화물을 운송하는 계약하에 여러 하주로부터 화물을 모아 혼합 적재하여 운송하는 방식을 취하고 있다. 이것이 개품운송계약(contract of affreightment in a general ship)이다. 즉 개품운송계약은 운송인(carrier)인 선박회사가 다수의 송하인의 개개의 화물을 운송하는 것을 인수하는 계약이다. 이 운송계약에 의한 운송형태는 통상 선박회사가 불특정 다수의 송하인으로부터 화물운송을 위탁받아 이들 화물을 혼재하여 운송하는 형태이다.

2) 용선운송계약

선주가 제공한 선박의 전부나 일부의 선복에 의하여 화물을 운송할 것을 약정하고, 이에 대하여 보수를 지급할 것을 약속하는 해상운송방법을 말한다. 용선계약에 이용되는 화물은 주로 특수한 화물로서 곡물, 석탄, 원목, 광석 등 1회의 적하가 대량일 때에 이용되며, 부정기선을 사용하는 것이 일반적이다.

용선운송계약은 일부용선계약(partial charter)과 전부용선계약(whole charter)으로 구별되고, 전부용선계약은 다시 어느 일정한 계약기간을 정하고 계약하는 기간용선계약(time charter)과 특정의 항구로부터 특정의 항구까지의 항해를 정해 계약하는 항해용선계약(voyage charter)으로 구분되며, 특수한 형태의 나용선이 있다.

① 일부용선계약(partial charter)

일부용선계약이란 용선운송계약 시에 선복의 전부를 빌리는 것이 아니고 일부만 차용하는 경우 체결되는 계약을 말한다.

② 전부용선계약(whole charter)

전부용선계약이란 용선계약 시에 선복의 전부를 빌리는 경우에 체결되는 계약을 말한다.

　　㉠ 항해용선계약(voyage charter, trip charter): 항해용선계약이란 일정한 항구에서 항구까지 화물의 운송을 의뢰하는 하주와 선주인 선박회사 간의 용선계

약을 말하는데, 이를 항로용선계약이라고도 한다. 항해용선계약의 경우 적하의 수량에 따라 운임을 계산하는 방식을 운임용선계약이라고 하며, 적량과는 관계없이 본선의 선복을 대상으로 하여 1항해에 대한 운임을 포괄적으로 약정하는 선복운임(lump-sum freight)에 의한 방식을 선복용선계약(lump-sum charter)이라고 한다.

ⓛ 기간용선계약(time charter): 기간(정기)용선계약(time charter)이란 선박을 일정한 기간을 정하여 용선하는 계약으로, 이 경우 선주는 일체의 선박부속용구를 갖추고 선원을 승선시키는 등 선박의 운항상태를 갖추어 선박을 소정의 항구에서 용선자에게 인도하여야 하므로 전부용선이 된다.

ⓒ 나용선계약(bareboat charter, Demise Charter): 나용선계약은 자본력이 약한 운항선사가 선복을 보충하면서 선대(fleet)를 늘리는 일종의 할부제도 내지 리스제도이다. 통산 나용선계약은 10~20일의 장기에 걸쳐 체결되고, 계약이 만료되면 선박의 소유권이 선주로부터 용선인에게 이전된다. 또한 나용선계약에서는 용선자가 일종의 대차방식에 의하여 선원의 수배는 물론 운행에 관한 일체의 모든 감독 및 관리권한까지 행사하도록 하는 것이 나용선계약[21]이다.

2. 선하증권(Bill of Lading: B/L)[22]

(1) 선하증권의 의의와 기능

1) 의의

선하증권(Bill of Lading: B/L)은 선주가 자기 선박에 하주로부터 의뢰받은 운송화물을 적재하고 또는 선적을 위하여 그 화물을 수취한 것을 증명하고, 이것을 도착

---

21) 다른 용어로 선박임대차라고도 한다.
22) 김동구·라공우·이기희, 무역실무, 두남, pp.220-229.

항에서 일정조건하에 수하인 또는 그 지시인에게 인도할 것을 약정한 유가증권이다.

2) 기능

첫째, 선하증권은 선장 또는 선주의 대리인으로서 정당한 권한을 부여받은 자가 서명한 화물수취증(receipt of goods)이다. 즉 선하증권은 선적된 화물의 수량, 중량 및 화물의 상태 등에 대한 추정적 증거(prima facia)가 된다.

둘째, 현시점에서 다른 더 완전한 운송계약이 없는 한, 송하인과 운송인 사이에서 협정된 구체적인 운송계약사항을 나타내는 증거서류의 역할을 한다.

셋째, 선하증권에 기재된 물건을 화체(化體)하는 권리증권(document of title)이다. 즉 선하증권의 법적 성질 중 가장 중요한 것은 무엇보다도 선하증권 자체가 그 화물을 대신하는 권리증권이라는 데 있다. 따라서 권리증권인 선하증권의 정당한 소지인은 증권상에 기재된 물품을 임의로 처분할 수 있는 권한을 가지게 된다.

(2) 선하증권의 법적 성질

선하증권은 법률상 채권증권, 요식증권, 문언증권, 요인증권, 인도증권, 제시증권, 수여증권, 처분증권, 지시증권, 면책증권 등과 같은 성질을 가지고 있다.

1) 채권증권

선하증권의 소지인은 선하증권과 상환으로 물건의 인도를 청구할 수 있다.

2) 요식증권

선하증권은 기재사항이 법으로 정해진 유가증권이다. 즉 선하증권은 유통을 전제로 작성·발행되는 증권이므로 적어도 이것을 양도받은 제3자가 운송계약의 주요내용을 알 수 있는 정도로 일정사항이 증권 자체에 기재되어야 한다.

3) 문언증권

선하증권은 운송인은 선하증권의 선의의 소지인에 대하여 증권의 기재문언에 관하여 책임을 진다. 반면에 그 소지인은 증권의 기재문언에 따라 권리를 주장할 수 있다.

4) 요인증권

선하증권은 운송인 또는 그 대리인이 물건을 선적 또는 선적을 위하여 수취하였다는 요인이 있어야 비로소 발행된다. 이러한 요인이 없이 발행되면 그것은 위법행위가 되므로 이런 점에서 선하증권은 반드시 요인이 없어도 발행되는 어음이나 수표와는 다른 법적 성질을 가지고 있다.

5) 인도증권

선하증권은 증권의 정당한 소지인에게 물건을 인도하며 그 인도는 증권기재의 물건 그 자체를 인도한 것과 동일한 효력을 갖게 한다. 따라서 선하증권을 인도하면 운송품 자체를 인도한 것으로 간주한다.

6) 지시증권

선하증권은 증권상에 지정된 자 또는 지정된 자가 다시 증권상에 지정하는 자를 증권이 나타내는 권리의 정당한 행사 주체로 하는 유가증권이다. 지정하는 방식은 배서(endorsement)의 방법이 주로 이용된다.

7) 처분증권

선하증권은 증권상 표시된 물건에 관한 처분(양도 등)을 하는 데는 그 증권으로 해야 된다.

(3) 선하증권의 종류

1) 선적선하증권과 수취선하증권

선하증권은 본선 상에 운송화물이 선적된 후에 발행되는데, 증권 면에 Shipped 혹은 Shipped on Board와 같이 실질적으로 화물의 선적완료를 표시한 것이 선적선하증권(shipped or on board B/L)이다. 또한 지정선박이 아직 부두에 정박하지 않았거나 입항조차 하지 않았을 경우에는 우선 화물은 선박회사의 부두창고에 입고되어 Received for shipment 형식으로 발행되는 것이 수취선하증권(received for B/L)이다.

2) 무사고선하증권과 사고부선하증권

본선 상에 계약화물을 선적할 때 그 화물의 상태가 양호하고 수량이 맞아 비고(remarks)란에 아무것도 기재되지 않고, 증권 면에 'shipped on board in apparent good order and condition'이라고 표시된 선하증권을 무사고, 무하자 또는 완전선적증권(Clean B/L)이라고 한다. 한편 비고란에 '5 bags torn' 등과 같이 선박회사가 인수할 당시 포장상태가 불완전하거나 수량이 부족하면 이 사실을 증권상에 기재하게 되며, 이런 사실이 기재된 선하증권을 사고부선하증권(Foul or Dirty B/L)이라 한다. 즉 본선에 화물을 선적할 때 화물의 포장, 수량 등에 어떤 고장 또는 하자, 예컨대 파손, 수량부족 등이 발생할 경우 화물을 인수한 일등 항해사는 이러한 고장을 본선수취증(mate's receipt, M/R)의 비고란(remarks)에 기재한 고장본선수취증(foul M/R)을 발급하며, 하주가 선박회사에 Foul B/L을 발행한다.

신용장 통일규칙에는 신용장에 수리할 수 있는 조항이나 단서가 명시되어 있지 않는 한 은행은 이러한 조항이나 단서가 있는 운송서류를 거절한다고 규정하고 있으므로 무고장선하증권(clean B/L)을 발급받기 위해서는 선적 당시 포장상태가 나쁘다고 지적되면 수리 가능한 것은 곧 선내에 출장하고 있는 포장업자에게 의뢰하여 신속하게 수리시켜야 한다.

그리고 가능한 한 완전한 화물과 교환하든가 만약에 시간의 여유가 없으면 파손

화물보상장(letter of indemnity, L/I)을 선박회사에 제공하고 선하증권의 비고란에서 이 고장문언을 없애도록 요구해서 Clean B/L을 발급받아야 한다.

3) 기명식선하증권과 지시식선하증권

기명식선하증권(straight B/L)은 화물의 수취인으로서 수입자명이 기재된 선하증권으로, 무역화물에는 거의 이용되지 않고 이삿짐 또는 개인의 물품의 발송하는 경우에 많이 이용되며, 유통이 되지 않으므로 송하인의 배서는 필요 없다.

지시식선하증권(order B/L)은 B/L의 수하인란에 특정의 수하인명이 기재되지 않고, 단순히 'to order', 'to order of shipper', 'to order of……bank'와 같이 지시인(order)만 기재하여 유통을 목적으로 한 선하증권을 말한다. 무역거래에서는 원칙적으로 Order B/L을 사용하므로 수입자의 이름과 주소는 수하인란이 아니고 화물도착통지처(notify party)란에 기재된다.

4) 유통선하증권과 유통불능선하증권

선박회사는 선하증권을 발급할 때 주로 3통이 한 세트가 되는 선하증권 원본을 발행하는데, 이를 유통선하증권(negotiable B/L)이라 하며 이들은 원본이라야 그러한 선하증권이 표창하는 화물과 상환이 되며, 또 은행에서는 신용장에서 요구하는 정당한 선하증권으로 인정하여 대금결제가 이루어진다. 한편, 선박회사가 발급하는 원본 이외의 모든 선하증권에는 발급될 때 이미 'Non-Negotiable'이라는 도장이 찍혀 발급되기 때문에 이들 사본으로는 은행에서 네고(Nego)가 되지 않는다.

5) 적색선하증권

적색선하증권(Red B/L)은 보통 선하증권과 보험증권을 결합시킨 것으로서 이 증권에 기재된 화물이 항해 중에 사고가 발생하면 이 사고에 대해서 선박회사가 보상해 주는 선하증권이다. 선박회사는 또 보험회사와 모든 Red B/L 발행분에 대해서 일괄하여 부보하게 되므로 손해부담은 보험회사가 지며, 보험료만큼 선박회사는 운임에 추가시키므로 결국 보험료도 송하인이 부담하는 셈이 된다.

6) 기간경과 선하증권

기간경과 선하증권(Stale B/L)이란, 선하증권의 어떤 형태를 말하는 것이 아니고 선하증권의 제시시기가 필요 이상으로 지연되었을 때 그러한 지연된 선하증권을 말하는 것이다. 신용장통일 규칙 제43조에 모든 선적서류는 발행 후 신용장에서 명시한 기간 내에 제시되어야 한다고 되어 있고, 만일 B/L 발행 후 21일이 지나 매입은행에 제시하면 은행은 특별히 신용장상에 'Stale B/L Acceptable'이란 조항이 없이는 수리를 거절하게 된다.

3. 컨테이너운송

(1) 컨테이너운송의 개요

1) 컨테이너의 정의

컨테이너(container)란 물적 유통(physical distribution) 부문의 포장, 수송, 하역 및 보관 등 모든 과정에서 육·해·공을 연합한 이점인 경제성, 수익성, 안전성을 최대한으로 충족시키고 화물운송도중 화물의 이적 없이 일관수송(through transportation)을 실현시킨 혁신적인 수송도구이다. 즉 컨테이너는 반복적으로 사용이 가능하도록 규격화된 수송도구이며 화물의 단위운송(unit load)을 실현시켜 주는 혁신적인 수송용구이다.

2) 컨테이너운송의 장·단점

① 장점
　　㉠ 컨테이너는 그 자체가 상품의 외포장의 역할을 하므로 포장비가 절감된다.
　　㉡ 컨테이너에 의한 화물운송은 운송인들에게 화물취급편리, 신속한 운송 등

여러 가지 이득을 주므로 하주들은 할인된 운임을 적용받을 수 있다.

ⓒ 컨테이너의 최대 이점의 하나는 하역단계의 간소화에 따른 노동력의 절약과 화물의 기계적 처리로 인한 하역비의 대폭적인 절감이다.

ⓔ CY 및 CFS 자체가 통관화물에 대한 보세창고의 역할을 하므로, 화물의 통관을 위한 별도의 보세창고료가 면제되는 한편 실제로 CY나 CFS는 화물의 보세창고기능을 갖고 있어 그만큼 창고료가 절감된다.

ⓜ 컨테이너의 통관화물은 생산공장 또는 송하인의 창고에서 container에 적입, 봉인되는 즉시 신용장조건에 따른 B/L이 발급되어 곧 네고(Nego)할 수 있으므로 자본의 원활한 회전을 기할 수 있다.

ⓗ 컨테이너화물은 해상운송과 부대 육상운송과의 연결이 원만하고 환적할 때의 지연시간 없이 해륙일관 수송이 가능하므로, 화물의 생산지로부터 소비지까지의 수송기간을 단축시킬 수 있으며 하역시간도 단축시킬 수 있다.

ⓢ 컨테이너는 용기 자체가 견고하고 밀폐되어 있어 하역작업상의 안전은 물론 화물운송 중의 풍랑·풍우나 온도·습도 등 기후상의 변동에 대하여 안전을 기할 수 있다.

② 단점

컨테이너운송은 다음과 같은 단점도 있다. 컨테이너 수송기구가 비싸고, 컨테이너로 운송할 수 없는 화물이 있으며, 컨테이너선은 주로 갑판적재를 하는데 갑판적재화물은 갑판유실(WOB: Washing Over Board) 등과 같은 위험 때문에 비싼 보험료를 내야 한다.

(2) 컨테이너화물의 운송형태

1) CY/CY(FCL/FCL)

이 방식은 컨테이너의 장점을 최대한 이용한 운송방법이다. 수출업자의 공장 또는 창고에서부터 수입업자의 창고까지 컨테이너에 의한 일관수송형태로 수송되며, 운송도중 컨테이너의 개폐 없이 수송된다.

2) CFS/CFS(LCL/LCL)

이 방식은 선적항의 CFS에서 목적항의 CFS까지 컨테이너에 의해서 운송되는 가장 기본적인 운송방법이다. 여러 하주의 소량 컨테이너화물(LCL)을 CFS에서 혼재(consolidation)하여 선적하고 목적지의 CFS에서 컨테이너를 개봉하여 화물을 분류하여 여러 수입업자에게 인도된다. 이러한 혼재업무는 프레이트 포워더들이 행하기 때문에 이를 Forwarder's Consolidation이라 한다. 이 운송방식은 Pier to Pier(부두에서 부두까지)라고 부르며 운송인이 여러 하주로부터 컨테이너에 운송하여 목적항의 CFS에서 여러 수하인에게 화물을 인도하는 방법이다.

3) CFS/CY(LCL/FCL)

이 방식은 운송인이 지정한 선적항의 CFS로부터 목적지의 CY까지 컨테이너에 의해 운송되는 형태로서 운송인이 여러 송하인(수출업자)들로부터 화물을 CFS에서 집하하여 목적지의 수입업자 창고 또는 공장까지 운송하는 것을 말한다. 이를 Buyer's Consolidation이라고도 한다. 이 운송형태는 CFS/CFS에서 발전한 운송방법으로서, 대규모 수입업자가 여러 송하인들로부터 각 LCL 화물들을 인수하여 일시에 자기지정 창고까지 운송하고자 하는 경우에 이용하며 현재 우리나라에서 많이 이용하고 있다.

4) CY/CFS(FCL/LCL)

이 방식은 선적항의 CY에서 목적항의 CFS까지 컨테이너에 의해서 운송되는 방법으로서, 단일 하주의 만재 컨테이너화물(FCL)을 선적하고, 목적지의 CFS에서 컨테이너를 개봉하여 화물을 분류하여 여러 수입업자에게 인도하는 운송방법이다.

제2절 해상보험

1. 해상보험의 기초

(1) 해상보험의 정의

해상보험(Marine Insurance)이란 해상사업에 관한 사고로 인하여 생길 손해를 보상할 것을 목적으로 하는 손해보험의 일종이다. 영국 해상보험법(MIA)에서는 '보험자가 피보험자에 대하여 그 계약에 의해 합의된 방법과 범위 내에서 해상손해, 즉 해상사업에 수반하여 발생하는 손해를 보상할 것을 약속하는 계약'이라 정의하고 있다.

해상보험은 기본적으로 해상위험에 관한 보험이지만 해상운송에 부수하는 내수(內水) 또는 육상운송이 있는 경우에는 그 운송 중의 위험으로 인한 손해에 대해서도 피보험자를 보호하기 위하여 그 보상범위를 확장하기도 한다.

(2) 해상보험의 종류

1) 적하보험(Cargo Insurance)

화물을 보험목적물로 하는 보험으로서 운송 중 화물이 멸실 또는 훼손되거나 화물을 보존하기 위하여 경비를 지출함으로써 화물의 소유자가 입은 손해를 보험조건에 따라 보상하여 주는 보험으로서 해상적하보험증권은 선하증권, 상업송장과 함께 환어음에 첨부되어 국제무역거래계약의 이행수단으로 이용된다.

2) 선박보험(Hull Insurance)

선박을 보험목적물로 하는 보험으로서 선박의 관리 및 운항 중에 멸실이나 훼손 또는 선박을 보존하기 위하여 지출된 경비 및 선박으로부터 발생한 책임손해가 있는 경우 이러한 손해를 보험조건에 따라 보상하여 주는 보험이다.

3) 운임보험(Freight Insurance)

운임을 대상으로 하는 보험으로서 선하증권이나 운송계약서에 화물을 목적지에서 하주에게 인도하지 못한 경우 운송인 등이 운임을 청구할 수 없도록 약정하고 있는 경우에 그로 인하여 운송인 등이 입은 손해를 보상하여 주는 보험이다.

(3) 기본용어

1) 보험자(Insurer, Assurer, Underwriter)

보험계약을 인수한 자로서 보험사고 발생 시 그 손해를 보상할 의무를 지는 자, 즉 보험회사를 말한다.

2) 보험계약자(The Insured, Assured)

보험계약을 청약한 자로서 보험료 지급의무, 중요사항의 고지의무 및 위험변경 증가의 통지의무 등을 부담하는 자를 말한다.

3) 피보험자(The Insured, Assured)

보험목적물에 사고가 발생한 경우 그 손해를 입는 당사자, 즉 보험금을 청구하고 보상받는 자를 말한다. 적하보험에서는 보험계약자와 동일인인 것이 보통이나 CIF 매매계약에서 항해 중 화물에 손해가 발생한 경우라면 매도인은 보험계약자가 되고, 매수인이 피보험자가 된다.

4) 보험료(Premium)

보험자의 위험부담에 대한 대가로서 보험계약자가 지급하는 보수를 말한다.

5) 보험금(Claim)

보험사고로 피보험자가 입은 재산상의 손해에 대해 보험자가 지급하는 보상금을 말한다.

6) 보험증권(Policy)

보험을 가입하였다는 증거서류로서 계약의 성립과 그 내용을 기재하고 보험자가 기명날인하여 보험계약자에게 교부하는 증서를 말한다.

7) 보험약관(Clauses)

보험계약의 내용을 이루는 조항들을 말하는데, 일반적이고 표준적인 것을 보통약관이라 하고, 보통약관의 약정사항을 제한하거나 확대하는 약관을 특별약관이라고 한다.

8) 보험의 목적(Subject-matter insured)

위험발생의 객체로 해상보험에서는 화물이나 선박 및 운임 그 자체를 말하며, 이에 따라 해상보험을 적하보험, 선박보험 그리고 운임보험으로 분류한다.

9) 피보험이익(Insurable Interest)

보험의 목적과 피보험자 사이의 이해관계, 즉 보험목적물에 보험사고가 발생함으로써 피보험자가 경제상의 손해를 입을 가능성이 있는 경우 이러한 목적물과 피보험자와의 이해관계를 피보험이익이라고 하며, 이를 보험계약의 목적이라고도 한다. 적하보험계약에서의 피보험이익은 별도의 명기가 없는 한 화물에 대한 하주의 소유이익이다.

10) 보험가액(Insurable Value)

피보험이익의 평가액으로서 상업송장을 기초로 하여 보험계약 체결 시에 협정하는 것이 일반적인데 우리나라의 경우 적하보험에서는 실무적으로 이를 협정하지 않고 있다.

11) 보험금액(Sum Insured)

보험사고가 발생하였을 때 보상받고자 하는 최고 한도액을 말하며, 이는 당사자 사이의 약정에 의하여 산정된다. 그런데 보험금은 보험가액과 보험금액과의 관계에 따라 전부(보험금액＝보험가액) 또는 일부(보험금액〈보험가액)가 보상되는데, 우리나라의 경우는 보험계약 체결 시에 보험가액을 협정하지 않고 있으므로 CIF 가격을 기초로 하여 보험금액을 정하는 것이 좋다.

12) 보험계약기간(Duration of Policy)

보험계약자가 담보받고자 하는 기간으로서 보험계약 시에 당사자의 합의에 의하여 정한다.

13) 보험기간(Duration of Risk)

보험자의 위험부담책임이 존속하는 기간으로서 보험계약기간과 일치하는 것이 가장 바람직하지만 적하보험의 경우 보험약관에 의하여 보험기간이 보험계약기간보다 짧아지는 경우도 있고 또 길어지는 경우도 있다. 보험자가 보상의 책임을 지기 위해서는 이 기간 중에 보험사고가 발생하여야 한다.

(4) 고지의무

1) 개념

보험자가 합리적으로 보험경영을 할 수 있도록 보험계약을 체결할 때 위험사정을 잘 알고 있는 보험계약자는 보험자가 위험을 측정하는 데 영향이 미칠 수 있는 사실에 대해 최대선의로 고지할 것을 요구하고 있다. 이를 고지의무(Duty of Disclosure)라 하며, 이를 위하여 영국해상보험법에서는 해상보험계약은 최대선의를 바탕으로 체결되어야 함을 규정하고 있고, 또한 신중한 보험자가 위험의 인수 여부 및 보험료 산정에 영향을 줄 수 있는 중요사항(Material Circumstances)을 계약 체결의 교섭 중이나 계약의 성립 전까지 보험자에게 고지해야 한다고 규정하고 있다.

따라서 보험계약을 맺을 때에 보험계약자, 피보험자 또는 이들의 대리인은 보험계약청약서의 기재사항에 관한 사실을 빠짐없이 사실대로 보험회사에 알려야 한다. 만약 고의나 중대한 과실로 알리지 않을 때에는 보험사고가 발생한 후에도 보험회사는 계약을 해지할 수 있으며, 그 손해를 보상하지 않는 경우도 있으므로 유의해야 한다.

2) 고지사항 및 고지가 필요 없는 사항

신중한 보험자가 위험의 인수여부나 보험료 산정을 하는 데 영향을 미칠 수 있는 사항을 보험계약자는 보험자에게 알려야 하는데 그 수단으로서 보험자는 보험계약자에게 보험청약서를 작성하게 한다. 그러나 위험을 감소시키는 사항, 보험자가 알고 있거나 알고 있는 것으로 추정되는 사항, 보험자가 고지받을 권리를 포기한 사항, 마지막으로 담보가 있어 고지가 필요 없는 사항에 대해서는 고지하지 않아도 된다.

3) 고지의무 위반의 효과

보험계약자가 고지의무를 위반한 경우 보험자는 계약을 취소(may avoid)할 수 있다. 따라서 피보험자가 입은 손해가 있더라도 보험금을 지급하지 않으며 이미 지급한 보험금이 있는 경우에는 이의 반환청구를 할 수 있다.

적하보험에서 실무적으로 환적에 대한 고지의무 위반이 발생하는 경우가 많은데, 운송 중에 화물이 환적될 수 있는지 여부가 불확실하다 하더라도 신용장이나 매매계약서에 환적을 허용하고 있는 경우에는 이를 보험자에게 알려 고지의무를 위반하지 않도록 하고, 만약 그 후 실제로 환적이 일어나지 않았다면 그 증거서류를 보험자에게 제시하여 환적보험료를 환급받으면 된다.

2. 해상위험과 해상손해

(1) 해상위험

1) 해상위험의 의의

해상위험(Marine Risks, Marine Perils)이란 항해에 기인하고 항해에 부수하여 발생하는 사고를 말한다. 우리나라 상법에서는 "해상보험계약의 보험자는 항해에 관한 사고로 인하여 생길 손해를 보상할 책임이 있다."라고 해상위험을 포괄적으로 규정하고 있다. 영국 해상보험법에서는 '항해에 기인 또는 수반되는 위험'으로 정의하고 해상위험을 하나하나 열거하고 있다. 해상위험은 항해에 관한 사고인데 그 발생장소가 반드시 해상에 국한되는 것은 아니며 또한 반드시 해상에서만 발생하는 사고, 즉 해상 고유의 사고에 한정되는 것은 아니다. 예를 들면 화재나 도난과 같이 육상에서도 발생하는 해상사고도 있다.

2) 해상위험의 종류

'Lloyd's S.G. Policy'상에서는 위험약관(perils clause)에서 항해에 있어 보험자가 담보하는 위험을 명시하고 있는데, 해상위험의 종류를 편의상 ① 해상고유의 위험, ② 해상위험, ③ 전쟁위험으로 분류하면 다음과 같다.

① 해상고유의 위험(Perils of the seas)
바다의 우발적인 사고 또는 재난을 뜻한다. 이는 해난을 말하며 단순한 해상의 위험(Perils on the seas)과는 다른 개념이다. 해난은 바다라고 하는 자연적인 위험사

정을 원인 또는 조건으로 하는 우발적인 사고를 말하는 것이다. 그것은 풍랑의 통상적인 작용을 포함하지 않으며 주로 침몰, 좌초, 충돌, 악천후 및 적하를 적재한 선박의 행방불명 등이 이에 해당된다.

- ㉠ 침몰(Sinking): 선박이 부력 및 항행능력을 상실하고 선체의 대부분이 수면 이하에 잠기는 것을 말한다.
- ㉡ 좌초(Stranding): 좌초라 함은 선박이 암초 또는 그 밖의 물체 위에 걸려서 용이하게 벗어나지 못함으로써 발생하는 사고를 말한다.
- ㉢ 충돌(Collision): 충돌이란 선박 상호간의 접촉을 말한다.
- ㉣ 악천후(Heavy Weather): 폭풍우 등의 이례적인 기상으로 선박의 이상 경사(List), 침수(Seawater damage), 갑판적 화물의 유실(Washing Overboard), 선창의 통풍차단으로 인한 한습손(Ship's Sweat) 등이 이에 해당된다.
- ㉤ 행방불명(Missing): 해상보험에서의 행방불명은 선박과 적하 등이 함께 원인 모르게 없어지는 것을 의미한다.

② 해상위험(Perils on the sea)
- ㉠ 화재(Fire/Burning): 화재는 해상고유의 위험은 아니지만 해상위험 중에 일반적인 위험의 하나로서 보험자가 부담하는 위험이다. 화재를 나타내는 말에는 fire와 burnt가 있는데, 후자는 대규모의 화재 또는 그에 의한 소실을 뜻한다.
- ㉡ 투하(Jettision): 투하라 함은 화물 또는 선박저장품, 의장품의 일부를 고의로 바다에 투기하는 것을 뜻한다. 선박이 악천후를 만나 침몰위기에 놓였다든가 좌초 시 선박을 뜨게 할 목적 등으로 투하를 하게 된다. 투하는 흔히 공동해손행위로 취급되나 적하 자체만의 위험으로 행하여지는 수도 있으므로 공동해손의 경우만으로 한정되지 않는다.
- ㉢ 선장 및 선원의 악행(Barratry of master and mariners): 동기 여하를 막론하고 선주에게 손해를 끼칠 고의적 범죄부정행위를 뜻한다. 선원의 악행의 예로 밀수를 목적으로 하는 선박의 사용, 선박의 유기, 방화, 고의에 의한 침

몰 및 좌초 등이 있다.

ⓡ 강도(Thieves): 폭력 또는 위협으로 강탈함을 뜻하며, 단순한 도난(theft or pilferage)은 포함되지 않는다.

ⓤ 해적(Pirates): 해상재산을 자기의 사리사욕을 위해서 무차별하게 습격, 약탈, 파괴, 방화하는 자를 해적이라고 하며, 해상으로부터의 습격인지를 불문하며 역시 승객의 행위여부인지를 불문한다.

ⓥ 표도(Rovers): 이는 해적의 일종으로서 연혁적으로는 무어인이나 아라비아인의 해적을 지칭한다.

③ 전쟁위험(War risks)

담보위험약관에는 각종의 전쟁위험이 열거되어 있으나 보험자의 기본담보에서 제외되고 있다. 이에 해당되는 위험은 군함(Man-of-war), 외적(Enemies), 습격(Surprisals) 및 포획(Capture), 해상탈취 및 나포(Taking at sea & seizure), 군주의 억지 등(Restraints of princes), 포획면허장 및 보복포획면허장(Letters of mart and countermart) 등이 있다.

(2) 해상손해

1) 개념

해상손해(marine loss)란 항해사업(marine adventure)에 관련된 적하·선박 기타의 보험목적물이 해상위험으로 인하여 피보험이익의 전부 또는 일부가 멸실 또는 손상되어 피보험자가 입게 되는 재산상의 불이익이나 경제상의 부담을 말한다.

해상손해는 보험계약에 약정한 피보험이익에 한정되며 또한 그 보험사고와 인과관계가 있는 손해에 한정된다. 해상보험에 있어서의 손해는 보험목적물의 멸실 또는 손상뿐만이 아니라 책임 또는 비용도 포함되는데, 일반적으로 물적손해(physical loss), 비용손해(expenses) 및 배상책임손해(liability loss)로 크게 나눌 수 있다.

2) 해상손해의 종류

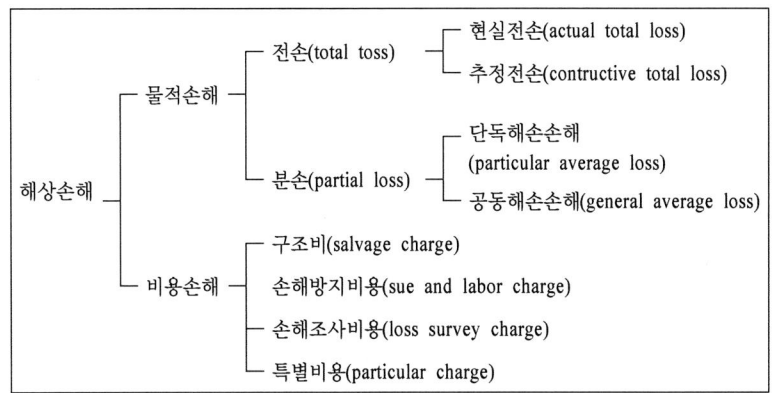

[그림 8-1] 해상손해의 종류

① 전손

전손(Total Loss)이란 피보험이익이 전부 멸실된 경우를 말하며 전손은 다시 현실
전손과 추정전손으로 구분된다.

ᄀ 현실전손: 현실전손(Actual Total Loss)은 보험의 목적물이 현실적으로 전멸
된 경우를 말하는데, MIA에 의하면 구체적으로 보험의 목적물이 완전히 파
손되어 상품가치가 완전히 멸실되었을 경우, 보험의 목적물이 존재하고는
있지만 부보된 종류의 물건이 본래의 성질보다 상실되었을 경우, 피보험자
가 보험의 목적물을 탈취당해 다시 찾을 수 없는 경우, 그리고 선박이 상당
한 기간 행방불명된 때에는 현실전손으로 간주하고 있다.

ᄂ 추정전손: 보험증권에 명시된 특약의 경우를 제외하고는 보험의 목적물이
현실전손을 피하기 어려울 정도로 손해가 심하여 종래 그 목적물이 갖는 용
도로 사용할 수 없게 되었을 때와 그 수선 및 수리비가 수선 후 그 목적물
이 갖는 시가보다 클 때에는 추정전손(Constructive Total Loss)으로 간주한
다. 이러한 경우에는 피보험자는 그 피보험물에 대하여 갖는 일체의 권리를
보험자에게 이전하고 현실전손과 마찬가지로 보험금액 전액을 청구할 수 있

는데, 이것을 위부(abandonment)라고 한다.

② 분손

피보험이익의 일부의 멸실이나 손상을 분손(Partial Loss)이라 하며 이는 단독해손과 공동해손으로 분류된다.

    ㉠ 단독해손: 단독해손(Particular Average)이란 보험의 목적이 일부 멸실되거나 손상되어 그 손해를 피보험자가 단독으로 부담하는 손해를 말한다.

    ㉡ 공동해손: 공동해손(General Average)이란 선박 및 적하 등이 공동의 위험에 처하여 이로부터 벗어나기 위하여 취하여진 공동해손행위로 인하여 발생한 손해 또는 공동해손행위의 직접적인 결과로 발생하는 비용 등을 이해관계자가 공동으로 부담하는 손해이다.

      공동해손손해는 공동해손비용 및 공동해손희생을 포함한다. 공동해손희생에 대하여 그의 소유자는 공동해손이익단체로부터의 배상을 기다릴 필요 없이 보험자에게 직접 보상을 청구할 수 있다.

③ 비용손해

    ㉠ 구조료(Salvage Charge): 해난에 봉착한 재산에 발생할 가능성 있는 손해를 방지하기 위하여 계약에 기하지 아니하고 구조한 자에게 해상법에 의하여 지불하는 보수를 구조료(Salvage Charge)라고 한다. 피보험위험으로 인하여 발생하는 손해를 방지하기 위하여 지출한 구조료는 피보험위험으로 인한 손해로서 회수할 수 있다.

    ㉡ 특별비용(Special Charge): 특별비용(Special Charge)이라 함은 보험목적물의 안전 또는 보존을 위하여 피보험자가 지급한 또는 피보험자를 위하여 지급한 비용으로서 공동해손 및 구조료 이외의 것을 말한다. 따라서 특별비용에 대하여 보험자는 비록 보험목적이 분손부담보조건(FPA)으로 부보되어 있더라도 보상의 책임을 진다. 그리고 특별비용을 구성할 수 있는 구체적인 비용에는 중간항 또는 피난항에 있어서 지출된 양륙비, 창고료, 제반 수송료 등이 있다.

ⓒ 손해방지비용(Sue and Labour Charge): 손해방지비용(Sue and Labour Charge)은 보험계약에 부수하는 손해방지의무를 이행함에 있어서 피보험자가 입은 비용손해이다. 이는 보험사고로 인한 직접손해의 유무에도 불구하고 그 원인인 피보험위험에 직면하여 예상되는 손해를 방지 또는 경감하였음이 입증될 경우에 보험자가 부담한다.

3) 위부와 대위

① 위부

피보험자가 보험금을 청구하기 위해서는 손해의 발생 및 손해액을 증명해야만 한다. 그러나 실제로 전손의 가능성이 결정적인 경우에도 그 사실을 증명하기가 곤란한 경우가 있다. 그 대표적인 예가 선박의 행방불명이다. 이러한 경우 전손의 발생을 입증할 수 없어 보험자에게 보험금을 청구할 수 없다고 한다면 피보험자에게 가혹한 처사라 하지 않을 수 없다. 따라서 이와 같은 경우에 손해가 발생했다고 하는 사실을 입증하지 않고도 피보험자가 보험금액 전액을 청구할 수 있도록 할 필요가 있는데, 위부(abandonment)는 이러한 필요에서 인정된 제도이며 손해보험 가운데서도 해상보험에만 있는 제도이다.

그리고 위부는 주로 추정전손의 경우에 이루어지나, 현실전손의 경우에도 보험금에 전액을 조속히 청구하기 위하여 위부의 통지를 할 수 있다. 예컨대, 행방불명된 선박이 2개월이 지나면 현실전손으로 간주된다. 그러나 행방불명되어 2개월이 지나기 전에 보험금액 전액을 청구하여 보험금을 조속히 받기 위해서 위부의 통지를 할 수 있다. 즉 피보험자가 보험자에게 자신의 재산권을 맡긴다는 의사표시인 위부의 통지를 한다. 이러한 위부의 통지는 구두로 하여도 무방하나 실무상으로는 서면으로 하고 있다. 따라서 위부는 현실전손이든 추정전손이든 간에 모든 전손의 경우에 존재한다.

② 대위

대위(subrogation)의 제도는 오로지 해상보험에 한정된 것이 아니고 손해보험 일반을 통해서 행하여진다. 손해보험계약에 있어서 보험자가 보험사고에 의해서 발생한 손해를 보상하는 것은 피보험자에게 이득을 보게 하는 것이 아니다. 즉 손해보험의 일종인 해상보험은 실손 보상의 원칙에 근거하고 있기 때문에 손해를 입은 피보험자는 실손 이상의 보상을 받을 수 없어야 한다. 그런데 피보험자가 보험자로부터 보험금의 지급을 받고도 보험목적물의 잔존물을 소유하거나 또는 제3자에 대한 손해배상청구권을 그대로 갖고 있다면 피보험자는 부당한 이득을 보게 된다. 대위를 인정하는 이유는 이와 같은 피보험자의 부당한 이득을 방지하려는 데 있다.

대위란 보험자가 보험금을 지급한 경우, 피보험자가 보험목적물의 잔존물에 대하여 가지는 소유권 및 손해를 발생케 한 제3자에 대한 손해배상청구권을 피보험자를 대신하여 보험자가 취득하는 것을 말한다.

한편 보험자의 대위에는 보험목적물의 잔존물에 대하여 가지는 권리를 취득하는 잔존물 대위와 손해를 발생하게 한 제3자에 대하여 가지는 권리를 취득하는 구상권 대위가 있다.

3. 협회적하약관

(1) 의의 및 구성

1) 의의

오늘날 무역거래 시 각국에서 사용하고 있는 해상보험증권 양식은 1979년 영국의 로이즈(Lloyd's)에서 공식적으로 사용했던 보험증권을 그대로 사용하거나, 일부를 수정·첨가하여 사용하고 있다.[23] S. G. Form은 지난 200년 동안 사용하면서 표현방법이 고어체로 되어 있고 문장이 난해하여 런던보험시장의 내부와 UNCTAD의 노력으

---

23) 김병술, 무역업의 창업과 경영, 도서출판 두남, 1998. 3, p.350.

로 신증권을 사용하게 되었다.[24] 신협회적하약관은 종전의 I.C.C.(A/R), I.C.C.(W.A) 및 I.C.C.(F.P.A.) 등의 구약관으로부터 각각 I.C.C.(A), I.C.C.(B), I.C.C.(C)로 바뀌게 되었다.

현재 우리나라에서는 보험계약자의 선택에 의해 구약관과 신약관이 공히 사용되어 지고 있으나, 런던보험자협회에서는 전면·강제적으로 신협회적하약관을 사용하도록 하고 있다.

2) 약관 구성의 차이

현재 사용되고 있는 협회적하약관은 I.C.C.(A), I.C.C.(B), I.C.C.(C) 약관으로 구성되어 있고, 각 약관은 8개 그룹약관으로 구성되어 있다. 이들은 다시 19개의 개별약관으로 나누어져 있으며, 각 약관은 위험약관(제1조), 일반면책약관(제4조) 및 전쟁면책약관(제6조)만 서로 다르고 나머지 항목은 모두 동일하다.

(2) 신협회적하약관에 의한 보상범위

I.C.C.(A)조건은 포괄책임주의 채택하고 있기 때문에 면책이 아닌 한 모든 우발적인 사고로 인한 손해를 포괄적으로 담보하지만 I.C.C.(B)조건과 I.C.C.(C)조건은 열거책임주의를 채용하기 때문에 담보위험에 게기된 위험을 보상한다. 신협회적하약관상의 담보위험은 아래<표 15 - 1>와 같다.

---

24) 1979년 UNCTAD의 해상보험에 관한 보고서가 작성되었고 이것은 적하보험에 관한 내용의 표현이 어렵고, 보험자 위주의 약관으로서 해상운송만을 대상으로 하고 있다는 비판의 소리와 복합운송발달에 따른 운송관행을 반영하기 위한 것이다.

〈표 8-1〉 신협회적하약관상 담보범위 비교

구분 보상하는 손해	I.C.C.(A)	I.C.C.(B)	I.C.C.(C)
① 화재 또는 폭발	○	○	○
② 본선 또는 부선의 좌초, 교사, 침몰, 전복	○	○	○
③ 육상운송용구의 전복 또는 탈선	○	○	○
④ 본선, 부선, 운송용구의 타물과의 충돌·접촉	○	○	○
⑤ 피난항에서의 화물의 하역	○	○	○
⑥ 지진, 화산의 분화, 낙뢰	○	○	×
⑦ 공동해손 희생	○	○	○
⑧ 투하로 인한 손해	○	○	○
⑨ 갑판유실	○	○	×
⑩ 본선, 부선, 선창, 운송용구, 컨테이너, 지게차 보관장소에 해수, 호수, 강물의 유입	○	○	×
⑪ 본선, 부선에 선적 또는 하역작업 중 바다에 떨어지거나 또는 갑판에 추락하여 발생한 포장단위당 전손	○	○	×
⑫ 상기 이외의 멸실·손상의 일체의 위험	○	×	×
⑬ 공동해손 구조비	○	○	○
⑭ 쌍방과실 충돌(Both to Blame Collision)	○	○	○

* I.C.C.(A)의 경우 A/R 면책사항은 담보되지 않음.
* 자료출처: 오원석, 해상보험론, p.199, 동경화재해상보험(주), 해상적하보험, pp.92~93, 참조 재구성.

제9장 보세제도와 통관에 대한 이해

제1절 보세제도에 대한 이해

1. 보세제도의 개념

(1) 보세제도의 의의

보세제도란 외국으로부터 수입하는 화물에 부과되는 관세의 징수를 유보시키는 제도를 말한다. 즉 외국물품을 세금을 납부하지 않은 상태에서 장치, 제조·가공, 건설, 판매, 전시할 수 있도록 허용하고 있는 관세법상의 제도를 말한다. 이 제도를 통하여 중계무역과 가공무역 등 수출진흥에 기여하고 수입물품에 대해서는 보다 안전하고 효율적으로 화물을 관리할 수 있을 뿐 아니라 화주가 본인의 화물을 손쉽고 원활하게 통관해 갈 수 있도록 하고 있다.

(2) 보세구역의 의의

보세구역은 효율적인 화물관리와 관세행정의 필요성에 의하여 세관장이 지정하거나 특허한 장소를 말한다. 수출입 및 반송 등 통관을 하고자 하는 외국물품을 장치하거나, 외국물품 또는 외국물품과 내국물품을 원재료로 하여 제조, 가공, 기타 유사한 작업을 하거나 외국물품의 전시, 외국물품을 사용하는 건설, 외국물품의 판매, 수출입 물품의 검사 등을 하는 곳을 말한다.

우리나라는 보세화물의 유통을 원활히 하고 화주가 신속히 통관을 해 갈 수 있도록 보세구역에는 장치기간을 설정하여 운영하고 있다. 관세채권의 확보 또는 보세구역 내 질서 유지 등을 위해 지정보세구역은 화물관리인이 특허보세구역은 운영인이 각각 화물에 대한 보관책임을 지며, 화물관리인과 운영인이 보세구역에 물품을 반출입 시 반출입신고를 하거나 보세작업을 하고자 할 때 세관장의 허가를 받는 등 소정의 세관절차를 거치도록 하고 있다.

또한 화물관리를 운영인이나 관리인에게 위임하여 자율적으로 운영할 수 있도록 자율관리 보세구역제도를 두어 관세청장이 정하는 절차를 생략하도록 하는 등 여러 가지 형태의 보세구역제도가 운영되고 있다.

2. 보세구역의 종류

보세구역은 크게 지정보세구역과 특허보세구역 및 종합보세구역으로 구분된다. 지정보세구역은 국가 또는 지방자치단체 등의 공공시설이나 장소 등 일정구역을 세관장이 보세구역으로 지정한 지역을 말하며, 여기에는 지정장치장과 세관검사장 2가지가 있다.

지정장치장은 통관을 하고자 하는 물품을 일시 장치하기 위한 장소로서 세관 구내창고, 공항, 항만을 관리하는 법인이 운영하는 창고 등을 말하며, 이곳에서 물품의 장치와 검사를 할 수 있다. 또한 세관검사장은 통관하고자 하는 물품을 반입하여 세관의 검사만을 받도록 한 장소로서 통상적으로 공항만 내에 위치하고 있어 통관의 신속을 기하도록 하고 있다.

특허보세구역은 일반개인이 신청을 하면 세관장이 특허해 주는 보세구역을 말하며, 특허보세구역의 종류에는 보세창고, 보세공장, 보세전시장, 보세건설장, 보세판매장 등이 있다.

보세창고는 가장 일반적인 보세구역으로서 통관하고자 하는 물품을 장치하기 위한 장소이며, 보세공장은 가공무역의 진흥이나 관세행정목적을 위하여 설치된 장소로서 보세상태에서 제조, 가공 등의 작업을 하여 생산된 제품 등을 외국으로 수출하거나 국내에서 사용할 목적으로 국내로 수입할 수 있도록 특허된 구역을 말한다.

보세건설장은 산업시설의 건설에 사용될 외국물품인 기계류, 설비품 또는 공사용 장비를 장치하거나 사용하여 보세상태에서 건설공사를 완료하고 수입통관을 하게 되는 구역이며, 보세전시장은 국내에서 개최되는 박람회, 전람회 등을 위하여 반입되는 외국물품을 보세상태에서 장치, 전시하거나 사용할 수 있는 곳이다. 보세판매장은 외국물품을 우리나라를 출국할 여행자에게 판매하거나 우리나라에 있는 외교관 등 면세권자에게 판매할 목적으로 설치된 판매장이다.

마지막으로 종합보세구역은 특허보세구역의 모든 기능, 즉 보관, 제조·가공, 건설, 전시, 판매 등을 복합적으로 수행할 수 있는 보세구역으로 지정보세구역이나 특허보세구역과는 달리 관세청장이 지정한다. 일반기업이 종합보세구역제도를 이용하기 위해서는 종합보세구역에 입주하여 세관장에게 종합보세사업장 설치·운영신고를 하여야 한다.

(1) 지정보세구역

지정보세구역을 지정함에 있어서 일정한 시설과 구역을 필요로 하고 있으며, 세관장은 국가, 지방자치단체, 공항 또는 항만시설을 관리하는 법인이 소유 또는 관리하는 토지, 건물, 시설 중에서 지정보세구역을 지정할 수 있으며, 여기에는 지정장치장과 세관검사장이 있다.

세관장이 관리하는 지역은 직권에 의하여 지정할 수 있으며, 세관장이 관리하는 지역이 아닌 곳은 당해 지역의 소유자 또는 관리자의 동의를 얻어 지정을 할 수 있다.

1) 지정장치장

지정장치장은 통관을 하고자 하는 물품을 일시 장치하기 위한 장소로서 세관장이 지정하는 구역이다. 지정장치장은 세관구내창고나 항만부두의 야적장 및 창고 등으로 물품의 검사에 있어서도 파출검사 수수료가 면제되며, 부대비용도 저렴할 뿐 아니라 세관인근에 위치하고 있어 통관에 신속을 기할 수 있는 이점이 있다.

지정장치장의 물품장치기간은 물품을 반입한 날로부터 6개월이며, 지정장치장에 반입된 물품에 대한 보관책임은 화주에게 있으나 화주 개개인이 각 소유 화물의 보관책임을 부담하는 것은 무리이므로 화주에 갈음하여 보관책임을 질 전문화물관리인에게 화물보관의 책임을 일임토록 하고 있으며, 이때 세관장은 화물관리인을 지정할 수 있다.

관리인이 될 수 있는 자는 직접물품관리를 하는 정부기관이나 보세화물 관리와 관련이 있는 비영리사단법인, 당해 시설의 소유자 또는 관리자가 요청한 자가 될 수 있으며, 화물관리인으로 지정된 자는 화물관리에 필요한 비용을 화주로부터 징수할 수 있으며, 그 요율에 대해서는 세관장의 승인을 얻어야 한다.

2) 세관검사장

세관검사장은 통관을 하고자 하는 물품을 검사하기 위한 장소로서 세관장이 지정하는 지역으로 하고 있다. 다른 보세구역은 물품의 장치와 검사를 동시에 할 수 있는 데 반하여 세관검사장은 통관하고자 하는 물품의 검사만을 목적으로 설정이 된 장소이다.

일반적으로 세관검사장은 세관구내이거나 세관인근에 장치하고 있어 물품검사에 따른 시간 및 교통비 등의 부대경비를 절감할 수 있으며, 통관절차의 신속한 진행으로 화주에게 많은 이점이 있다. 또한 세관검사장에서 검사할 물품은 수입하고자 하는 물품이며, 이들 물품은 직접 수입하거나 여타 보세창고에서 채취해 오는 견품 등이다.

3) 지정보세구역의 취소와 처분

수출입화물의 감소 등의 사유로 지정보세구역을 더 이상 존속시킬 필요가 없다고 인정되는 때에는 당해 관리인에게 의견을 진술할 기회를 준 후 그 지정을 취소할 수 있다. 지정보세구역으로 지정을 받은 토지, 건물, 시설의 소유자 또는 관리자는 당해 토지 등의 양도, 교환, 처분 또는 건물신축 등의 행위를 하고자 할 때에는 미리 세관장과 협의를 하여야 한다.

(2) 특허보세구역

특허보세구역이란 신청에 의하여 세관장이 특허해 주는 보세구역을 말한다. 여기서 수출입화물을 보관하는 것을 업으로 하는 것을 영업용보세구역이라 하며, 운영인이 소유하거나 사용하는 자기 화물을 보관하기 위한 곳을 자가용보세구역이라 한다. 특허보세구역은 운영인으로 하여금 외국물품을 보관 및 관리하도록 하고 있다. 이는 일정한 요건을 갖춘 개인이나 법인에게 보세구역을 설치·운영하게 하는 것이 보세화물을 보다 안전하게 관리할 수 있기 때문이다.

1) 운영특허 및 절차

보세구역의 설치 및 운영특허를 받으려면 보세구역의 종류, 명칭 등을 기재한 신청서와 보세구역의 도면, 운영인의 자격을 증명하는 서류 등을 갖추어 세관장에게 제출하여야 한다. 특히 보세공장의 경우에는 공장의 명칭, 소재지 등을 기재한 신청서와 사업계획서 및 도면을 첨부하여 세관장에게 제출하여야 한다.

특허보세구역의 특허기간은 10년의 범위 내에서 운영인이 신청한 기간으로 하고 갱신할 수 있으나 보세전시장 및 보세건설장은 해당 전시 및 건설공사 기간으로 한정된다. 특허기간을 갱신하려면 그 사유와 갱신기간을 기재한 신청서를 기간만료 30일 전까지 세관장에게 제출해야 한다. 여기서 운영인이란 세관장으로부터 특허를 받아 보세구역을 설치·운영하는 자를 말한다. 일반적으로 운영인은 운영인 소유의 보세화물에 대한 장치, 제조·가공, 전시, 건설 또는 판매를 할 수 있으며, 보세창고 운영인의 경우는 타인의 보세화물에 대해서도 장치를 할 수 있다.

운영특허의 효력은 특별한 하자가 없는 한 특허기간 동안 계속되나 운영인이 설치 및 영을 폐업한 때나 운영인이 해산 또는 사망한 때, 특허기간이 종료한 때, 특허를 취소당한 때는 특허의 효력이 상실된다.

2) 특허보세구역의 종류

① 보세창고

보세창고는 통관을 하고자 하는 물품을 장치하기 위한 구역으로 보세구역 중 가장 이용도가 높은 곳이다. 보세창고는 보세구역 중 보세건설장, 보세판매장, 보세공장에 반입될 성질의 물품을 제외하고는 일체의 수입물품 또는 반송될 물품이 보세창고에 반입될 수 있다. 또한 보세창고에는 통관을 하고자 하는 물품의 장치에 방해가 되지 아니하는 범위 내에서 세관장의 허가를 받아 다른 내국물품도 장치할 수 있는데, 이는 보세창고의 시설에 대한 이용도를 높일 수 있도록 하기 위함이다. 보세구역에는 내국물품과 외국물품 구별 없이 인화성 물질이나 폭발성 물품 등 특수한 물품은 장치할 수 없는 것이 원칙이나 특수한 설비를 한 보세구역은 예외로 하고 있다.

ㄱ 특허의 의제: 특허의 의제란 특허가 상실되었으나 일정기간 동안은 특허가 유효한 것으로 인정되는 제도를 말한다. 특허가 상실되면 그 시점에서 잔존 외국물품을 수출, 수입, 반송하거나 다른 보세구역으로 이관하여야 하나 현실적으로 특허기간 내에 그러한 처리가 곤란하므로 세관장이 정하는 일정기간 동안은 특허가 소멸된 당해 장소를 보세구역으로 인정하여 외국물품을 처리할 수 있도록 하고 있다. 일반적으로 특허의제기간은 그 구역에 장치된 잔존 외국물품의 종류, 수량 등을 고려하여 세관장이 6월의 범위 내에서 정하며, 이 기간 동안은 보세구역으로 의제가 된다.

ㄴ 물품의 장치기간: 장치기간이란 물품을 반입하여 장치할 수 있는 기간을 말한다. 장치기간을 설정하는 것은 물품의 유통을 신속하고 원활하게 하여 관세를 조기에 징수하고 보세구역의 이용도를 높이고 적정하게 화물관리를 하는 데 있다. 보세창고의 물품장치기간은 물품을 반입한 날로부터 1년이며, 세관장이 특별한 사유가 있다고 인정할 때에는 화주의 신청에 의하여 1년의

범위 내에서 그 기간을 연장할 수 있다. 그러나 정부비축용 물품, 정부와의 계약이행을 위하여 비축하는 방위산업용품, 장기간 비축이 필요한 수출용원재료 및 수출품보수용 물품으로서 세관장이 인정하는 물품은 그 장치기간을 당해 물품의 비축에 필요한 기간으로 하고 있다.

장치기간이 경과되도록 보세구역에서 반출되지 아니하는 물품에 대해서는 1개월 내 반출하도록 반출통고를 하는데, 이 기간 내에도 반출하지 아니한 경우 세관장은 공고한 후 매각할 수 있다.

② 보세공장

보세공장이란 외국물품 또는 외국물품과 내국물품을 원재료로 하여 제조·가공 기타 이와 유사한 작업을 하기 위해 세관장으로부터 특허받은 특허보세구역의 일종이다. 우리나라에서 보세공장제도가 시행된 것은 1967년 관세법의 제정 시행과 때를 같이하나 당시에는 국내산업의 발달이 미미하였기 때문에 1960년대 말부터 수출을 전제로 한 수출용 보세공장이 본격적으로 운영되었는데 그 주요업종은 피복류, 홀치기, 메리야스, 가발제조 등과 같은 수공업이었으나 현재에는 반도체 ,전자기기, 귀금속, 조선 등이 주를 이루고 있다.

보세공장제도는 외국물품만을 원료 또는 재료로 하여 제품을 제조·가공하거나 내·외국 물품을 혼용하여 제품을 제조·가공하여 이를 외국으로 수출하거나 국내로 수입하기 때문에 가공무역의 진흥에 기여하고 있다. 또한 보세공장에 반입되는 외국물품은 관세가 유보된 상태에서 제조·가공한 후 수출·입할 수 있어 업계는 금융부담이 해소되며, 통관절차 간소화로 수출물품의 국제경쟁력이 제고됨으로 수출이 진흥되며, 제조업의 발달, 관련 기술개발의 촉진, 고용창출, 소득증대효과를 통하여 국민경제의 발달에 기여하고 있다.

㉠ 보세공장의 설치 및 운영특허: 보세구역을 운영하려면 세관장으로부터 특허를 받아야 하며 특허신청수수료와 설치 및 운영특허 수수료를 납부하여야 한다. 특허신청서를 접수한 세관장은 특허대상, 특허요건, 특허제한사유를 검토하고 관계기관 신원조회, 현장 확인 등을 통하여 설치 및 운영특허 여부

를 결정한다. 특허기간은 10년의 범위 내에서 운영인이 신청한 기간으로 하되 갱신이 가능하며, 특허대상물품의 경우 수입을 목적으로 하는 업종 중 국내가격차에 상당하는 율로 양허한 농·임·축산물을 원재료로 하는 물품을 제조 또는 가공하는 업종과 국민보건 또는 환경보존에 지장을 초래하거나 풍속을 해하는 물품을 제조·가공하는 업종이라고 세관장이 인정하는 업종은 특허를 제한하고 있다. 보세공장 설치 및 운영특허를 받으려면 보세구역 설치 및 운영특허기준에 해당하고, 운영인의 결격사유가 없어야 가능하다.

ⓛ 보세공장물품의 반출입절차: 보세공장물품의 반출입절차는 외국물품이 우리나라에 도착하게 되면 보세공장에 반입된다. 보세공장에 반입된 이후 반입신고와 사용신고를 한 후 제조 및 가공절차를 거치게 된다. 작업이 종료되면 수입과 수출 및 반송 등의 신고과정을 거치게 된다.

ⓒ 보세공장에서 제조·가공한 물품의 수입통관: 보세공장에서 제조·가공한 물품을 국내로 수입하려면 세관장에게 수입신고를 하여야 한다. 보세공장에서의 수입통관은 일반적으로 내수용 보세공장으로부터 국내로 반입하는 것을 말하며, 과세방법으로는 제품과세와 원료과세에 의한 방법이 있다. 수입신고 시 제출서류는 상업송장, 가격자료 등 필요서류 외에 수출입공고 등에 의거하여 수입제한 또는 요건확인 대상품목인 경우 당해 승인서, 허가서, 확인서 등이 필요하다.

③ 보세건설장

보세건설장은 산업시설의 건설에 소요될 외국물품인 기계류, 설비용품 또는 공사용 장비를 설치·사용하여 건설공사를 하는 구역을 말한다. 보세건설장제도는 세관장에게 반입신고한 물품에 대해 사용 전에 수입신고를 하여 세관검사만 받아 놓고 보세상태에서 물품들을 조립하거나 공사에 투입하여 건설을 진행하다가 하나의 시설물이 완성될 때마다 세관장이 신고수리를 하도록 하는 제도이다. 건설업체에게 건설 및 과세상의 편의를 제공하고, 건설공사 기간만큼 자금부담을 덜어주기 때문에 산업시설의 건설을 촉진토록 하고 있다.

보세건설장에 물품을 반입하려면 장치장소 및 장치사유, 당해 물품의 선하증권번호 및 품명, 개수를 기재한 신청서에 의하여 세관장에게 신고하여야 한다. 보세건설장에 반입할 수 있는 물품은 산업시설의 건설에 소요될 외국물품과 이와 유사한 물품으로서 산업시설의 건설에 필요하다고 세관장이 인정하는 물품을 말하며, 산업시설에 병설되는 사무소, 의료시설, 식당, 공원 등 부대시설을 건설하기 위한 물품도 포함된다. 운영인은 보세건설장에 외국물품을 반입하였을 때에는 물품사용 전에 수입신고를 하고 세관공무원의 검사를 받은 후에야 보세작업이나 건설에 사용할 수 있다.

④ 보세전시장

보세전시장은 박람회·전람회 등의 운영을 위하여 외국물품을 장치·전시 또는 사용할 수 있는 구역을 말한다. 외국물품의 판매를 주목적으로 점포 또는 영업장소에서 개인영리 목적으로 이루어지는 전시장은 보세전시장으로 특허받을 수 없다. 보세전시장의 운영인은 당해 박람회 등의 주최자 명의로 해야 한다.

⑤ 보세판매장

외국물품을 외국으로 반출하거나 외교관 면세규정에 의하여 관세를 면제받을 수 있는 자가 사용하는 것을 조건으로 판매하는 구역을 보세판매장이라 한다. 보세판매장에는 국제공항 출국장에 있는 면세매점과 주한 외국공관의 외교관에게 외국물품을 판매하는 장소로서 commissary가 있다.

(3) 종합보세구역

종합보세구역은 동일 장소에서 기존 특허보세구역의 모든 기능, 즉 장치, 보관, 제조 및 가공, 전시, 건설, 판매를 복합적으로 수행할 수 있는 제도로서 외국인투자유치를 촉진하기 위한 목적으로 도입되었다. 종합보세구역은 지정보세구역이나 특허보세구역과는 달리 관세청장이 지정하며, 일반기업이 종합보세구역제도를 이용하기 위해서는 종합보세구역에 입주하여 세관장에게 종합사업장 설치·운영신고를 하여야 한다.

종합보세구역은 지정과 설치·운영, 신고절차 및 수행하는 기능에서 큰 차이가 있다. 지정보세구역이나 특허보세구역이 종류별로 각각 하나의 기능만을 수행하는 데 비해 종합보세구역은 동일 장소에서 특허보세구역의 모든 기능을 복합적으로 수행할 수 있고, 종류별로 지정 또는 설치·운영에 대한 특허를 별도로 받아야 하는 지정 및 특허보세구역에 비하여 종합보세구역은 한 번의 설치·운영신고만 하면 된다.

종합보세구역은 장치기간 및 설치·운영기간의 제한이 없고, 기능 간 물품이동에 대한 세관신고가 생략된다. 또한 지정 및 특허보세구역에서 승인 또는 허가를 받아야 하는 보수작업 및 역외작업이 신고로 가능하다는 점이 다른 보세구역과의 또 다른 차이점이다.

종합보세구역은 외국인투자유치, 수출증대 및 물류촉진에 기여할 목적으로 지정되는 보세구역이므로 종합보세구역 지정이나 종합보세사업장 설치·운영신고에 있어 특허보세구역의 특허신청수수료나 특허수수료를 징수하지 않고 있다.

(4) 자율관리보세구역제도

자율관리보세구역은 지정보세구역 또는 특허보세구역 중에서 물품의 관리와 세관의 감시에 지장이 없다고 인정된 보세구역에 대하여 화물관리를 운영인 또는 화물관리인에게 위임하여 자율적으로 운영하도록 함으로써 세관의 직접적인 규제를 가급적 완화하고 관세행정의 능률적인 수행과 질서유지를 위하여 세관장이 지정한 보세구역을 말한다. 자율관리보세구역으로 지정받기를 원하는 운영인이나 화물관리인은 당해 보세구역에 장치된 물품을 관리할 수 있는 보세사를 반드시 채용하여야 한다.

자율관리보세구역으로 지정받으려면 보세구역의 종류 및 명칭, 소재지, 장치물품의 종류 및 수용능력을 기재한 신청서와 보세사등록증을 첨부하여 세관장에게 지정신청을 하여야 한다. 자율관리보세구역의 지정을 받은 자가 의무를 위반하거나 세관감시에 지장이 있다고 인정되는 경우에는 세관장이 지정을 취소할 수 있다.

자율관리보세구역의 지정이 취소가 되는 경우는 다음과 같다. 즉 특허보세구역의 물품반입정지 등의 사유로 자율적인 관리가 부적당하다고 인정되는 경우, 보세사의 직무를 보세사가 아닌 자가 수행한 경우, 보세사 채용명령을 받고도 기한 내에 보세사를 채용하지 아니한 경우, 운영인이 1년에 3회 이상 경고처분을 받은 경우, 기타 자율적으로 관리할 능력이 없다고 세관장이 인정하는 경우 등이 해당된다.

3. 보세운송

보세운송이란 외국으로부터 수입하는 화물을 입항지에서 통관하지 아니하고 세관장에게 신고하거나 승인을 얻어 외국물품상태 그대로 다른 보세구역으로 운송하는 것을 말한다. 이러한 보세운송은 수입화물에 대한 관세가 유보된 상태에서 운송되는 것이므로 보세운송신고 또는 승인신청신고를 해야 하므로 운송에 제약이 따르게 된다.

예를 들면 서울에 공장을 가진 화주가 부산항에 도착된 화물을 통관하는 데에는 두 가지 방법이 있다. 부산에서 통관을 한 후 내국화물상태로 서울로 운송하는 경우와 보세운송신고 또는 승인신청을 하여 부산에서 서울로 보세운송을 한 후 통관을 하는 것이다. 이와 같이 보세운송을 하여 서울에 물품을 옮겨 놓은 후에 통관을 하게 되면 화주에게 편리한 면이 있지만 보세운송할 물품을 세관에 신고 또는 승인신청을 한 후 보세운송하여 목적지 세관의 보세구역 등에 반입한 후에 관할세관장에게 도착보고를 하여야 한다.

그러나 보세운송신고 또는 승인신청과 도착보고 등의 업무가 수입화물 전산시스템에 의하여 이루어지고 있으며, 적하목록 등을 사전에 입수하면 운송수단인 선박이나 비행기에서 물품을 내리기 전에 보세운송신고가 가능하므로 보세운송으로 인한 수입화주의 불편사항은 거의 없다고 할 수 있다. 즉 수입화물 전산시스템에 의하여 보세운송신고서를 작성한 후 세관에 전송하면 세관에서는 접수통보 또는 수리 내역을 보세운송신고인, 발송지와 도착지 보세구역 및 관할세관에 전송을 하므로 서류 제출 없이 신속하게 보세운송이 이루어지고 있다.

보세운송을 하려면 우선 보세운송신고 또는 승인신청을 하여야 한다. 이때 보세운송신고는 화주와 보세운송업자, 관세사 등이 할 수 있다. 그러나 비금속설이나 통관보류물품 등 특정물품은 화물의 안전과 불법유출방지 및 효율적인 세관감시를 위하여 보세운송승인신청을 통해 세관장의 승인을 받아야 한다.

보세운송신고 또는 승인신청시점은 수입물품의 적하목록을 제출하고 하선 또는 하기장소에 물품이 반입된 이후에 보세운송신고 또는 승인신청하는 것이 원칙이나 선박이나 항공기가 입항하기 전이라도 할 수 있다.

국내에서 운송되는 모든 외국물품은 보세운송에 의해서만 운송이 가능한 것이 원칙이나 우편법에 의거하여 체신관서의 관리하에 운송되는 물품, 검역법 등에 의거 검역관서가 인수하여 검역소 구내계류장 또는 검역시행장으로 운송하는 검역대상물품, 국가기관에 의하여 운송되는 압수물품은 보세운송절차를 필요로 하지 않는다.

수입화물을 보세운송하고자 하는 경우 보세운송업자는 자기 보유 운송수단이나 다른 보세운송업자의 운송수단을 이용할 수 있다. 수입화주도 자기 화물을 직접 보세운송하는 경우에는 자기 차량은 물론 다른 운송수단도 제한 없이 이용할 수 있으며, 이 경우 화주는 관세에 상당하는 담보를 제공한 후 자신의 책임하에 목적지 보세구역까지 보세운송을 할 수 있다.

제2절 통관에 대한 이해

1. 통관의 개념

(1) 통관의 의의

통관(Customs Clearance)이란 물품을 수출하거나 수입할 때 거치는 일련의 절차를 말한다. 우리나라의 관세법에 의하면 통관이라 함은 관세법의 규정에 의한 절차를 이행하여 물품을 수출·수입 또는 반송하는 것을 말한다. 즉 물품의 국제간 이동에는 세관이라는 관문의 통과를 필요로 하는데 이 물품이 관세선을 통과하여 수입 또는 수출될 때에는 반드시 해당국의 세관에 수출 또는 수입신고가 수리되어야 한다. 세관의 수출 또는 수입신고수리 시에는 관계법규에 의한 일정한 절차를 거쳐야 하는데, 이와 같은 모든 수출 또는 수입절차를 마치고 물품에 대한 세관에서의 수출 또는 수입신고가 수리되는 것을 통관이라고 한다.

통관은 세관행정의 핵심을 이루고 있으며, 수출입물품에 대한 통관절차에 의하여 국가는 관세의 부과 및 징수를 행하고, 수출 또는 수입에 있어서의 관계법령에 의한 규제사항을 실물에 의하여 최종적으로 확인하게 된다. 이러한 통관은 수출 및 수입 절차 중에서 최종단계의 절차에 속하기 때문에 신속하고 적절하게 행해져야 한다.

(2) 통관의 역할과 중요성

무역은 무역관련 각종 법규와 제도에 의하여 관리되며, 무역의 원활화를 위한 각종 정책이 시행되기도 하지만 때로는 규제되기도 한다. 이와 같은 수출입법규의 집행과 수출입승인사항의 확인은 물품이 현실적으로 세관을 출입할 경우에 가능하다. 그리하여 전국의 항구와 비행장 가운데 몇 군데를 개항으로 지정한 후 여기에 세관 관서를 설치해 놓고, 모든 외국무역선과 외국무역기는 이 개항으로만 출입할 수 있도록 하여 외국무역선 및 무역기에 의하여 국내외로 운송하는 모든 물품에 대하여 세관으로 하여금 무역규제법규를 집행하고, 수출입승인기관이 수출입승인사항과 해당 물품을 대조·확인하게 하는 것이 바로 통관제도이다. 따라서 통관이란 서면으로 행한 수출입의 승인사항을 현장에서 현품에 의거 확인하여 현실적으로 물품의 수출입을 가능하게 하는 세관장의 행위를 말한다.

2. 수출통관

(1) 수출통관의 개념

수출이라 함은 내국물품을 외국으로 반출함을 말한다. 수출하고자 하는 물품이 대외무역법 및 관계법령 등에 의하여 수출이 가능한 물품인지 여부를 먼저 확인하여야 하며, 대금 영수방법에 대해서도 외국환거래법에 의거제약이 없는지 사전 확인할 필요가 있다. 또한 수출하고자 하는 모든 물품은 세관의 수출통관절차를 밟아야 한다. 수출통관절차라 함은 수출하고자 하는 물품을 세관에 수출신고를 한 후 신고수리를 받아 물품을 외국무역선(기)에 적재하기까지의 절차를 말하는 것이다. 수출하고자 하는 자는 당해 물품을 선(기)적하기 전까지 당해 물품의 소재지 관할세관장에게 수출신고를 하고 수리를 받아야 한다. 따라서 수출통관이라 함은 수출신고수리를 의미하는 것으로 내국물품을 외국으로 반출하는 것을 허용하는 세관장의 처분을 말한다.

현재는 전자자료교환(EDI: Electronic Data Interchange)방식의 수출통관절차를 도입하여 시행함으로써 수출물품을 간단하고 신속하게 통관하고 있으며, 신문 등 보도용품이나 카탈로그 등은 더욱 간소한 방법으로 수출통관을 할 수 있다.

수출물품에 대해서는 검사생략을 원칙으로 하고 있으나 전산에 의한 발췌검사 또는 필요 한 경우 예외적으로 검사를 실시하는 경우도 있다. 이때 부정수출이나 원산지표시 위반, 지적재산권 위반 등이 적발되면 관세법 등 관계법규에 의거하여 처벌받게 되므로 이러한 일이 발생되지 않도록 특별히 유의하여야 한다.

수출신고가 수리된 물품은 수출신고일로부터 30일 이내에 외국무역선 또는 외국무역기에 선적하거나 선기하여야 한다. 다만 선적 또는 선기 스케줄의 변경 등 부득이한 사유가 있는 경우에는 통관지 세관장에게 선적기간 연장승인을 받을 수 있다. 또한 선적(선기)기간 내에 선적(선기)되지 아니하는 경우에는 수출신고수리가 취소될 수 있으므로 유의하여야 한다.

한편 우편물이나 휴대탁송품의 선적(선기) 관리에 대해서는 별도의 절차를 규정하고 있으며, 우리나라 보세구역에 반입된 외국물품을 부득이한 사유 등으로 다시 외국으로 반송할 수 있는데 이때의 통관절차는 반송신고 및 절차에 따르고 있다.

(2) 수출통관절차

수출통관절차라 함은 수출하고자 하는 물품에 대해 세관에 수출신고를 하고 필요한 검사 및 심사를 거쳐 수출신고수리를 받아 물품을 선박 또는 비행기에 적재하기까지의 절차를 말한다. 세관에서는 이러한 관세법의 규정에 의한 일련의 절차를 통해서 관세법은 물론 대외무역법, 외국환관리법 등 각종의 수출규제에 관한 법규의 이행사항을 최종적으로 확인하게 된다.

1) 수출품의 장치

일반물품 수출물품은 수출자의 제조공장 또는 제품창고 등 세관검사를 받고자 하는 장소에 장치하고 수출신고를 한다. 따라서 수출물품의 제조가 완료되기 이전이라도 수출신고는 가능하다. 다만 수출신고가 수리된 물품은 수출신고일로부터 30일 이내에 선(기)적항의 보세구역에 반입하여야 한다.

선(기)상 신고물품에서 활어와 같이 신속통관을 요하거나 물품의 성질상 수출신고 수리 전에 선적이 불가피한 물품에 대해서는 선(기)적지 신고수리 전 선(기)적 승인을 받아 수출신고 전에 선적할 수 있다.

2) 수출신고

수출신고는 원칙적으로 EDI(Electronic Data Interchange, 전자서류교환방식)에 의해 진행되고 있으며 예외적인 경우에 한해 수출신고서 및 증빙서류를 세관장에게 제출하도록 하고 있다.

① 수출신고인

물품을 수출하고자 하는 자는 물품의 장치장소를 관할하는 세관장에게 수출신고를 하고 그 수리를 받아야 한다. 수출신고는 화주, 관세사, 완제품공급자 등이 할 수 있으나 대부분 관세사에게 위탁하여 처리하고 있다.

② 신고서류

수출신고는 수출신고인이 서류 없이 EDI로 신고자료를 전송하면 세관에서 컴퓨터 화면상의 신고자료를 확인하고 신고수리 여부를 신고자에게 전산 통보하는 EDI방식을 원칙으로 하고 있다. 따라서 일반적인 경우에는 별도의 서류를 세관에 제출하지 않고 수출신고가 완료된다. 다만 세관장 확인대상물품, 전략물자 허가대상물품, 위약으로 인한 재수출품 및 수입 시 재수출조건 이행물품, 위조상품 수출 등 지적재산권침해 우려가 있는 경우, 관세환급과 관련하여 위장수출의 우려가 있는 경우, 기타 불법수출에 대한 우범성 정보가 있는 경우에 해당하는 물품에 대해서는 문서로 된 수출신고서와 증빙서류를 세관장에게 제출하여야 한다.

③ 신고시점

신고사항에 대한 오류사항을 전신통보받거나 신고내용을 수정하고자 하는 경우에는 수출신고번호가 부여되기 전까지 신고사항을 수정하여 당초 제출번호에 의하여 다시 전송되어야 한다. EDI방식에 의한 수출신고시점은 EDI통관시스템에서 신고번호가 부여된 시점이 된다. 다만 서류를 제출하는 경우에는 세관에 의해 서류가 심사되고 신고가 수리된 시점이 된다.

④ 신고수리

세관장은 EDI방식에 의해 제출된 신고자료에 대하여 수출신고서작성요령에 적합하게 작성되었는지의 여부를 검토한 후 신고를 수리한다. 다만 문서로 된 수출신고서 제출대상의 경우에는 그 내용을 확인한 후 수리한다. 그러나 통관업무의 신속한 처리를 위해 문서로 된 수출신고서 제출대상에 포함되지 않거나 수출신고금액이 미화 5천 불 이하, 통관시스템에 의한 우범물품 선별기준에 해당하지 않는 경우에는 전산에 의해 자동적으로 신고가 수리된다.

⑤ 신고필증교부

문서를 제출하는 경우에는 수출신고서에 수출신고수리인과 신고서처리 담당자의 인장을 날인한 후 수출신고필증을 신고인에게 교부하고, 관세사가 EDI방식에 의해 수출신고를 한 경우에는 수출신고서상의 세관 기재란에 '본 신고필증은 수출통관 사무 처리에 관한 고시의 규정에 의거 본 관세사가 세관장의 신고수리사실을 확인 하여 화주에게 교부한 것임'이라는 인장과 함께 당해 관세사가 날인하여 신고인에 게 교부한다. 그리고 화주가 직접 EDI방식에 의해 수출신고를 하는 경우에는 '본 신고필증은 화주 직접신고에 의거 세관장으로부터 신고수리된 것임'이라는 기록과 함께 화주 등의 인장을 날인한다.

⑥ 서류보관

수출신고인이 서류 없는 수출신고를 하고 세관장으로부터 신고수리의 사실을 전 산통보받은 경우에는 수출신고서와 상업송장 및 첨부서류를 신고번호순으로 보관하 고 세관장이 업무실정을 감안하여 1개월의 범위 내에서 정하는 기간 내에 당해 서 류를 세관장에게 제출하여야 한다.

3. 수입통관

(1) 수입통관의 개념

물품을 수입하고자 하는 경우에는 우선 당해 물품이 관련 법령에 의한 검사, 검 역, 허가, 추천증 등의 수입요건을 구비하여야 하는지 여부를 확인하고 수입계약을 체결하는 것이 좋다. 이는 요건구비대상에 해당되는 물품은 검사, 검역, 추천기관 등의 요건확인기관의 확인을 받고 해당 구비서류를 갖추어야 세관의 통관이 가능하기 때문이다. 모든 수입물품은 세관에 수입신고를 하여야 하며, 세관에서 수입신고를 수리하여야 물품을 국내로 반출할 수 있다. 수입신고는 우리나라에 물품이 도착되기 전에도 가능하다. 이러한 신고를 출항 전 수입신고, 입항 전 수입신고라 한다.

한편 관세청은 신고인이 자기 사무실에서 전산으로 수입신고하고 전산으로 수입신고수리결과를 통보받을 수 있는 서류 없는 수입통관제도를 시행하고 있으며, 이 제도는 수입신고의 정확도가 높고, 체납사실이나 관세법 또는 환급특례법 위반사실이 없는 성실업체로 지정을 받은 업체가 이용할 수 있다.

또한 우리나라에 물품이 도착된 경우에는 이를 보세창고에 장치하여야 하는데, 수입신고는 보세창고반입전이나 반입 후 어느 때라도 가능하다. 수입신고는 화주, 관세사, 관세사법인, 통관취급법인의 명의로 하여야 한다. 화주가 직접 신고하는 경우에는 수입신고사항을 세관에 전송하기 위한 전산설비 등을 갖춘 후 세관에서 ID를 부여받아 신고하는 방법과 영세수출업체의 경우 한국무역협회 등에 설치된 공용단말기를 통하여 신고하는 방법이 있다.

수입신고 시에는 신고자가 관세 등 세금의 부과기준이 되는 과세가격, 관세율 및 품목분류번호, 과세환율 등을 확인하여 신고하여야 하므로 이를 잘 모르는 경우에는 전문가인 관세사에게 통관대행을 의뢰할 수 있다.

수입신고는 관세청에서 정한 수입신고서에 기재사항을 기재한 후 수입신고서에 선하증권 부본 등 신고 시 제출서류를 첨부하여 세관에 제출하여야 한다. 수입신고서를 접수한 세관에서는 신고한 물품의 검사 여부를 결정하게 된다. 대부분의 물품은 검사 없이 신고내용의 형식적·법률적 요건만 심사하고 수리하지만, 검사대상으로 선정된 물품은 세관공무원이 수입물품에 대한 검사 및 심사를 한 후 신고수리를 하고 있다.

세관의 심사결과 수입신고가 법의 규정에 따라 정당하게 이루어진 것으로 확인된 경우에는 당해 물품에 대한 관세 등을 납부하거나 해당 세액에 상당하는 담보를 제공하여야 신고수리가 되어 물품을 반출할 수 있다. 담보를 제공한 경우에는 신고수리 후 15일 이내에 관세를 납부하여야 한다.

원칙적으로 수입물품에 대해서는 정하여진 관세와 내국세 등을 납부하여야 하지만 일정한 경우에는 관세가 면제되거나 일부가 감면되는 경우가 있으며, 관세를 납부하였다 하더라도 이를 원재료로 사용하여 수출한 경우에는 납부하였던 관세를 환급해 주기도 한다.

세관에서는 적정한 과세가격을 포착하여 관세 등 제세만 징수하는 것이 아니다. 법령에 의하여 수출입이 금지되거나 제한되는 물품에 대해서는 당해 물품에 대한 수출입요건을 확인한 후 통관을 허용한다. 수출입요건 확인 이외에도 상표권침해 여부, 멸종위기에 처한 야생동식물의 국제거래에 관한 협약(CITES) 대상물품인지 여부 및 원산지표시를 확인한 후 통관을 허용한다. 한편 여행자휴대품, 이사화물 및 우편물, 특급탁송화물에 대해서는 별도의 통관절차를 규정하고 있다.

(2) 수입신고의 시기 및 요건

수입신고는 우리나라에 물품이 도착되기 전뿐만 아니라 선박 및 항공기가 도착한 후, 보세구역에 도착하기 전, 보세구역에 장치한 후 어떠한 시점에서도 신고가 가능하다. 물품을 어디에 두고 신고하느냐에 따라 세관에서는 편의상 출항 전 신고, 입항 전 신고, 보세구역 도착 전 신고, 보세구역 장치 후 신고로 구분하고 있으며, 출항 전 신고 및 입항 전 신고는 당해 물품을 적재한 선박 등이 우리나라에 입항하기 5일 전, 항공기에 의한 경우에는 1일 전부터 신고할 수 있다.

1) 출항 전 신고

출항 전 신고는 수입하고자 하는 물품을 적재한 항공기 또는 선박이 당해 물품을 적재한 공항 또는 항구를 출발하기 전에 수입신고를 하는 것을 말하는데, 항공기로 수입되는 물품 또는 일본, 중국, 대만, 홍콩으로부터 선박으로 수입되는 물품은 출항 전 신고가 가능하며, 수입물품을 적재한 선박이 도착할 입항예정지 세관장에게 수입신고를 하여야 한다.

2) 입항 전 신고

입항 전 신고는 수입하고자 하는 물품을 적재한 항공기 또는 선박이 선적지 공항 또는 항구에서 출항한 후 우리나라 항구 및 공항에 입항하기 전에 수입신고하는 것을 말하는데, 출항 전 신고와 같이 수입물품을 적재한 선박 및 항공기가 도착할 입항예정지 세관장에게 수입신고를 하여야 한다.

3) 보세구역 도착 전 신고

보세구역 도착 전 신고는 수입하고자 하는 물품이 우리나라 항구 또는 공항에 도착한 후 보세창고에 입고하기 전에 수입신고하는 것을 말하는데, 이때의 보세구역이란 보세창고는 물론 부두 밖 컨테이너 보세창고 및 컨테이너 내륙통관기지, 선상도 포함하여 지칭한다.

4) 보세구역 장치 후 신고

보세구역 장치 후 신고는 수입하고자 하는 물품을 보세장치장에 입고한 후 수입신고하는 것을 말한다.

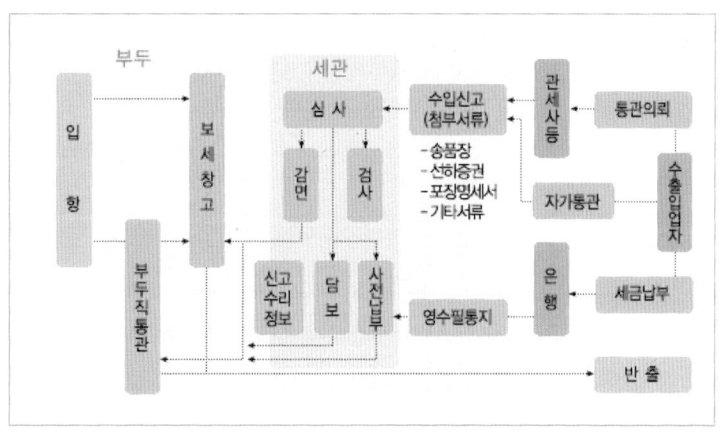

〈그림 9-1〉 수입통관 흐름도

제10장 국제무역거래의 사후관리

제1절 무역클레임

1. 무역클레임의 개념과 원인

(1) 무역클레임의 개념

무역거래를 하다 보면 예기치 못한 클레임이 발생하는 경우가 있다. 클레임이란 당사자 간의 거래계약에 따라 이행하면서 그 계약의 일부 또는 전부의 불이행으로 말미암아 발생되는 손해를 상대방에게 청구할 수 있는 권리를 말한다.

(2) 무역클레임의 원인

1) 간접적 원인

무역거래의 특유한 용어들은 오랜 실무상의 경험과 숙달이 필요하므로 당사자 간에 의견의 차이가 발생할 수 있으며, 계약당사자가 각기 사용하는 언어의 상이, 각국의 법과 상관습의 상이, 신용조사의 불비, 운송 중의 위험, 가격덤핑, 나라에 따라 서로 다르게 사용되고 있는 도량형, 상대국의 식품위생법이나 독과점법, 공업소유권 등 많은 요인들이 구역클레임의 간접적 요인으로 작용하고 있다.

2) 직접적 원인

무역계약의 체결과정에서 과실, 오해, 착오, 부주의 등에 의하여 무역클레임이 발생할 수 있으므로 계약체결 시는 전문가(변호사 등)의 자문을 얻어서 체결함이 분쟁을 예방하는 데 좋다. 특히 계약은 거래당사자를 직접 구속하므로 반드시 계약서에는 당사자명과 품명, 품목, 품종, 규격, 수량, 단가, 금액, 포장조건, 선적시기, 결제조건, 신용장조건, 보험조건, 면책조항, 클레임통지기한 등을 명확히 약정하여야 하며, 장래에 발생될지 모르는 분쟁의 해결을 위하여 중재조항 등을 삽입하고, 당사자가 기명날인하여 거래를 하여야 한다.

그러나 그 이행과정에서 품질불량, 수량의 부족, 고장불량, 선적 불이행, 불완전보험계약체결, 대금의 지불지연이나 지불거절, 신용장의 불(미)개설 혹은 지연, 거래알선에 따른 수수료 미지급 등 많은 요인이 클레임의 직접적 요인으로 작용하고 있다.

2. 무역클레임의 내용

(1) 금전의 청구를 내용으로 하는 클레임

1) 손해배상청구

저질품 인도 시, 선적 불이행 시, 부당한 계약 해제 시, 신용장개설 지연이나 불개설 시, 선박지정 지연 또는 지정치 않을 시, 선B/L 발급 시, 대금결제 지연, 화물의 부당한 인수거절, 계약물품의 상이 등과 같은 사유로 발생한 손해를 금전으로 계산하여 청구하는 것을 손해배상청구라 한다.

2) 대금지급거절

D/A거래 등에서 추심기간이 긴 경우 물품이 서류보다 먼저 도착하므로 도착물품이 계약물품과 상이할 때, 혹은 신용장조건과 서류가 불일치할 때 대금지급을 거절

할 수 있다.

3) 대금감액요청

도착된 물품의 품질이나 포장불량, 화인이나 상표불량 등 계약내용과 일치되지 않는 상품이 도착했을 때, 상품가액을 감액하여 인수코자 할 때, 대금감액요청을 할 수 있다.

2. 금전 이외의 청구를 내용으로 하는 무역클레임

1) 화물의 인수거절

화물이 도착한 후 매수인이 그 상품의 품질상의 흠, 손상 등을 발견하였을 때 그 화물의 일부 또는 전부를 인수거절할 수 있다. 이 경우 매매계약에 인수거절에 대한 특별약정이 있는 경우와 없는 경우로 나눌 수 있다. 전자의 경우 그 약정에 위배될 때에는 매수인은 물품인수를 거절할 수 있다. 그러나 후자의 경우에는 계약에 현저하게 위반한 때 예를 들면 1등급이라 약정하고 2등급을 공급할 때, 면책비율 이상의 잡물이 혼합된 때, 치수나 상표가 상이할 때, 포장상태가 상이할 때, 상품이 많이 파손된 때, 매수인은 물건의 인수를 거절할 수가 있다.

2) 계약이행청구

매도인이 매수인에게 하는 계약이행청구는 신용장개설요청, 매매약정물량의 이행요청 등이 있고 매수인이 매도인에게는 화물의 선적이행 등을 요청하나 만약 상호간에 원만히 해결되지 않으면 그 계약의 불이행에 따라 손해배상을 청구할 수밖에 없다.

3) 잔여계약분의 해제요청

1차 도착한 상품의 품질이 불량하다든가 규격이 상위하여 판매가 곤란할 때 나머지 계약분의 계약을 해제요청하는 클레임 등이다.

3. 무역클레임의 해결방법

무역클레임 해결방법으로는 당사자 간의 해결방법과 제3자가 개입하여 분쟁을 해결하는 방법이 있다,

(1) 당사자 간의 해결

당사자 간의 해결방법은 당사자 간에 직접 교섭하여 우의적으로 해결하는 방법을 말한다. 무역클레임은 당사자 간에 해결함이 가장 바람직스럽다. 왜냐하면 무역클레임 내용을 잘 알고 발생원인과 상황을 누구보다 잘 알며 또한 당사자 간의 해결에 있어서는 상대방과의 장래의 거래관계를 충분히 고려하기 때문에 비록 양 당사자가 각각 자기의 입장에서 충분한 이유가 있다고 생각하더라도 서로 타협하거나 또한 장래 거래를 위하여 양보로써 해결할 수가 있다. 당사자 간의 해결방법으로는 다음의 두 가지가 있다.

1) 청구권의 포기(Waiver of Claim)

피해자가 상대방에게 청구권을 행사하지 않는 경우로서 이는 대체적으로 상대방이 사전 또는 즉각적으로 손해배상제의를 통해 해결될 경우에 이루어진다. 청구권의 포기는 분쟁해결을 위한 가장 바람직한 방법으로 향후 양 당사자 간에 지속적이고 안정적인 거래를 보장받을 수 있다.

2) 화해(amicable settlement)

당사자 간의 자주적인 교섭과 양보로 분쟁을 해결하는 방법으로서 당사자가 직

접적인 협의를 통하여 상호평등의 원칙하에 납득할 수 있는 타협점을 찾는 것이다. 이 경우 대체적으로 화해계약을 체결한다.

2. 제3자의 개입에 의한 해결

당사자 간에 원만하게 해결할 수 없을 때, 즉 거래당사자의 주장이 대립될 때, 쌍방 혹은 일방의 감정이 악화되어 제3자의 냉정한 판단이 필요할 때, 상대방의 무성의로 타협이나 양보가 힘들 때, 학식이나 경험이 많은 제3자를 개입하여 분쟁을 해결하는 방법으로 이러한 방법의 해결로서는 알선, 조정, 중재, 소송 등이 있다.

1) 알선(intercession, recommendation)

알선이란 공정한 제3자가 당사자의 일방 또는 쌍방의 요청에 의하여 사건에 개입, 원만한 타협이 이루어지도록 협조하는 방법으로 당사자 간에 비밀이 보장되고 거래관계가 지속을 유지할 수 있는 장점이 있다. 알선은 쌍방의 협력이 없으면 실패로 돌아가고 강제력은 없으나, 알선수임기관의 역량에 따라 그 실효성이 나타나 대한상사중재원에 의뢰된 건 중 90% 이상이 알선단계에서 처리되고 있다.

2) 조정(conciliation, mediation)

조정은 양 당사자가 공정한 제3자를 조정인으로 선임하고, 조정인이 제시하는 해결안(조정안)에 양 당사자가 합의함으로써 분쟁을 해결하는 방법이다. 조정은 우리나라 중재규칙상 중재신청 후 당사자 쌍방의 요청이 있을 때 중재원 사무국이 조정인을 선정, 조정을 시도할 수 있다. 조정이 성립되면 화해에 의한 판정방식으로 처리하여 중재판정과 동일한 효력이 있으나 이에 실패하면 30일 내에 조정절차는 폐기되며, 중재규칙에 의한 중재인을 선정, 중재절차가 진행된다.

3) 중재(arbitration)

중재란 당사자 간의 합의(중재합의)로 사법상의 법률관계를 법원의 소송절차에 의하지 아니하고 제3자인 중재인(arbitrator)을 선임하여 그 분쟁을 중재인에게 맡겨 중재인의 판단에 양 당사자가 절대 복종함으로써 최종적으로 해결하는 방법이다. 조정은 당사자 일방의 요청이 있을 때에도 가능한 데 반하여 중재는 당사자 간 중재합의가 있어야 한다. 조정은 양 당사자의 자유의사에 따른 해결이나, 중재는 중재인의 판정에 절대 복종하여야 하며 그 결과는 강제성을 가질 뿐만 아니라 그 효력도 당사자 간에는 법원의 확정판결과 동일하다. 또한 중재에 관한 뉴욕협약에 가입한 외국에서도 집행을 보장해 주고 승인해 주므로 소송보다도 더 큰 효력이 있다.

4) 소송(litigation)

소송은 국가공권력에 의한 분쟁해결방법이며, 외국과의 사법협정이 체결되어 있지 않기 때문에 그 판결은 외국에서 승인 및 집행이 보장되지 않는다. 따라서 소송에 의하여 클레임을 해결하려는 경우에는 피제기자가 거주하는 국가에서 현지 변호사를 법정대리인으로 선임하여 소송절차를 진행하여야 한다.

제2절 중재제도

1. 중재제도의 의의

중재란 계약당사자 간에 자발적 중재합의에 의하여 당사자 간에 현존하는 분쟁 또는 장차 발생가능한 분쟁을 법원의 소송절차에 의하지 않고 민간인인 제3자를 중재인으로 하여 그에게 분쟁의 공정한 해결을 부탁하기로 하는 합의가 있는 경우에만 중재인에게 제한적인 관할권을 줌으로써 그 위임된 분쟁에 한하여 중재인은 당사자들의 주장과 증거에 입각하여 최종적인 결정을 내리면서 당사자는 이에 구속을 받는 자주적 분쟁해결방안이다.

중재합의의 형식은 사전에 계약서에 중재조항(Arbitration Clause)을 삽입하는 방식과 실제로 분쟁이 발생한 후에 당사자 간에 분쟁의 해결을 중재에 부탁한다고 합의하여 부탁계약(Submission to Arbitration)을 체결하는 방식이 있다. 대부분의 경우 분쟁이 발생된 후에는 불리하다고 판단하는 쪽에서 중재부탁계약의 체결에 동의하지 않거나, 동의하는 데 장기간을 지체하는 것이 보통이므로 당초의 계약체결 시 중재조항에 의하여 합의하여 두는 것이 좋다. 중재합의는 특정분쟁에 대한 법원의 재판관할권을 배제하고 중재인에게 제한적인 관할권을 줌으로써 중재인이 당사자들의 주장과 증거에 입각하여 최종적인 결정을 내리는 자주적 분쟁해결방식인바, 중재합의가 있는 경우에는 일반적으로 그 분쟁에 대해서는 법원에의 직소가 금지된다. 거래당사자 간의 계약서상에 중재조항을 삽입하면 사후 분쟁예방과 해결에 신속을 기할 수 있다.

[표준중재조항](국문례)

"이 계약으로부터 또는 이 계약과 관련하여 또는 이 계약의 불이행으로 말미암아 당사자 간에 발생하는 모든 분쟁, 논쟁 또는 의견 차이는 대한민국 서울특별시에서 대한상사중재원의 상사중재규칙 및 대한민국법에 따라 중재인에 의하여 최종적으로 해결한다. 중재인(들)에 의하여 내려지는 판정은 최종적인 것으로 당사자 쌍방에 대하여 구속력을 가진다."

[Standard Arbitration Clause](영문례)

"All disputes, controversies, or differences which may arise between the parties, out of or in relation to or in connection with this contract, or for the breach thereof, shall be finally settled by arbitration in Seoul, Korea in accordance with the Commercial Arbitration Rules of the Korean Commercial Arbitration Board and under the Laws of Korea. The award rendered by the arbitrator(s) shall be final and binding upon both parties concerned."

2. 소송과 중재의 비교

소송은 당사자 간에 합의가 없더라도 당사자가 능력만 있으면 절차의 진행이 가능하나 중재는 반드시 성문화된 합의(계약)가 있는 경우에만 절차가 유효하게 법적 보호를 받을 수 있다. 따라서 기본적인 분쟁의 해결방식은 소송이며, 중재는 이를 대체한 새로운 해결수단이라 할 수 있으나 중재는 소송에 비하여 다음과 같은 유리한 장점을 지니고 있다.

(1) 분쟁의 신속해결

소송은 인간의 모든 사항에 대한 분쟁을 결정하므로 때로는 신체의 생사 여부에 관한 형사적 문제도 심리판단하게 된다. 그렇기 때문에 소송에 매우 신중한 절차를 요하게 되어 3심제를 운영하고 있다. 그러나 중재는 몇 나라의 예외를 제외하고는 단심제로 운영되고 있어서 법원에 비하여 매우 짧은 단계를 거쳐 최종판정에 도달하게 된다. 우리나라의 중재는 단심제이다. 당사자들은 그들 자신의 합의로써 판정 기간을 정할 수 있고 당사자들의 긴급성에 따라서 그 기간을 명시하여 단축시킬 수 있다. 우리나라의 경우에는 이러한 기간은 당사자들이 정하지 않은 때에는 중재가 개시된 날로부터 3개월 이내에 중재판정을 하도록 되어 있다. 이 법의 취지를 받들어 대한상사중재원 상사중재규칙은 당사자 간의 중재 시 고의로 지연작전을 쓰지 못하게 하는 예방조치로서 여러 가지 규정을 두고 있다.

(2) 비용의 절약

신속한 분쟁의 해결은 그만큼 비용을 절약할 수 있다. 법원의 소송에 의할 경우 변호사의 보수를 비롯하여 매 심급마다 인지대가 배가되기 때문에 중재보다 비용이 많이 들게 된다. 또한 상사에 관한 전문적인 지식과 경험을 지닌 중재인에 의한 심문은 새로운 설명이나 지식의 보완이 필요치 않음으로써 분쟁해결을 위한 증인심문들의 진술서 작성 등 시간이나 경비가 저렴하게 된다.

(3) 적합한 중재인의 선정

국제무역에서 발생되는 분쟁의 경우에는 매매조건, 상품의 시장성, 가격의 변동, 무역관습 등 거래상의 전문화, 기술화, 분업화, 세분화, 산업화의 전문지식을 요하기 때문에 중재인을 선정하는 데는 그 분야에 맞는 중재인을 선정하여야 한다. 이러한 목적을 위하여 대한상사중재원은 중재인단 명부를 매년 1회 정비유지하고 있는데, 이는 법조계, 실업계, 각종 업종별 단체의 대표자, 학계 공공단체 조사기관 대표, 개업 중인 공인회계사, 변리사, 주한외국인 등을 엄선하여 구성되어 있다.

(4) 절차의 비공개

법원의 소송절차는 공개주의에 입각하여 진행되므로 자체회사의 조업방식, 운영비용, 손익에 관한 것 등 거래비밀이 자연히 대외적으로 알려지게 마련이며, 이러한 것들이 대외적으로 알려질 경우에는 회사의 신용하락은 물론 국제경쟁력이 악화되어 예측할 수 없는 손실이 발생하게 된다. 특히 거래과정에서 클레임이 발생된 사실 자체가 알려지면 회사의 명예에 악영향을 끼칠 우려가 크기 때문에 더욱 비밀을 요하는 사항이 아닐 수 없다. 중재는 바로 이러한 점을 감안하여 절차를 공개하지 않기 때문에 모든 사업상의 비밀이나 회사의 명성을 그대로 유지할 수 있게 한다. 우리나라의 경우에도 상사중재규칙 제35조에 절차의 비공개주의를 택하고 있다.

(5) 판정의 효력

재판권은 국가주권의 일부이며, 국가가 행한 재판은 다른 국가에 효력이 미치지 않는다. 그러나 중재는 당사자 간의 합의에 의한 것이므로 사법상의 유효한 계약으로 보기 때문에 외국에서도 그 이행에 주권침해와 같은 문제가 발생치 않는다. 중재판정의 국내적 효력은 당사자 간에는 법원 확정판결의 효력과 동일하며, 국제적 효력으로 뉴욕에서 채택된 외국중재판정의 승인 및 집행에 관한 국제연합협약에 우리나라도 1973년에 가입함으로써 외국에서도 그 집행을 보장받을 수 있어 소송보다도 더 큰 효력이 있다.

제11장 전자무역에 대한 이해

제1절 전자무역과 무역자동화

1. 전자무역의 개요

(1) 전자무역의 개념

인터넷을 포함한 통신기술의 발달은 국제상거래에도 많은 변화를 가져왔다. 인터넷을 통한 무역거래가 가능해졌고, 거래 이후의 절차도 종이문서가 아닌 전자문서, 전자금융으로 처리가 가능해진 것이다. 즉 인터넷사용의 확산은 기업활동의 글로벌화를 가속화하고, 무역거래방식과 관행을 근본적으로 변화시킴으로써 무역의 패러다임을 변화시킨 것이다.

현재 우리나라는 무역관련 법률에서 전자무역에 대한 정의 규정을 두고 있다. 즉 대외무역법에서는 전자무역에 대해 '무역의 전부 또는 일부가 컴퓨터 등 정보처리능력을 가진 장치와 정보통신망을 이용하여 이루어지는 거래'를 말한다고 정의하고 있다.

<대외무역법>
제2조(정의) 이 법에서 사용하는 용어의 정의는 다음과 같다.
1. '무역'이라 함은 물품과 대통령령이 정하는 전자적 형태의 무체물(이하 '물품 등'이라 한다)의 수출/수입을 말한다.

---

6. '전자무역'이라 함은 무역의 전부 또는 일부가 컴퓨터 등 정보처리능력을 가진 장치와 정보통신망을 이용하여 이루어지는 거래를 말한다.

또한 무역거래기반 조성에 관한 법률에서는 '인터넷 등 정보통신망을 통하여 수행하는 무역거래'를 전자무역거래로 규정하고 있다.

<무역거래 기반 조성에 관한 법률>
제4조(무역거래기반조성사업 및 시행기관) ① 산업자원부장관은 기반조성계획을 효율적으로 시행하기 위하여 관계중앙행정기관의 장과 협의하여 무역거래기반조성에 관한 다음 각 호의 사업(이하 '무역거래기반조성사업'이라 한다)을 추진하여야 한다.
2. 인터넷 등 정보통신망을 통하여 수행하는 무역거래(이하 '전자무역거래'라 한다)기반의 구축

우리나라 법규상 전자무역은 물품 및 소프트웨어, 콘텐츠 등의 수출입에 있어 그 전부 또는 일부가 컴퓨터 등 정보처리능력을 가진 장치와 정보통신망을 이용하여 이루어지는 거래가 되는 것이고, 물품이나 전자적 형태의 무체물을 제외한 서비스에 대한 거래는 전자무역에 해당하지 않는다고 본다. 그리고 무역업무 자동화 촉진에 관한 법률은 무역자동화를 '무역업무를 전자문서교환방식으로 행하는 것'으로 규정하여 전자문서교환(EDI: Electronic Data Interchange)을 전제로 하고 있음을 알 수 있다.

EDI(Electronic Data Interchange)는 구조화된 형태의 데이터(structured format data), 즉 표준전자문서를 컴퓨터와 컴퓨터 간에 교환하여 재입력과정 없이 즉시 업무에 활용할 수 있도록 하는 새로운 정보전달방식으로, 거래당사자가 인편이나 우편에 의존하는 종이서류 대신 컴퓨터로 수출승인서 등의 행정서류 및 상업송장 등의 상거래서식을 서로 합의한 표준화된 양식에 맞추어 상호 교환하여 재입력과정 없이 직접 업무에 활용할 수 있도록 하는 새로운 정보전달방식을 말한다.

한편 무역의 단계를 계약체결을 중심으로 그 이전단계와 계약 이후의 이행단계의 3단계로 구분할 경우 정보수집과 마케팅이 계약체결 이전단계라고 할 수 있고, 상담 및 계약체결이 계약체결단계, 무역금융과 통관 및 대금결제, 물류 및 운송단계가 계약의 이행단계라고 할 수 있다.

이 경우 대외무역법에서 전자무역에 대해 정의하고 있는 것처럼 무역의 전부 또는 일부가 정보통신망을 통해 이루어지면 전자무역으로 볼 수 있으므로, 정보수집을 인터넷을 통해 하거나 무역업체가 홈페이지를 통해 마케팅을 해서 무역계약이 체결되었다면 그 자체가 전자무역의 범주에 들어가게 되는 것이다. 즉 무역거래 성사 이전의 각종 마케팅활동과 거래조건 협상뿐 아니라 무역거래 성사 이후 각종 무역관련 서류의 전자적인 처리를 위한 무역EDI의 활용이 모두 인터넷을 통해서 이루어질 수 있게 되었기 때문에 기존의 무역에 대비되는 새로운 무역개념이 필요하게 되었고, 이것이 바로 전자무역인 것이다.

전자무역에 관한 정의를 종합해 볼 때 '무역의 모든 절차를 인터넷, EDI 등 각종 정보통신기술을 이용하여 전자적으로 처리함으로써 시간과 공간의 제약 없이 무역관련 직·간접의 업무를 신속하고, 정확하며, 효율적으로 처리하는 일련의 과정'이라고 정의할 수 있다.

(2) 전자무역의 중요성

전자무역은 한국경제의 중추산업인 무역의 구조적 혁신을 통해 국가경쟁력을 획기적으로 증대시킬 수 있는 국가핵심전략이라 할 수 있다. 전자무역은 단순히 거래방식의 변화가 아니라 전통무역산업을 포함한 국민경제구조와 프로세스의 혁신을 포함하는 혁명적인 변화를 내포하고 있기 때문이다. 이러한 전자무역은 우리나라 무역이 안고 있는 여러 문제를 근본적으로 해결할 수 있는 기회를 제공해 주고 있다.

정보통신기술의 급속한 발전과 함께 무역거래방식 역시 과거와는 전혀 다른 구조와 방식으로 변화하여 모든 무역프로세스가 전자화되고 있다. 전자무역은 단기적으로 무역프로세스 혁신을 통해 무역관련 제 비용을 혁신적으로 절감함으로써 우리나라 무역의 고비용구조를 획기적으로 개선할 수 있는 기회를 제공하고 있다. 전자무역을 통해 우리나라 기업이 새로운 시장 개척과 신제품 창출을 가능하게 하여 수출경쟁력을 획기적으로 제고할 수 있는 전기를 제공할 것이다.

전자무역은 기업, 산업, 정부의 IT화와, e-비즈니스화의 노력으로 수출경쟁력이 향상되어 국가경쟁력 제고로 직결시킬 수 있는 가장 효과적인 방안으로 수출중심형 한국경제의 특성을 고려할 때 기업과 산업의 IT화, e-비즈니스화는 결국 전자무역을 통해 수출의 양적 증대와 고부가가치화로 연결될 때 가치창출이 가능할 것이다.

(3) 전자무역의 장점

1) 교역상품과 서비스가격의 단일화 및 하락

인터넷에서는 정보검색엔진을 이용하여 특정상품이 어느 나라에서 어느 가격선에서 얼마나 공급되고 있는지 실시간으로 찾아볼 수 있다. 이를 통해 특정상품을 필요로 하는 기업과 소비자 간에는 철저한 시장원리가 적용되어 가장 경제적이고 합리적인 거래가 가능하게 된다.

2) 전 세계 대상의 글로벌 마케팅 가능

인터넷을 통한 전자무역은 전 세계를 대상으로 광고 및 마케팅활동을 최소한의 비용으로 수행할 수 있다. 인터넷은 국가 간 장벽이나 지리적 제한이 존재하지 않는 글로벌 네트워크이므로 최소의 비용으로 시간의 제약이나 지면공간의 제약도 초월한 것이다. 따라서 기업활동의 무대를 세계로 넓히는 데 좋은 수단이 되는 것이다.

3) 거래처 발굴의 효율화 및 거래정보의 획득용이

인터넷을 통한 전자무역을 이용하면 훨씬 더 적은 비용으로 효율적인 거래처 발굴이 가능하다. 기존에는 거래처 발굴을 위해서 거래알선기관에 의뢰하거나 각종 디렉터리, 해외에 배포되는 인쇄매체, 현지의 광고, 각종 박람회, 전시회의 참가 등을 이용하였다.

그러나 인터넷에서는 각국의 정부와 무역유관기관 그리고 개별기업들이 올려놓은 무역에 관련된 수많은 정보들을 웹사이트를 통하여 쉽게 찾아볼 수 있다.

4) 중소기업에 성장기회 제공

인터넷을 통한 거래는 기업의 규모나 인지도보다는 어느 기업이 소비자의 욕구를 충실히 반영할 수 있느냐에 달려 있다. 따라서 좋은 제품, 서비스능력, 창의적이고 진취적인 자세만 가지고 있다면 중소기업에도 성장의 가능성은 열려 있고, 또한 현지 지사 등 거점이 없어도 해외시장 개척이 가능하므로 시장을 확대시킬 수 있다.

5) 기업활동비용의 획기적인 절감

인터넷상에서 상품을 수출하는 기업의 경우, 판매상품에 대한 정보를 별도의 홍보책자나 전단으로 만들지 않고 인터넷에 곧바로 전시할 수 있기 때문에 이에 따른 제품홍보비용을 대폭 줄일 수 있다. 바이어들도 인터넷을 이용하여 다양한 상품정보를 쉽게 얻을 수 있기 때문에 물품탐색에 필요한 시간과 비용을 절약할 수 있다.

6) 거래비용의 획기적인 절감

바이어와 판매자 간의 상담이나 상품에 대한 정보의 취득, 거래성사를 위한 각종 서류의 교환형태도 전기신호를 이용한 통신수단에서 전자신호를 이용하는 인터넷으로 전환되어 가고 있다. 또한 음성정보, 이미지정보 그리고 영상정보도 또한 디지털화되어 인터넷으로 흡수되고 있고, 이러한 인터넷 부가서비스는 비싼 국제통신비용을 획기적으로 절감할 수 있는 큰 장점을 갖고 있다.

7) 새로운 국제운송물류시스템의 도입

인터넷의 등장은 전혀 새로운 상품배송시스템을 구축하게 된다. 주문과 동시에 상품을 공급받고자 하는 소비자들의 욕구에 맞춰 현지생산, 현지보관, 현지배달이라는 상품배송시스템을 구축할 수 있다. 이러한 효율적이고 빠른 운송물류시스템의 도입은 국제무역을 보다 활성화하는 방향으로 이끌어 갈 것이다.

2. 무역자동화의 개념

(1) 무역자동화의 의의

무역자동화란 수출입에 관련된 각종 행정 및 상거래 서식을 당사자의 합의에 따라 컴퓨터가 읽을 수 있는 전자문서의 형태로 바꾸어 통신망을 통해 컴퓨터로 주고받음으로써 이른바 종이서류 없는 무역절차(paperless trade)를 실현하는 것을 의미한다.

> 무역자동화(Trade Automation)란 기업 간 또는 공공기관 사이에 상호 교환되는 문서를 정형화된 표준양식과 코드체계, 즉 전자문서교환(EDI)을 이용하여 컴퓨터 간의 직접통신에 의해 교환하는 정보통신서비스이다.

이러한 무역자동화는 전통적인 종이서류 중심의 무역업무에 일대 혁신을 초래하였다. 종전처럼 사람이 서류를 직접 들고 은행, 수출입단체, 세관 등을 일일이 쫓아다니거나 우편, FAX 등을 통해 무역업무를 처리하는 대신 컴퓨터를 이용한 전자문서교환(EDI)을 통해 사무실에서 빠르고 간편하게 무역업무를 처리할 수 있기 때문이다.

우리나라의 무역자동화 사업은 대외무역법 등과 관련된 업무로서 상역, 외환, 보험, 통관 등의 업무를 포괄하고 있으며, 무역과 관련된 표준전자문서를 개발 완료함으로써 무역업무의 전자문서교환(EDI)서비스를 제공하고 있다. 이러한 무역자동화 사업이 참여하고 있는 사용자집단은 금융기관, 해운 및 항공운송업체, 해양수산부, 관세청 및 관련 협회, 조합단체 등으로 구성된다.

대부분의 수출입화물통관업무가 수출입유관기관, 무역업체, 관세사, 은행 등 업체별 컴퓨터와 세관컴퓨터를 전자문서교환(EDI)서비스망으로 연계되어 서류 없이 처리된다는 점에서 국가경쟁력 강화와 기업의 물류업무체계를 개선하는 효율적인 무역업무의 정보거래수단이 될 것으로 보인다.

한편 무역자동화 시스템이란 수출입절차 전반에 걸쳐 무역업체와 무역유관기관을 유기적으로 연결하여 무역관련 각종 전자문서와 무역정보를 송신 및 수신할 수 있도록 하는 컴퓨터통신시스템을 말한다.

(2) 무역자동화의 중요성

현재 무역자동화는 국제교역량의 증가 및 관련 분야의 전산화와 더불어 국제교역의 필수적 요구사항이 되었다. 전자문서교환방식을 이용하지 않고서는 무역업무의 처리가 사실상 불가능해질 정도로 국제무역환경은 급격하게 변화되고 있다. 이와 같은 무역자동화는 통관업무를 중심으로 미국, 일본, EU 등 선진국에서는 이미 보편화되어 있으며, 우리나라와 유사한 무역환경을 가진 호주, 뉴질랜드, 싱가포르, 대만 등에서도 상당한 진척을 보이고 있다.

(3) 무역자동화의 주요업무

1) 수출신용장 통지업무

해외수입상의 거래은행이 신용장을 개설하게 되면 SWIFT(국제은행 간 자금결제통신망)를 통하여 국내에 소재한 통지은행으로 신용장 전문을 통지하게 된다. 통지은행은 수신한 SWIFT 전문을 EDI형태로 변환하여 신용장을 수출업자에게 EDI로 통지하게 된다. 따라서 수출상은 통지은행을 방문하지 않고서도 신속하게 수출신용장을 수취할 수 있으며, 수출업자는 자기 컴퓨터에서 출력한 신용장으로 네고 시에 원본으로 사용 가능하다.

2) 수입신용장개설업무

수입업체가 수입신용장개설의뢰 전자문서를 개설은행에 송신하면, 개설은행은 SWIFT전문으로 변환하여 해외통지은행에 신용장개설내용을 통지하고 개설의뢰인에게는 수입신용장개설 응답서를 전송한다.

3) 내국신용장업무

내국신용장개설의뢰인은 내국신용장개설신청 전자문서를 개설은행에 송신하고, 이를 수신한 개설은행은 개설의뢰인 또는 수혜자에게 내국신용장개설내용을 전자문서로 송신하게 된다.

4) 오퍼발행업무

국내오퍼(offer)의 EDI처리방법은 오퍼상이 오퍼발행 전자문서를 전송하면 수입자는 승낙 전자문서를 오퍼상에게 전송하면 된다. 이렇게 함으로써 오퍼상은 인편에 의한 전달시간을 절감할 수 있고, 수입자는 수신한 오퍼 데이터를 이용하여 수입신용장개설신청서나 수입승인신청서 작성 시 중복되는 데이터를 재입력하지 않아도 되므로 서류작성시간과 데이터 오류를 줄일 수 있다.

5) 적하보험업무

무역업체가 EDI방식에 의해 적하보험을 부보하는 경우, 무역업체는 적하보험청약 전자문서를 작성하여 보험회사에 전송하고, 보험회사는 보험증권 발급통보 전자문서를 무역업체로 전송하게 된다. EDI로 적하보험 발급통보를 받은 무역업체는 미리 수령한 보험증권 양식에 부보사항을 출력하여 사용하면 된다. 적하보험업무의 EDI 처리는 빠르고 정확한 적하보험청약이 가능하고, 보험증권을 무역업체가 직접 출력하여 사용하므로 보험증권 전달시간이 절약되어 무역업체가 조기에 네고하여 자금을 회전할 수 있는 장점이 있다.

6) 선적요청 및 선하증권발급업무

화주가 상업송장,[25] 포장명세서[26]를 근거로 작성한 선적요청 전자문서를 운송회사에 전송하면 운송회사는 선하증권 전자문서를 화주에게 전송한다. 그러면 화주는 면허 및 컨테이너 정보를 운송회사에 전송하고, 운송회사는 이 정보를 활용하여 물품을 반출입하고 선적정보를 화주에게 전송한다. 따라서 보다 정확한 정보를 신속히 전달함으로써 수출물품의 적시 선적을 도모할 수 있다.

7) 수출입통관업무

수출입업자가 EDI방식에 의해 수출입신고를 하고자 할 경우 수출입업자는 수출입신고의뢰 전자문서를 관세사에 송신하면 된다. 신고된 건의 수리가 결정되면 관세사는 수출입신고필증 정보전자문서를 수출입업자에게 전송하게 된다.

---

25) 국제상거래상 선하증권(B/L)과 함께 필수적인 선적서류로 사용되는 상업송장(Commercial Invoice)은 불어의 'envoyer'(send)에서 유래된 것으로, 물품의 거래가 원격지 간에 행하여지는 경우 매도인이 매수인 앞으로 해당 물품의 특성과 내용명세를 상세하고 정확하게 작성하여 송부하는 선적화물의 계산서 및 내용명세서이다. 국내상거래에 이용되는 송장은 단순히 상품의 적요서나 안내장의 역할을 하지만 국제무역의 경우에는 적요서나 안내장의 역할 뿐만 아니라 매매당사자의 이름과 주소, 발행일자, 주문번호, 계약상품의 규격 및 개수, 포장상태 및 화인 등이 표시된 구체적인 매매계산서인 동시에 대금청구서이기도 한다. 따라서 송장은 무역거래상의 필수서류로 모든 신용장에서 요구하고 있으나 유가증권인 선하증권이나 보험증권과 같이 그 자체가 청구권이 있는 서류는 아니다. 송장의 이러한 성격 때문에 어떤 경우에는 그 거래계약의 존재 및 계약이행의 사실을 입증하는 자료가 되며, 또한 수입물품의 정확성 및 진실성을 입증하기 위한 세관신고의 증명자료가 되기도 한다.

26) 계약물품의 선적이나 기적을 증명하기 위한 운송서류 중에서 선하증권이나 상업송장과 같이 꼭 필요한 필수적 서류는 아니지만 원산지증명서 등과 함께 중요한 부속서류에 속하는 것이 포장명세서(Packing List)이다. 포장명세서에는 선적화물의 포장 및 포장 단위별 명세와 단위별 순 중량, 총 중량, 그리고 화인 및 포장의 일련번호 등을 기재함으로써 포장과 운송, 통관상의 편의를 위하여 수출업자(매도인)가 수입업자(매수인) 앞으로 작성하는 계약관련 서류 중의 하나이다. 따라서 기재내용은 상업송장에 부수하여 거래계약 성립에 따라 선적화물의 자세한 명세를 표시하게 된다. 그리고 선적된 화물을 일목요연하게 알아볼 수 있도록 작성하는 것으로 송장을 보충하는 역할을 한다.

제2절 전자무역 실무절차

1. 전자무역의 기본요건

전자무역을 성공적으로 추진하기 위해서는 기업의 수용태세 및 활용능력이 매우 중요하다 할 수 있다. 즉 기업 차원의 정보화 전략과 전자무역 마케팅전략이 필요할 뿐만 아니라 하드웨어, 소프트웨어, 통신망, 홈페이지, 전자우편 등의 인터넷 하부구조와 무역실무능력, 인터넷 활용 등의 능력을 갖춘 전문인력 등이 필요하다.[27)]

(1) 기업 차원의 정보화 전략과 전자무역 마케팅전략

인터넷 활용전략 및 인터넷을 이용한 해외 마케팅전략을 수립해야 한다. 회사 및 제품 홍보, 거래선 발굴, 국제통신비용 절감 등 구체적인 전자무역의 목표 설정과 함께 기업 전체의 통합 마케팅전략 차원에서 기회선점의 적극적인 자세가 필요하다. 이는 전자무역거래를 위한 컴퓨터 등의 정보통신망 특히 인터넷이 단순한 컴퓨터통신망이 아니라 전 세계 기업 및 소비자에게 신속하게 직접 다가갈 수 있는 사이버마켓의 인프라이기 때문이다.

(2) 홈페이지와 전자우편

홈페이지의 제작 및 업데이트와 함께 전자우편의 이용을 활성화해야 한다. 특히 인터넷을 통한 전자상거래 시대에는 홈페이지가 회사 브로슈어나 상품 카탈로그의 역할은 물론 고객지원과 의견수렴의 통로로서 중요한 역할을 수행한다. 이러한 홈페이지는 많은 비용을 들여 전문업체에 의뢰하여 자체 제작할 수도 있지만 중소기업의 경우 무역유관기관에서 제공하는 무료서비스를 이용할 수도 있다. 이때 이용

---

27) 산업자원부·한국무역협회, 2004 Trade Incubator 무역실무, pp.53 - 57 참조.

자의 접속환경을 고려하여 디자인과 내용을 구성해야 하며, 최신 정보로 지속적으로 업데이트를 해야 한다. 또한 우편, FAX, 전화로 처리하여 왔던 각종 의사교환과 거래협상업무를 전자우편을 통해 신속하고 저렴하게 처리할 수 있어야 한다.

(3) 인트라넷 구축

전자무역거래에 적합한 신제품의 개발과 함께 효과적인 주문처리, 고객관리 및 대금결제 등을 위한 내부체제를 갖추어야 한다. 이것은 기업 내부는 물론 외부와의 정보교환과 업무를 인터넷상에서 통합적으로 처리할 수 있는 인트라넷의 구축과 함께 업무방식의 혁신을 강화해야 한다는 것을 의미한다.

(4) 전자무역 및 무역실무능력

기업 내에 전자무역을 담당하는 전문인력을 적극 육성해야 한다. 거래선 발굴과 각종 무역관련 정보의 신속한 입수 및 활용 등을 위해서는 정보검색능력을 갖춘 인터넷을 잘 아는 실무자의 양성이 매우 중요하다. 이를 위해서는 외부교육이나 세미나 등에 적극 참가하고, 필요하다면 외부 전문가의 자문을 받도록 한다.

(5) 컴퓨터 활용능력

적극적인 인터넷마케팅 및 웹 프로모션을 해야 한다. 무역거래알선사이트, 검색엔진, 유즈넷[28] 등에 등록 및 조회하고, 명함, 서류, 홍보물 등에도 홈페이지와 전자우편주소 등을 기재하는 등 온라인 및 오프라인상에서의 마케팅활동을 강화해야 한다. 특히 국내 및 해외의 거래알선사이트를 적극 활용해야 한다. 인터넷상의 거래알선사이트를 이용할 경우 업체와 상품에 대한 검색은 물론 오퍼 등록 및 조회 등을 통

---

28) 유즈넷이란 범세계적인 네트워크에 접속된 서버들에 올려져 있는 여러 주제에 대한 글들을 모아놓은 것이다. 올려진 글모음에 대한 각 주제는 보통 뉴스그룹이라고 불린다.

하여 매우 효과적으로 해외 홍보와 거래선 발굴 등을 할 수 있다. 대부분 무료로 이용할 수 있는 국내 거래알선사이트뿐만 아니라 유료인 해외 거래알선사이트도 적극 활용할 필요가 있다.

2. 전자무역실무절차

(1) 해외시장조사 및 거래선 발굴

무역거래 시 가장 최초의 업무는 해외시장조사 및 거래선을 확보하는 일이다. 이는 해외 거래선을 발굴하지 못하면 이후의 무역절차는 아무런 의미가 없기 때문이다. 따라서 거래선 발굴과 해외시장동향에 대한 정보는 매우 중요하다. 기존 무역거래방식은 직접 해외에 물품을 들고 방문하는 방법이 있고, 카탈로그를 제작하여 우편으로 보내는 경우가 있다. 또한 수출물품에 대한 거래제의 편지를 써서 수십 통씩 미지의 수입업자들에게 보내는 방법을 이용하기도 한다. 그러나 전자무역은 인터넷상에서 해외의 거래선 발굴과 해외시장정보를 얻을 수 있다. 우선 수출물품을 홍보할 수 있는 자체 홈페이지를 구축하고, 거래알선사이트를 이용하며, 검색엔진을 활용하여 해외시장정보를 수집할 수 있다.

(2) 거래제의 및 신용조사

해외시장조사를 통해 거래선이 발굴되면 수입업자에게 거래를 제의한다. 거래제의는 전자메일을 이용하는 방법과 전화나 팩스를 이용하는 방법이 있다. 전자메일을 보내는 경우에는 거래선을 알게 된 경위와 회사, 제품에 대하여 자세히 소개한다. 거래제의를 받은 수입업자는 수출업자와 서로 오퍼를 주고받는데 그 내용은 품질, 수량, 가격, 인도시기, 보험, 대금결제조건, 운송방법에 대한 것이다.

이와 동시에 수입업자의 신용도를 신용조사기관을 통해 조사한다. 국내에서 수입업자의 신용조사를 위해 이용할 수 있는 기관은 수출보험공사(www.keic.or.kr)와 신용보증기금(www.shinbo.co.kr) 등이 있으며, 개별거래은행을 이용하여 신용조사하는 방법이 있다.

(3) 매도계약서 발송

매도오퍼(selling offer)를 통한 카운터오퍼(counter offer)를 통하여 거래조건 내용에 대해 수입업자와 협상하게 된다. 협상 끝에 수출업자는 거래조건 및 내용에 대해서 오퍼보다 자세한 내용을 포함하는 계약서를 작성하여야 한다. 매도계약서에는 품질, 수량, 가격, 포장, 선적, 지불방법, 보험조건 등이 포함되어야 한다.

(4) 신용장개설

신용장거래조건의 매매계약을 한 경우에 수입업자는 거래은행에 신용장개설을 의뢰한다. 개설은행은 수출업자에게 신용장을 발행한다. 수출업자는 신용장을 검토한 후 매도계약서의 계약조건과 다른 경우 수입업자에게 수정을 요구한다. 외국환거래은행과의 EDI 이용 거래협정을 체결하여 대금결제와 관련한 업무를 수행할 수 있다. 신용장의 내용이 매도계약서의 조건과 일치하면 수출물품을 확보하기 위한 방안을 강구한다.

(5) 수출물품의 확보

제조업자가 직접 수출하는 경우는 수출물품의 인도일에 맞추어 수출물품의 생산기간과 수량을 확보한다. 그러나 무역업자인 경우는 수출물품을 생산하는 제조업자를 찾아 수출물품을 확보해야 한다. 즉 제조업자를 찾는 방법으로는 거래알선사이트로 찾는 방법도 있고, 수출물품과 관련된 협회를 통해 제조업자를 찾는 방법도 있다. 수출물품을 확보할 때에 부족한 자금에 대해서는 무역금융을 이용하거나 수출물품을 제조할 제조업자를 위해 내국신용장을 개설할 수 있다. 이에 대한 정보로는 한국무역정보통신(KTNET, www.kita.net), 한국무역협회(KITA, www.ktnet.co.kr), 대한무역투자진흥공사(KOTRA, www.kotra.or.kr) 등의 무역유관기관에서 찾아볼 수 있다.

(6) 수출통관

수출통관이란 수출업자가 수출물품을 해외의 수입업자에게 보내기 위한 수출신고 및 세관검사 등의 일련의 절차를 말한다. 수출업자는 통관을 위해 수출물품을 보세창고에 반입하고, 통관의뢰를 받은 관세사는 EDI를 이용하여 수출물품에 대하여 수출신고서, 포장명세서, 수출승인서 등을 세관에 제출한다. 세관은 제출된 서류를 심사하고, 수출물품에 대하여 품명, 가격, 수량 등을 조사한다. 관련 사이트는 한국무역정보통신에서 운영하고 있는 통관자동화망(kcis.ktnet.co.kr), 관세와 관련한 사이트는 관세청(www.customs.go.kr)을 이용하면 된다. 또한 관세사와 관련한 자료는 관세무역정보센터(www.custra.co.kr)에서 자세한 정보를 볼 수 있다.

(7) 선적과 보험

수출업자는 신용장에 표기된 운송조건으로 선박회사와 운송계약을 체결하고, 수출물품을 지정된 선박에 선적한 후 선하증권을 선박회사로부터 받는다. 선하증권은 수출대금회수 시 신용장과 함께 거래은행에 제출한다. 그리고 신용장에 표기된 계약조건에 따라 적하보험에 들어 선박의 침몰, 좌초 등의 사고로 인한 수출업자의 손실을 보상받아야 한다. 이에 대한 선복수배 및 운송업체 확인은 www.pacifictrade.com 또는 KCIS의 복합운송업체에서 가능하고, 보험부보는 해상보험은 www.globalmarineinsurance.com, 적하보험에 대한 구체적인 내용을 참고하려면 www.ecplaza.co.kr 및 화재해상보험회사 홈페이지를 이용하면 된다. 특히 선하증권에 대해서는 www.bolero.net에서 자세한 정보를 제공하고 있다.

(8) 수출대금회수

수출대금회수는 크게 세 가지로 나눌 수 있다. 첫째, 선적완료 후 운송회사로부터 받은 선하증권과 수입업자의 거래은행에서 발행한 화환신용장과 그 신용장에서 요구하는 서류를 갖추어 화환어음을 발행하고, 그것을 외국환은행에 매입의뢰하는 신용장거래대금회수방법이다. 둘째, 수입업자가 수출업자에게 직접 외화로 송금하는 방법이다. 셋째, 화환신용장이 개설되지 않은 지급인도조건(D/P)과 인수인도조건(D/A)의 추심결제방법이 있다. 외국환거래은행과의 EDI 이용 거래협정을 체결하여 대금결제와 관련한 업무를 수행할 수 있다.

제2부

국제무역환경의 이해

제12장 무역장벽과 정책에 대한 이해

제1절 무역장벽과 정책에 대한 이론적 근거

자유무역은 18세기 아담 스미스가 국제분업에 따른 무역의 이익을 규명한 이래 모든 나라의 후생을 극대화시킬 수 있는 이상적인 무역정책으로 신봉되어 왔다. 자유무역이론은 완전경쟁과 생산요소의 완전이동 등 고전학파의 가정하에서 가격기능이 가지고 있는 효율성에 그 근거를 두고 있다. 즉 각국이 비교우위에 따라 국제분업을 통하여 자유무역을 하게 되면 생산부문에서 생산요소의 효율적인 배분이 가능해져 효율성이 증대하기 때문에 주어진 자원과 생산기술하에서 자유무역은 모든 나라의 후생을 극대화시키게 된다는 것이다.

이러한 아담 스미스의 자유무역의 효과는 시장의 가격기능에 의해서 발생되기 때문에 가격을 왜곡시키는 조치, 즉 관세 등 보호주의적인 무역정책은 자원의 효율적인 배분을 저해하여 생산 및 소비부문에서 효율성을 저하시키고 그에 따라 보호조치를 취한 국가는 물론 세계적으로도 후생이 감소하게 된다는 점을 지적하고 있다. 따라서 아담 스미스의 자유무역이론에 의하면 어떤 국가가 특정산업의 보호 등 특정한 정책목표를 달성하기 위하여 시행하는 보호무역은 그 나라 또는 세계경제 차원에서 항상 효율성 저하라는 비용을 수반하게 되므로 정당화될 수 없다는 점을 강조하고 있다.

그러나 이러한 전통적인 자유무역주의는 자유무역이 가진 많은 이점이 있음에도 불구하고 오늘날까지 많은 논란의 대상이 되고 있다. 특히 자유무역이 교역당사국에 미치는 효과가 각국의 시장환경에 따라 각기 다를 수 있고 전략적 선택, 안보 및 국방과 같은 비경제적 정책목표가 우선적으로 추구되어야 할 경우에는, 오늘날 대부분의 국가들이 자유무역의 이점을 인정하면서도 완전한 자유무역보다는 제한적 무역이 더 바람직스럽다는 관점에서 여러 가지 형태의 무역제한조치를 시행하고 있다.

1. 무역장벽에 대한 중상주의적 인식

무역은 각국의 경제적 후생을 증진시킨다는 무역이론의 결론을 현실경제에 비추어 보면 상당히 비현실적으로 보인다. 우선 어느 나라를 막론하고 재화와 서비스가 자유롭게 이동하는 것을 막는 여러 가지의 무역장벽이 존재하고 있다. 관세, 수입쿼터, 자율적 수출규제, 부품국산화율규제 등은 우리에게 낯익은 용어들이다. 그리고 무역이 각국의 경제적 후생을 증진시킨다면 각국은 서로 자국시장을 개방해서 외국으로부터의 수입을 증가시키기 위해서 노력할 것이고, 일방적 무역시장개방을 적극적으로 추진할 것이다. 그러나 각국의 무역협상에서 주된 과제는 항상 어떻게 하면 외국으로부터의 수입을 줄이고 외국시장에 대한 자국의 수출을 증가시킬 것인가 하는 측면에 노력이 집중되고 있다. 이에 따라 역설적으로 교과서에는 흔히 무역의 두드러진 특성 가운데 하나로 무역에 대한 국가의 간섭을 지적하고 있다. 즉 세계 어느 나라를 막론하고 무역에 대한 규제를 하지 않는 나라가 없다고 해도 과언이 아니다. 그러면 왜 이런 간섭이 존재하는가?

무역규제가 존재하는 단순한 이유는 일반대중들이 가지고 있는 무역에 대한 인식에서 찾아볼 수 있다. 무역에 대한 가장 오래된 사고인 중상주의적 사고는 사람들의 상식적 판단으로 자연스럽게 자리잡고 있다. 즉 무역은 국부를 증가시키는 수단으로 사용되어야 한다는 것이다. 그리고 개인의 경우 돈 많은 사람을 부자라고 하는 것처럼 국가의 경우는 국부를 그 나라가 보유하고 있는 국제적으로 통용될 수 있는 돈, 즉 금·은 등의 귀금속 또는 외화로 파악할 수 있는데 국부를 증가시키기 위해서는 수출을 증가시켜야 하고 수입을 억제해야 한다는 것이다. 따라서 수출은 선이고 수입은 악으로 인식되며 이에 따라 정부의 무역에 대한 정책은 어떻게 하면 외국에 수출을 많이 하고 반면에 외국으로부터의 수입을 억제할 수 있는가 하는 측면에서 수립되고 집행되어야 한다. 이와 같은 입장에서 보면 수입을 억제하기 위한, 그리고 수출을 장려하기 위한 여러 가지 정책수단을 강구하는 것이 국가의 당연한 정책이 될 수 있다는 것이다.

2. 무역장벽과 정책에 대한 이론적 근거

(1) 유치산업보호론

유치산업보호론(infant industry argument)이란 자국의 산업이 외국과의 경쟁을 극복하고 경쟁국들이 누리는 정도의 시장확보를 위해서 무엇보다 보조금, 장려금 등의 지급과 같은 유인제도를 실시하고 또 고율의 관세와 같은 수입제한조치를 채택하여 국내 유치산업을 보호해야 한다는 것인데 이에 따라 국내 유치산업은 조속한 기간 내에 육성될 수 있고 나아가 외국의 산업과 같이 낮은 생산비용으로 경쟁할 수 있게 된다는 것을 주장하는 이론이다.

유치산업의 근거는 다음과 같은 것에서 찾을 수 있다. 첫째는 일정기간의 보호를 통한 생산의 증가는 규모의 경제효과를 달성할 수 있다는 것이다. 둘째는 생산경험의 축적을 통한 비용의 감소나 원가의 감소를 가져와 국제경쟁력을 향상시킬 수 있다는 것이다. 셋째는 산업보호과정에서 특정산업의 지원조치는 후발기업 혹은 타산업에 유익한 외부경제효과를 발생시키기 때문에 이들 산업을 보호할 필요성이 있다는 것이다. 이와 같은 근거로 유치산업을 일정기간 보호하게 되면 이 산업은 국제시장에서 가격경쟁력을 확보할 수 있으며, 일단 가격경쟁력이 확보되면 유치산업을 보호하는 과정에서 발생할 수 있는 보호비용은 국내산업 발전과 무역을 통한 경제적 이익으로 보상받을 수 있게 된다는 것이다.

그러나 한편으로는 다음과 같은 문제점도 존재한다. 첫째, 과연 어떤 산업을 유치산업으로 선정할 것인가의 문제이다. 즉 국내에 있는 수많은 산업 중에서 과연 일정기간의 보호 후에 국제경쟁력을 확보할 수 있는 산업을 어떻게 판정할 수 있는가하는 것이다. 둘째, 일단 유치산업을 선정하였다고 하더라도 과연 어느 기간 동안 보호하여야 하는가라는 보호기간의 선택문제이다. 일단 선정된 산업을 보호한 이후 몇 년간 지원하여야 하며, 언제 보호를 중단할 것인가를 결정하는 것이 어려우며, 잘못 판단한다면 이러한 보호기간이 장기화될 수 있다는 부정적인 효과가 존재한다는 것이다. 셋째, 산업보호를 위하여 어떤 정책을 활용할 것인가가 중요하다. 예를 들어 관세를 통하여 보호하기로 하였다면 이는 국내소비가격의 상승을 통한 소비측면의 왜곡을 가져옴으로써 오히려 경제적 손실을 가중시킬 수가 있다. 따라서 국내경제에 미치는 효과를 최소화하는 정책수단의 선택이 필요하다.[29]

(2) 외부경제효과

특정재화의 생산에 외부경제효과가 존재하는 경우에는 이들 산업부문을 보호하기 위한 무역정책이 필요하다. 외부경제효과란 특정산업부문에서 발전된 지식이나 생산기술이 다른 산업 분야의 생산성 증가나 경제적 효율을 증가시키는 데 기여할 수 있는 경우를 말하며, 이때 특정산업이 타 산업에 대하여 외부경제효과가 있다고 한다.

예를 들어 공산품 생산에서 얻은 지식과 기술개발이 농업기계화의 발달을 통한 농업생산성의 증가를 유도한다면 공업부문이 외부경제효과가 있다는 것이며 이들 외부경제유발산업에 대해서는 국가적인 차원에서 지원해 주는 정책수립이 필요하다는 것이다. 왜냐하면 이들 공업부문의 발전과정에 투입된 비용이 농업부문의 산업발전에 기여한 부문에 대해서는 농업부문이 공업부문에 보상을 해 주어야 하지만 현실경제에서는 이것이 불가능하기에 정부 차원에서 이들 외부경제유발산업에 대해서 지원해 주는 것이 바람직하다는 것이다.

(3) 전략적 무역정책

세계 전체적인 측면에서 소수의 독과점적 구조를 갖는 산업 분야는 어느 기업이

---

29) 이장로·문희철, 무역개론, pp.60 – 61.

독과점적인 위치를 차지하느냐에 따라 초과이윤을 통한 막대한 이윤을 얻을 수 있는 기회가 존재하게 된다. 이들 산업 분야는 규모의 경제를 실현하기 위하여 필요한 생산설비가 대규모이며, 기술개발의 위험이 높으며 산업발전에 따른 외부경제효과가 큰 산업으로서 주로 특수한 군수장비나 항공기, 전기통신, 인공위성과 관련된 산업이라 할 수 있다. 이들 산업 분야에 있어서는 각국 정부들이 가능하다면 정부의 직접적인 개입을 통하여 이러한 초과이윤을 자국 기업에 돌아오도록 노력하게 된다는 것이다. 즉 각국 정부들은 전략적 무역정책수단들을 활용함으로써 자국 기업이 타국 기업과의 경쟁에서 우위에 설 수 있는 기반을 마련해 준다는 점에서 기존 무역정책들과는 달리 전략적 무역정책이라 말한다. 정부의 개입수단은 수출보조금의 지급이나 수입규제정책, 그리고 정부와 산업 간의 협동계획 등이 있다.

이와 같은 전략적 무역정책들의 문제점은 다음과 같은 것들이 있다. 첫째, 한 국가가 이러한 정책을 효과적으로 수행하기 위해서는 방대한 정보를 필요로 하며, 이를 위해서는 많은 비용과 시간이 소요된다. 둘째, 한 국가가 무역정책을 실시하였다면 이 산업과 연관된 다른 국가에서의 보복위험성이 있다. 셋째, WTO 규정에 따른다면 특정산업에 전략적으로 지급되는 모든 생산보조금과 수출보조금은 전면적으로 금지되어 있어 현실적으로 이러한 정책을 사용하기에는 많은 제한이 따른다는 점이다.

(4) 비경제적 목표를 성취하기 위한 요인

기타 보호무역의 이론적 근거로는 자국의 국방상의 문제나 문화적·사회적 가치 유지문제 등을 들 수 있다. 국방상의 원인으로는 한 나라의 군사력을 유지하기 위하여 꼭 필요한 산업, 특히 국가안보와 관련된 방위산업 등을 보호해야 한다는 것이다. 그리고 사회·문화적 원인으로는 자국의 전통적인 가치관이나 생활양식을 보호하기 위한 해외의 문화적 상품의 무분별한 수입을 규제해야 한다는 것이다.

제2절 무역장벽의 수단과 정책

역사적으로 볼 때 대부분의 국가에서 가장 일반적으로 널리 사용되어 온 무역장벽의 수단은 관세(tariff)와 수량규제(Quota: quantitative restriction)를 들 수 있다. 관세란 교역되는 상품이 2국경을 통과할 때 부과되는 조세 또는 징수금을 말하며, 수량규제란 수입상품이나 수출상품의 수량에 대해서 정부당국이 직접적으로 제한하는 것을 말한다.

이러한 전통적인 무역장벽 수단 중 수량규제는 1948년 GATT체제하에서 그 사용이 크게 제한되었고, 관세도 그동안 여러 번에 걸친 다자간무역협상을 통하여 모든 국가에서 현저하게 하향 조정되었다. 더구나 대부분의 선진국에서는 관세양허를 하였기 때문에 한 번 하향 조정된 관세는 특별한 경우 이외에는 다시 올릴 수가 없게 되었다. 그 결과 세계경제는 제2차 세계대전 이후 1973년 1차 오일쇼크가 일어나기 전까지만 해도 역사상 유례없는 속도의 무역규모의 확대를 경험하였다.

그러나 1차 오일쇼크 이후 세계경제가 침체를 거듭하면서 미국을 비롯한 몇몇 선진국 내에서는 보호주의 압력이 크게 증대되었지만 GATT체제하에서는 관세나 수량규제와 같은 전통적 수입규제수단의 사용이 여의치 못하였기 때문에 이들 나라에서는 갖가지 비관세장벽(NTB: non-tariff barriers)에 의한 수단이 급속히 확산되었다. 그 대표적인 예로 소위 수출자율규제(VER: voluntary export restraints), 시장질서유지협정(OMA: orderly market agreements)과 같이 GATT체제를 회피하여 무역당사국 간의 협상에 의한 수량규제가 있고, 반덤핑관세(anti-dumping duties) 및 상계관세(countervailing duties)와 같이 GATT체제에서 허용되는 수단이지만 이를 보호주의 수단으로 남용하는 경우가 있다. 그 밖에 행정규제, 복잡한 통관절차, 엄격한 안전 및 위생에 대한 검사제도, 그리고 심지어 수입품에 불리한 국내유통제도와 같은 비공식적인 비관세장벽이 있다.

한편 수출규제의 수단으로는 수출세(export duties)나 수량규제가 흔히 사용되고 또 수출진흥을 위한 수단으로는 수출활동에 대한 보조금제도(export subsidy)가 널리 사용되어 왔다. 본 절에서는 다양한 무역장벽에 대한 특성을 간략하게 살펴보기로 한다.

1. 관세장벽과 정책

관세는 세계 2차 대전 후 GATT가 설립된 이래 여러 차례에 걸친 다자간협정을 통하여 대폭 인하되었는데, 특히 오늘날 선진국들의 경우 공산품에 대한 무역제한 수단으로서 관세의 중요성이 떨어지고 있다. 그러나 이와는 대조적으로 비관세장벽을 비롯한 기타 무역장벽이 오히려 선진국들에 의해서 강화되고 있다. 관세를 국내 산업의 보호조치수단으로 사용할 경우 국내법뿐만 아니라 국제적 규범에 의해 엄격히 통제되고 제한적 범위 내에서의 사용만이 허가되고 있는 데 반해 비관세조치를 보호정책수단으로 사용하는 경우에는 산업별 혹은 국가별로 선별적이고 차별적으로 적용할 수 있다. 뿐만 아니라 GATT와 WTO 규정 자체가 모호하거나 완전한 절차를 규정하고 있지 않기 때문에 비관세조치는 국제적 규범에 위배되지 않는 것처럼 보일 수 있다. 현실적으로 WTO체제가 지향하는 목표가 지속적인 관세인하를 통해 국 간 무관세를 달성하는 것에 있으므로 각국은 산업보호를 위한 손쉬운 방법으로 관세보다 비관세조치를 보호수단으로 사용하는 것이 일반화되어 있다.

관세는 한 국가의 국경선을 통과하는 상품에 부과하는 세금으로 수출품과 수입품에 모두 부과될 수 있다. 그러나 실제에 있어서는 수입품에 부과되는 수입관세가 중요하다. 수입관세에 수입품의 가격에 대하여 일정비율로 부과하는 종가세(ad valorem duty)와 수량을 과세기준으로 하는 종량세(specific duty), 그리고 이들을 결합한 복합세(compound duty) 등이 있다.

(1) 관세의 기능

1) 재정수입원으로서의 기능

수입거래는 국내의 상품매매를 상회하는 조세력을 가졌으며, 화폐가 충분히 발달하지 못한 상태에서 직접세를 징수하는 데 어려움이 많고, 국경선에서 쉽게 파악할 수 있는 수입품에 관세를 부과하여 재원을 조달하는 것이 기술적으로 편리하여 과거에는 관세가 국가의 재원으로서 중요한 지위를 점하였다. 그러나 오늘날 경제교류가 활발하게 전개되고 화폐경제가 발달하는 한편, 경제성장에 따른 국가의 재정규모가 커짐에 따라 재원조달수단으로서의 관세의 기능을 점점 적어지게 되었다. 이와 같이 국가재정의 조달을 위하여 부과하는 관세를 재정관세라 한다.

2) 국내산업보호로서의 기능

관세를 부과하는 주목적으로 중요한 관세기능이라 할 수 있다. 수입상품은 관세를 부담함에 따라 국내에서 생산된 상품에 비하여 가격경쟁력이 상대적으로 약하게 된다. 여기서 국내산업보호라는 기능이 발생한다. 이와 같이 산업보호를 위하여 부과하는 관세를 보호관세라 한다. 이러한 보호관세에는 개발도상국의 대부분의 산업은 기술수준이 낮아 국제경쟁력이 약한 유치산업을 보호, 육성할 목적으로 부과하는 관세, 즉 공업화, 산업화를 추진하기 위해서 부과되는 관세인 육성관세와 선진국의 경우에 생산효율의 저하로 경쟁력을 잃은 기존의 약세산업을 보호하기 위해 부과하는 관세인 유지관세가 있다.

(2) 관세부과의 효과

관세는 무역정책 가운데서도 가장 중요한 정책수단이라 할 수 있다. 무역거래에 대한 정부의 간섭은 무역량, 가격, 생산, 소비를 변화시키게 된다. 또한 자원을 재분배하고, 소득을 재분배시킬 뿐만 아니라 고용과 국제수지에도 영향을 미치고 있다. 관세의 부과로 나타나는 효과는 다양하겠지만 킨들버거의 이론에 근거하여 관세부과의 경제적 효과를 생산증대효과, 소비감소효과, 재정수입효과, 후생재분배효과, 고용효과, 소득효과, 국제수지 개선효과, 교역조건 개선효과 등으로 나누어 설명할 수 있다.

1) 생산증대효과

수입상품에 관세가 부과됨으로 인하여 해당 수입상품의 국내수입가격을 상승시킬 뿐만 아니라 국내생산가격을 상승시키게 되어 생산자는 국내생산을 증가시키려 할 것이다. 이러한 효과를 관세부과로 인한 생산효과라 한다. 일정한 관세의 부과로 나타나는 생산효과의 크기는 국내의 수요 및 공급곡선의 기울기와 탄력성, 즉 가격변화에 따른 수요 및 공급변화의 정도에 달려 있다.

2) 소비감소효과

관세의 부과는 해당 국내소비자에게는 불리하게 작용한다. 왜냐하면 관세가 부과된 만큼의 가격을 더 지불해야 하기 때문이다. 가격상승으로 인하여 결국 소비자의 수입상품에 대한 수요가 감소하는 효과를 발생시키게 된다. 이를 해당 수입상품에 대한 관세부과로 발생하게 되는 소비감소효과라 한다.

3) 재정수입효과

관세는 정부에서 부과하는 것으로 국고로 귀속된다. 즉 관세부과 후 정부의 재정수입이 증가하게 되는데 이를 재정수입효과라고 한다. 재정수입은 관세부과 후 수입량에 관세율만큼 곱한 것으로 그만큼 정부의 재정수입은 증가하게 된다.

4) 후생재분배효과

관세의 부과는 소비자에게는 후생의 감소를 가져오지만 생산자에게는 후생의 증가를 가져올 뿐만 아니라 정부의 재정수입도 증가한다. 이와 같이 수입국 내 소비자의 후생은 관세부과로 감소하지만 이 감소분의 일부분은 생산자와 정부로 전환되는 이러한 효과를 재분배효과라 한다.

5) 고용효과

관세부과에 의한 생산효과로서 생산자는 국내생산을 증가시킬 수 있게 된다. 고용효과라는 것은 관세의 부과로 국내에서의 생산량이 증가되기 때문에 국내에서의 실업이 있을 경우에는 이 증가분을 생산하기 위해서 노동, 자본 등의 생산요소를 추가로 투입하여야 하기 때문에 그만큼 고용의 증대효과가 발생한다.

6) 소득효과

수입상품에 대한 관세의 부과는 결국 해당 상품의 국내가격을 상승시키므로 소비자는 수입품 대신 국산품을 구입할 것이다. 결과적으로 수입은 감소하고, 해당 상품을 생산하는 국내의 기업은 생산을 증대시킬 것이다. 생산의 증대는 곧 고용창출을 유발하며, 고용의 증대는 소득의 증가를 가져오게 된다.

7) 국제수지 개선효과

국제수지효과는 관세의 부과로 인하여 생산에서는 해당 상품의 국내생산 증가와 소비 면에서의 수입 감소가 발생하게 되어 결국 수입의 감소분만큼 국제수지 측면에서 개선의 효과로 나타나게 된다.

8) 교역조건 개선효과

관세부과는 수입국의 국내가격을 상승시키는 반면 상대국의 수출가격을 인하시킨다. 만일 관세부과의 일부분을 수출국이 부담한다면 수입국은 그만큼 유리한 거래를 하게 되어 교역조건이 개선될 수 있다. 교역조건효과는 관세를 부과하면 관세부과국의 교역조건이 개선되고 교역상대국의 교역조건이 악화되는 것을 말한다.

2. 비관세장벽과 정책30)

(1) 비관세장벽의 유형

비관세장벽(NTB: non‒tariff barriers)이란 국제무역을 저해하는 관세 이외의 모든 무역정책의 수단을 의미한다. 비관세장벽에는 무역을 직접적으로 제한하는 것을 목적으로 하는 비관세장벽, 예를 들어 수량제한, 수입허가제, 각종 수입과징금 및 외환할당 등과 간접적으로 무역제한효과를 갖는 수입규제조치, 예를 들어 보건위생규정 또는 내국세제도 등으로 크게 구분할 수 있다.

GATT는 <표 12‒1>에서 보는 바와 같이 비관세장벽을 수입규제방법에 따라 정부관여, 세관 및 행정상의 수입절차, 수입품 및 국내제품에 대한 기준, 수입 및 수출에 관한 특정제한, 가격 메커니즘에 의한 수출입규제, 기타 유형으로 가격 이외의 규제로 구분하여 분류하고 있다.

---

30) 이장로 · 문희철의 무역개론 pp.70‒71 참조.

〈표 12-1〉 GATT의 비관세장벽 분류표

3. 수입품 및 구제품에 관한 기준	① 제조기준 ② 보건 및 안전규정 ③ 계량표준에 따른 규정 ④ 제약기준에 따른 규정 ⑤ 함량규정 ⑥ 상품 및 용기규정 ⑦ 가공규정 ⑧ 원산지표시에 관한 규정 ⑨ 포장에 관한 규정
4. 수입 및 수출에 관한 특정제한	① 수량제한 ② 수입금지 ③ 수입허가제도 ④ 외환관리제도 ⑤ 양국 간 협정에 의한 차별규제 ⑥ 반출지에 따른 규정 ⑦ 수출규제 ⑧ 최저가격규제 ⑨ 관세할당제 ⑩ 최저·최고가격규제
5. 가격 메커니즘에 의한 수출입 규제	① 수입담보 ② 과징금·항만세·통계세 등 ③ 차별적 내국소비세, 정부규제를 받는 보험요율, 사용세 ④ 차별적 차관규제 ⑤ 영사수수료 ⑥ 인지세 ⑦ 가변과징금 ⑧ 국경세조정
6. 기타 가격 이외 면에서의 규제	① 광고선전 및 운송규제 ② 상영시간 규제 ③ 지방관서에 의한 함량규제 ④ 제한적 영업관행

(2) 비관세장벽의 특성

1) 효과측정의 곤란성

비관세장벽은 유형에 따라 그 영향이 미치는 품목범위가 다르고 어떤 유형은 시간에 따라 극히 유동적이어서 관계 당국의 판단에 따라 실시되거나 혹은 외부에는 모습을 나타내지 않고 은밀히 적용되는 유형도 있다. 대부분의 경우 자료의 이용가능성이 현실적으로 제한되어 있기 때문에 비관세장벽의 무역제한적 효과를 종합적으로 또는 개별 품목별로 계량화하여 측정하는 것은 어렵다.

2) 복잡성

일반적으로 선진국에 있어서 비관세장벽의 적용 및 운영은 매우 복잡하다. 어떤 유형은 처음부터 법률로서 제정되기도 하지만 어떤 유형의 것은 통일적이고 체계적인 조정을 통하지 않고 여러 행정기관의 정책에서 파생되므로 각 유형은 성질이 다양하다. 이러한 측면 때문에 선진제국은 보호목적을 위해 관세보다는 비관세장벽을 보호무역수단으로 손쉽게 사용하는데, 그 이유는 최소한 공공연한 논란과 엄격한 조사를 회피할 수 있기 때문이다.

3) 불확실성

비관세장벽의 또 하나의 특성으로서는 정보부족 및 변칙적인 제도의 운영으로 인한 그 실효효과의 불확실성을 들 수 있다. 즉 수출업자는 활용할 수 있는 관련정보가 부족한 상태에서 자신들의 수출에 미치는 영향이나 정도를 정확하게 판단하는 것이 어렵다는 것이다. 또한 수입국의 무역정책은 수출국에 아무런 통고 없이 수시로 변경될 가능성을 항시 내포하기 때문에 수출업자로서는 상당한 무역장벽으로 작용할 수 있다.

4) 차별적 적용

비관세장벽이 무역에 미치는 영향은 선진국이나 개도국에 대해 명목상으로는 무차별적인 것처럼 보이지만 실제로는 개발도상국에 상당히 불리하게 작용함으로써 비관세장벽문제는 선진국의 경우보다는 개도국에 더 불리한 영향을 미친다.

5) 협상의 곤란성

비관세장벽은 앞에서 설명한 제반 특성 때문에 상호간의 양허 정도를 비교하여 이를 균일화시킬 수 있는 지표의 설정이 불가능하고, 또한 비관세장벽에 대한 일정한 기준이 없으므로 설사 정부 간에 협상이 되더라도 그것이 곧 비관세장벽의 철폐를 보장해 줄 수 없기 때문에 비관세장벽의 완화 또는 제거를 위한 협상을 하는 데는 많은 문제점이 있다.

(3) 주요 비관세장벽의 내용과 정책

1) 수입할당제

수입할당제는 가장 명백하고 쉽게 확인할 수 있는 비관세장벽으로 수입품의 가격에는 상관없이 수입국시장으로 유입되는 상품에 대해 일정기간 수입량에 대한 직접적인 한도를 지정함으로써 수입량을 제한하는 조치를 말한다.

① 일방적 할당제(unilateral quota)
수입국이 쿼터량을 배정함에 있어 수입상대국들과 협의를 거치지 않고 일방적으로 수입할당량을 정하는 방식을 말한다.

② 쌍무적 할당제(bilateral quota)
쌍무적 할당제는 다자간 할당제(multilateral quota)라고도 하는데 이는 수량제한을 실시하는 국가가 교역상대국과의 사전협의를 거쳐 쿼터할당량을 정하는 방식을 말

한다. 구체적으로는 수입국과 수출국 양국의 정부, 상사, 산업단체, 상공회의소 등이 사전에 협의를 하여 할당에 관한 국제협정 또는 사적협정을 체결함으로써 할당량을 결정하게 된다. 그런데 이러한 쌍무적 할당제에서 사적협정에 의한 협의는 정부의 승인을 얻어야만 확정되고 정부 간에 이루어진 협정은 정부에 의해 직접 수출업자에게 할당량이 배분되는 것이 아니라 민간의 이익단체로 하여금 배분하게 하는 것이 통례이다. 여기에는 총량할당제(global quota)와 배정할당제(allocated quota)의 방식이 있다.

총량할당제(global quota)는 수입할당총량만을 정하고 수출상대국은 지정하지 않고 모든 국가로부터 일정기간, 일정한도에서 특정상품의 수입량 또는 수입액을 제한하는 제도를 말한다. 이 제도의 적용 시 쿼터의 배분은 대부분 선착순으로 부여하게 되어 있으나 과거의 수출실적 또는 쿼터량을 기준으로 배분되는 것이 통례이므로 새로운 수출국에는 매우 불리한 제도가 될 수 있다. 이에 대하여 배정할당제(allocated quota)는 수입량을 관련 수출국들에 일정한 기준에 따라 배정하는 제도이다.

③ 수출자율규제(VER: voluntary export restraints)

일부 국가에 대한 특정상품의 수출급증으로 수입제한이 필요하게 되었으나 관세율인상이나 수입할당제의 실시가 국제적으로 제한되어 있기 때문에 수출국이 수입국의 제한조치를 회피하기 위하여 수출하는 상품수량을 자율적으로 제한하는 조치를 말한다. 이는 교역상대국의 입장에서 볼 때 사실상 수입할당제의 실시와 다를 바 없는 수량제한의 효과를 가지며 수출국의 지도하에 양국 간 내지는 다수국 간의 협정에 의해 실시되고 있다. 그러므로 수출국이 자율적으로 수출을 규제한 것이라고는 볼 수 없으며 수입국의 요구가 반영된 규제라 할 수 있다.

④ 시장질서유지협정(OMA: orderly marketing arrangement)

시장질서유지협정은 수입국의 시장교란을 방지하기 위하여 상호간 협정에 따라 수출국이 특정상품의 수출을 자발적으로 제한한다는 점에서 수출자율규제와 거의 같은 수입규제조치라고 할 수 있다. 다만 시장질서유지협정은 양국 정부 간 공식적인 통상조약(통상협정)인 데 비하여 수출자율규제는 양국 정부 간이나 일국 정부와 외국의 관련 산업계 간 또는 양국의 관련 산업계 간의 비공식적·암묵적으로 조정된 협의(arrangement)이다. 따라서 수출국이 협정한도를 초과하여 수출한 경우 수출자율규제하에서는 수출국이 자동적으로 규제조치를 취하나 시장질서유지협정은 수입국이 자동적으로 규제조치를 취할 수 있기 때문에 수출자율규제보다는 시장질서협정이 더 엄격한 수입제한조치라고 할 수 있다.

2) 수입허가제(import license system) 및 수입담보제(advance deposit requirements)

수입허가제도가 수입제한수단으로 사용되는 경우는 그것이 지나치게 복잡하고 불편하여 수입업자들로 하여금 수입허가권의 취득을 포기하거나 주저하게 함으로써 수입이 제한되도록 만드는 결과를 가져오는 경우이다. 그리고 수입담보금제도는 수입대금의 전부 또는 일부를 사전에 관계금융기관에 대가의 지불 없이 예치하도록 하는 제도로서 이는 수입업자의 입장에서 금리부담 등 자금상의 압박요인을 제공하여 역시 수입을 억제하게 하는 결과를 가져오게 된다.

3) 국영무역(state trading)

국영무역은 국영기업이나 국가에 의하여 배타적 특권(exclusive privilege)을 부여받은 사기업이 소비대중이 사용할 재화나 용역의 구매 및 판매활동을 행하는 것을 말한다. 국가기관이 수입행위과정에서 특정물품에 대한 수입대상지역(국가) 등에 정책적인 배려를 함으로써 임의 차별수입을 하는 경우가 많으며 자의적인 조치를 통하여 직접적인 수입제한을 가하는 것이 상례이다. 또한 국영무역은 국내시장상황에 따라서 수입량을 임의로 조정하여 수입품의 가격을 조절함으로써 국내공급자를 부당하게 보호하고 수입을 제한하기도 한다. 따라서 이러한 형태의 국영무역은 수출국의 무역장애요인이 되고 있는데 계획경제체제하의 사회주의 국가에서는 거의 모두 이를 실시하고 있으며 시장경제체제하의 일부 국가도 어느 정도는 국영무역을 하고 있다.

4) 국산품사용의무 및 수출제한(domestic content regulations)

국산품사용의무는 한 상품의 국내 부가가치율을 일정수준 이상으로 제고시킴으로써 동종 수입품에 대한 국내의 수입경쟁자에게 일정수준 이상의 시장쉐어를 확보해 주며, 수입중간재 및 원자재에 대한 가공공정을 보장해 주기 위한 목적으로 실시된다. 이것은 국내의 원재료 및 반가공 원료 공급자에게 외국의 수입원자재와의 경쟁력을 제고시키는 효과를 가져오기도 한다.

한편 수출제한은 첫째, 일국의 원자재나 반제품이 수출되어 고도의 가공공정을 거친 후 재수입되는 현상을 방지하기 위하여 둘째, 장기적인 면에서의 이익확보나 비상시 국가안전에 대비할 수 있도록 천연자원을 보전하기 위하여 셋째, 상대 수출국으로 하여금 국내에서 가장 민감한 반응을 보이는 관심품목을 생산할 수 없도록 하거나, 상대 수출국에 경제적 타격을 주기 위하여 수출국이 자국의 수출을 제한하는 조치를 말한다. 구체적으로는 일부 선진국에서 노동집약적 산업의 특정원자재나 반제품이 저임금국가인 개발도상국에 수출되어 가공공정을 거친 후 재수출되어 국내 동종제품시장에 침투함으로써 국내 생산자를 위협하는 사태를 방지하기 위하여 수출에 제한을 가하는 것 등이 있다.

5) 반덤핑관세(anti-dumping duties)

수출국이 자국 수출을 증대시키기 위하여 정상가격 이하로 수출함으로써 수입국 산업이 손해를 입거나 또는 그 우려가 있는 경우, 그 부당 염매액을 상쇄하기 위하여 수입국이 정기관세 외에 추가로 부과하는 관세를 말한다. 그런데 여기서 정상가격의 판단기준으로서는 첫째, 수출국의 소비용 동종 상품의 통상적인 상거래에서 비교 가능한 가격 둘째, 전기한 가격이 없을 경우 제3국에 수출되는 동종 상품의 통상거래에서 비교 가능한 최고가격 또는 원산국에서의 생산비에 합리적인 판매비 및 이윤을 가산한 가격 등을 설정하고 있다.

반덤핑관세의 부과는 덤핑행위로 인해서 수입국의 국내산업이 불공정하게 (unfairly) 피해를 입는 것을 막기 위해 정당화되는 것이라고 할 수 있다. 그러나 실제로는 반덤핑관세가 이미 경쟁력을 잃은 국내산업을 보호하기 위한 수단으로 남용될 수 있는 가능성은 항상 존재할 수 있다. 이러한 반덤핑관세 부과의 남용을 비롯한 여러 가지 문제들이 다자간무역협상들에서 논의되어 왔으며, 그 결과 반덤핑관세의 부과요건을 강화시킨 반덤핑규약(anti-dumping code)이 다자간무역협상에서 채택되었다.

6) 상계관세(countervailing duties)

많은 국가들이 자국의 수출증대를 위하여 수출산업에 보조금을 지급하고 있는데, 이는 수출보조금이 지급되면 수출산업의 경쟁력이 강화되어 수출이 증대되기 때문이다. 그러나 수출국의 수출증대는 수입국의 수입증가를 의미하며 이에 따라 수입국의 수입경쟁산업이 피해를 받을 경우가 발생한다. 이러한 경우 수입국은 덤핑의 경우와 마찬가지로 먼저 문제의 수입상품이 수출국 내에서 보조금지급을 받았는지의 여부를 조사하여 보조금을 지급받은 것으로 확인되고, 다음으로 그것이 관련 국내산업에 중대한 피해를 주는 요인이 된다고 판단되는 경우 그 수출보조금에 해당하는 금액만큼의 관세를 부과할 수 있는데 이때 부과되는 관세를 상계관세라 한다.

7) 수입경쟁산업에의 보조금

보조금은 그 성격상 다양한 모습을 띠고 있어 일의적으로 정의하기 어려우나 일반적으로는 일국의 수출소득지원 또는 가격지원 등을 통하여 직접·간접으로 자국제품의 수출을 증가시키거나 수입을 감소시킬 목적으로 정부가 지급하는 모든 형태의 지원금을 말한다.

보조금은 조세측면, 금융측면, 그리고 기타의 보조금으로 크게 구분될 수 있다. 조세측면에는 조세경감, 조세유예, 조세환불, 조세특별감면 등이 있으며, 재정·금융면에서는 특별금융지원, 투자지원, 수출인센티브, 금융상의 저리의 신용제공, 수출신용보증제도 및 기타 운임할인 등이 있다.

이러한 보조금지급행위는 첫째, 국내 소비자 또는 국민의 부담을 통하여 이루어지므로 국민을 희생시키게 되며, 둘째, 상대국의 대응조치가 따를 때에 세계무역은 더욱 위축되며 보호무역주의가 더욱 심화될 수 있다.

8) 기준 및 규격 및 품질에 관한 국내규정

많은 국가들이 자국제품이 충족해야 할 보건 및 안전기준, 계량기준, 함량기준, 원산지, 포장규정 그리고 기술규격 등을 국내법에 규정하고 있다. 그런데 이들 국내규정은 상대적으로 국내공급업자들에게 유리하고 외국의 공급업자들에게 불리한 경우가 많다. 따라서 이 국내규정들을 수입상품에 적용할 때에 이들이 실질적으로 수입장벽으로 이용될 수가 있다. 이와 같이 실질적인 수입장벽으로 작용하는 여러 가지 형태의 국내규정들을 포괄하여 무역에 대한 기술적 장벽이라고 하는 비관세장벽이다. 이와 같은 국내규정을 통한 수입제한행위는 다자간무역협정 내의 기술적 무역장벽에 대한 규약(technical barriers to trade code)에 의해 규제를 받고 있다.

한편 보건 및 후생기준은 더욱 까다롭다. 대개의 국가들은 모든 음식물에 첨가제를 사용하는 것을 일체 금하고 있다. 또한 수출되기 전에 견본으로는 통관이 안 되고 반드시 실제로 수입된 상품 중에서 견본을 뽑아 시험을 한다. 이러한 시험은 전부 전문연구소에서 이루어지기 때문에 결과적으로 수출비용을 상승시키고, 또 사전에 수입통관 여부를 확신할 수 없기 때문에 불안요소가 될 수 있으며 이와 같은 비용상승과 불안요소가 국제무역을 저해하는 비관세장벽요인이 된다.

9) 통관 및 행정절차

관세의 부과는 그 관련 상품의 수출가격과 그에 적용되는 관세율에 따라 결정된다. 수출가격에는 일반적으로 송장가격(invoice price)이 적용되는데, 그것은 송장가격이 실제의 거래가격으로 간주되기 때문이다. 그러나 만일 세관공무원이 송장가격 자체의 진실성에 의문을 가지게 되는 경우, 자국 내에서 그와 유사한 상품의 시장가격을 대신 적용하는 경우가 있다.

그리고 적용될 관세율을 정하는 데 있어서도 문제가 발생될 수 있는데, 즉 어느 나라의 관세율표도 수입되는 모든 상품을 다 포함하여 상품별로 관세율을 정할 수가 없으므로 유사한 제품들을 일정한 기준에 따라 분류하여 그에 대한 관세율을 정하고 있다. 따라서 특정의 수입품이 어떻게 분류되는가에 따라 관세율의 적용이 달라질 수 있다. 이는 일반적으로 세관원의 재량에 의해서 이루어지는데, 만일 어떠한 상품의 분류가 부당하게 이루어져 높은 관세를 부담해야 할 경우가 발생하면 수입업자는 궁극적으로 법적 구제에 호소할 수밖에 없으며, 이는 많은 시간과 비용을 필요로 하므로 수입을 주저하게 되어 결국 수입이 억제되는 결과를 초래하게 된다. 한편 관세평가와 분류의 문제는 다자간무역협정 내의 관세평가에 관한 규약(customs valuation code)의 적용을 받고 있다.

3. 무역장벽의 정치경제학 측면

무역은 무역으로부터 이득을 보는 사람뿐만 아니라 손실을 보는 사람도 만든다. 이러한 시각이 현대 세계경제에서 실제 무역정책을 결정하는 과정을 이해하는 데 매우 중요하다. 여기에서는 무역정책의 정치경제학적인 측면을 간단하게 설명하고자 한다.

무역정책을 바라보는 데는 두 가지 시각이 있다. 첫째, 목표를 수립하면 어떠한 정책을 수행하는 것이 바람직한가? 과연 무엇이 최적무역정책인가? 둘째, 정부는 실제로 어떤 정책을 수행할 것인가? 무역으로 인한 소득분배효과는 이들 물음에 결정적인 요소라 할 수 있다. 정부가 전체 국가의 후생을 극대화하기를 원한다고 가정하자. 만약 모든 사람이 소득과 취미 면에서 서로 같다면 정부는 가능한 개인의 후생을 증가시킬 수 있는 정책들을 선택하기가 쉬울 것이므로 동질적인 경제에서 자유무역정책은 정부의 목표를 확실히 달성시켜 줄 수 있을 것이다. 그렇지만 국민들이 서로 다른 소득과 선호를 갖는 경우 모두에게 만족을 주는 정부정책은 쉽게 도출되기 어렵다. 어떤 보호정책을 선택할 때 그 정책으로 인해 손해 보는 집단과 이익을 보는 집단이 항상 공존하게 된다. 이때 정부는 손실을 당하는 사람들에 대해서 무역으로부터 이득을 얻는 사람들과의 이해관계를 조정하고 정책의 효율성을 평가하여야 한다.

예를 들어 우리나라 정부가 자국의 시장을 완전히 개방해야 하는 WTO에 가입함으로써 자유무역정책을 더욱 가속화시킨 결과 농업부문의 종사자는 자유무역으로 인해 손해를 보겠지만 공산품을 수출하는 기업들은 무역자유화로 큰 이익을 얻을 수 있게 된다. 이러한 정부의 정책에 대해 농업종사자들은 자유무역조치가 자신들에게 피해를 주는 해악적인 조치로 평가하고 적극적으로 반대하는 입장을 취할 것이다.

한 집단이 다른 집단보다 더 중시되는 이유는 여러 가지 있겠지만 가장 중요한 이유 중의 하나는 어떤 집단이 상대적으로 빈곤하여 특별한 대우를 해 줄 필요가 있는 경우이다. 예를 들면, 미국정부가 부과한 무역제재조치가 의복과 신발가격을 인상시키지만, 이들 산업 내의 노동자들이 타 산업에 비해 저임금을 받고 있으므로 국민들은 의복과 신발에 대한 수입제한조치를 동의하고 있다. 미국정부는 부유한 소비자가 담당할 손실보다 신발과 의복산업에 있는 저임금 노동자들이 얻는 이득을 더 중요시하므로 미국 일반대중들은 이들 산업에 대한 수입제한조치를 별로 큰 문제로 생각하지 않고 있다.

그러면 무역은 저소득층을 해치지 않을 때만 허용해야 하는가라는 문제가 제기된다. 그러나 어떤 경제학자도 여기에는 동의하지 않을 것이다. 무역의 소득분배기능에 대한 중요성에도 불구하고 대부분의 경제학자들은 자유무역을 강하게 선호하고 있다. 경제학자들이 일반적으로 무역의 소득분배효과를 강조하지 않는 몇 가지 중요한 이유가 있다.

첫째, 소득분배효과는 국제무역에만 있는 특수한 문제가 아니라는 점이다. 기술진보, 소비자 기호의 변화, 자원의 고갈 및 새로운 자원의 발견 등과 같은 국가경제에서 발생하는 모든 변화들이 소득분배에 영향을 준다. 만약 경제 내의 모든 변화가 소득분배효과를 고려한 후에만 허용된다면 경제적인 진보는 소득분배로 인해 쉽게 소멸될 수 있을 것이다.

둘째, 무역을 금지하는 것보다 무역을 허용하여 무역에 의해 손실을 본 사람들에게 보상해 주는 방안이 더 바람직할 수 있다. 현대 산업국가들은 무역에 의해 피해를 본 집단의 손실을 보상해 줄 수 있는 여러 종류의 소득지원방안을 갖고 있는데, 예를 들면 재취업교육비, 산업구조조정지원비 등의 지원조치를 생각할 수 있다. 경제학자들은 이러한 보상계획이 적절하다고 느끼며 무역을 제한하기보다는 보상을 강화하는 방안이 바른 접근방식이라고 주장하고 있다.

셋째, 무역의 증가로부터 손실을 보는 사람들은 이득을 보는 사람들에 비해 전통적으로 잘 조직화되어 있다. 이러한 조직상의 불균형은 피해를 본 집단에 무게를 더 주도록 정치적으로 편중되기 마련이다. 경제학자들은 전통적으로 국가 전체의 이득을 지적하면서 자유무역을 강하게 지지하고 있지만 손실을 당한 사람들은 자신들의 불만을 대중들에게 강하게 표현한다. 대부분의 국가들에 있어서 무역제한을 원하는 사람만큼 강하게 로비할 것이라고 기대할지 모르지만 그러한 경우는 거의 드물다. 대부분의 국가들에서 무역제한을 원하는 사람들은 무역확대를 원하는 사람들보다 정치적으로 더 큰 영향력을 갖고 있다. 전형적으로 특정제품에서 무역의 이득을 보는 사람보다 손실을 보는 사람들이 더 집중되어 있고 많은 정보를 가지고 있으면서 잘 조직화되어 있는 것이 일반적이다.

따라서 경제학자들은 불평등한 소득분배에 대한 무역의 효과는 인정하지만 국가 내의 특정집단에 발생할 수 있는 손실보다 무역으로부터 얻는 잠재적 이득을 강조하는 것이 더 중요하다고 믿고 있다. 그렇지만 이해집단 간의 갈등이 첨예하게 대립될 경우, 경제정책을 결정하는 데 결정적인 목소리를 내는 집단은 결코 경제학자들이 아니며 조직화되어 정치력을 발휘하는 집단들이 될 가능성이 많으며 경제정책이 이들에 의해 영향을 받게 되면 경제적 논리는 뒷전이고 정치적 논리가 우선시되는 우를 범하기 쉽다는 점이다.

두 집단 간의 이러한 대조는 미국의 설탕산업의 예에서 극명하게 나타남을 알 수 있다. 미국은 과거 오랜 기간 동안 설탕수입을 제한하였다. 현재 미국시장에서 설탕가격은 세계시장가격의 두 배 정도 수준이었다. 대부분의 연구에서 설탕수입제한조치가 미국소비자에게 1년에 약 20억 불 정도, 즉 모든 남녀 및 어린아이에게 1년에 8불 정도의 손해를 끼쳤다고 주장하고 있다. 설탕생산자의 이득은 아마 20억 불의 절반 이하로 추정되고 있다. 만약 생산자와 소비자가 똑같이 자신들의 이해를 표출할 수 있다면 이러한 수입제한정책은 결코 제정되지 않았을 것이다. 그렇지만 소비자 각자는 절대치로 보았을 때 거의 피해를 보지 않는 것으로 나타났다. 1년에 8불은 큰돈이 아니다. 더구나 설탕을 직접 구입하기보다 다른 식품의 원료로 사용되기 때문에 대부분의 피해는 숨겨져 있다. 그래서 소비자들은 설탕에 수입할당제도가 존재하며, 이러한 수입제한조치가 자신들의 소득수준을 낮추고 있다는 사실조차 모르고 있다. 만약 소비자들이 이러한 사실을 인식할지라도 8불이라는 손실은 항의를 조직화시키고 국회의원에게 편지를 쓸 정도로 큰돈이 아니다. 설탕생산업자의 입장은 아주 다르다. 평균적인 설탕생산자는 수입할당제도로부터 1년에 수천 혹은 수만 불의 이득을 보았다. 더구나 설탕생산자들은 설탕생산자의 정치적 이해를 적극적으로 도와줄 관련협회와 정치가들을 통해 잘 조직화되어 있다. 그래서 설탕수입에 대한 설탕생산업자들은 효과적으로 불만을 크게 표현하고 있다. 설탕산업에서 수입제한조치의 정치경제학은 국제무역에서 일종의 극단적인 정치적 과정이라고 볼 수 있다. 이제까지의 세계무역의 흐름을 살펴볼 때 세계무역이 점진적으로 자유로워졌다는 사실은 자유무역에 반대하는 정치적인 성향을 제어하는 특별한 정치, 경제적 환경에 의해서만 가능하였다는 사실이다.

제13장 GATT에 대한 이해

제1절 GATT체제의 이해

1. GATT의 설립배경과 출범

세계 각국은 1929년의 세계대공황을 전후하여 자국 산업의 보호 및 육성을 위하여 여타국의 수출을 억제하는 정책을 취하게 되었다. 이로 인하여 세계경제의 경기침체 및 국제경제질서가 붕괴되기에 이르고 전 세계가 무역전쟁에 휘말리게 되었다. 이와 같은 혼란 속에서도 국제경제질서를 회복하려는 노력이 없었던 것은 아니나 결실을 보지 못하였다.

또한 경기침체가 장기화되자 각국은 경기침체를 방어하기 위한 수단으로 보호무역을 강화하는 한편 국내산업의 활성화를 위하여 관세인상, 수입수량제한 등과 같은 일련의 보호무역조치를 시행하였다.

이와 같은 배타적이고 폐쇄적인 세계경제가 제2차 세계대전의 주요원인이라는 단정을 내렸고 세계의 평화를 지속적으로 유지하기 위해서는 세계 각국의 경제번영이 이룩되어야 한다는 것을 인식하게 되었다. 이러한 인식하에서 범세계적인 차원에서 각국이 협력하고 국제무역을 자유롭고 활발하게 하기 위한 움직임이 연합국을 중심으로 2차 대전 중에 대두되었고 대전 종식을 앞두고 통화와 투자 및 무역문제를 처리하기 위한 국제기구의 설립문제를 검토하게 되었다.

이러한 노력의 결과 1944년 브레튼우즈협정[31])에 의해서 2차 세계대전 후의 새로운

---

31) 1944년 미국의 브레튼우즈에서 열린 연합국 통화금융회의에서 채택된 국제금융기구에 관한 협정을 말한다.

국제경제질서의 구조가 조정되어 IMF(국제통화기금)와 IBRD(국제부흥개발은행, 일명 '세계은행')이 1945년 말에 발족됨으로써[32] 금융 면에서 국제경제협력이 추진되는 성과를 거두었으나 무역에 관한 국제기구를 설립하려는 노력은 순조롭게 진전되지 않았다.

GATT의 설립은 미국과 UN이 주도하였는데 미국은 1945년 11월에 '세계무역 및 고용의 확대에 관한 제안'을 발표하였다. 이 제안은 세계무역에 대한 국제협정을 체결하고 '국제무역기구(ITO)'라는 새로운 국제기구를 설립하여 이를 통해서 국제적인 상품의 교류와 분배에 대한 장벽을 제거하고 고용 및 소비의 증대를 도모하려는 의도를 표명한 것이었다. 미국의 제안에 근거를 두어 1946년 2월 국제무역기구헌장 작성과 관세인하협상을 추진하기 위한 국제회의, 즉 '국제무역 및 고용에 관한 회의'[33]에서 동 원칙이 처음 결의되었으며 그 후 2차에 걸친 예비회담 끝에 1948년 23개국이 모인 하바나회의[34]에서 '국제무역기구 설립에 관한 헌장'(ITO헌장, 일명 하바나헌장(Havana Charter)라고 한다)이 채택되었다.

한편 미국은 ITO구상의 발표와 함께 관세의 상호인하를 제창하고, 1947년 제네바회의[35]에서 미국·영국·프랑스 등 23개국이 참가한 관세교섭이 진행되었고 그 결과 1948년 1월 1일에 발효한 것이 관세 및 무역에 관한 일반협정(GATT)[36]이다. 원

---

32) 1944년 7월 브레튼우즈협정에 따라 설립된 것으로 국제통화기금(IMF)은 국제수지가 일시적인 불균형에 처한 나라에 자금을 제공해 국제통화제도의 안정을 도모하는 목적으로 설립되었고 세계은행(IBRD)은 제2차 세계대전으로 파괴된 가맹국 경제의 부흥과 개발도상국의 경제발전을 위한 장기융자가 기본 설립목적이다.

33) 이 회의 결과 GATT 설립준비위원회가 구성되었고, 준비위원회는 1946년부터 1948년 사이에 GATT 및 ITO헌장 작성을 위해 1946년 9월에 개최된 런던회의(GATT 제정 필요성 합의), 1947년 1월 20일부터 2월 25일까지 개최된 뉴욕회의(GATT 초안 작성 및 GATT의 ITO 부속협정으로 합의), 1947년 4월 10일 개최된 제네바회의, 1947년 11월 21일부터 1948년 3월 24일까지 개최된 하바나회의 등 4차례의 회의를 개최하였다.

34) 하바나회의는 UN 주관으로 1947년 11월 21일부터 1948년 3월 24일까지 쿠바의 하바나에서 개최된 회의로 공식명칭은 'UN Conference on Trade and Employment'로 되어 있다.

35) 제네바회의는 ITO헌장 제정의 완결 및 관세의 상호인하협상을 개시하기 위한 목적으로 1947년 4월 10일부터 개최된 회의로서 회의 결과 ITO헌장이 완성되었고 이를 각국 정부는 의회의 비준을 받아 확정시킬 예정이었다.

래 GATT는 ITO헌장 중 통상정책에 관한 부분의 협정으로서 작성되고 ITO헌장 아래서 관세교섭부분을 취급하는 보조기관으로서의 역할을 수행할 예정이었다.

그러나 국제무역기구(ITO: International Trade Organization) 설립에 관한 하바나헌장(Havana Charter)은 국제무역을 규율하는 데 있어서 너무나 엄격하였을 뿐만 아니라 이상에 치우쳐 있다는 참가국의 비난과 함께 각국의 비준을 얻지 못하였고 특히 미국은 ITO 설립이 통상문제에 대한 입법부의 고유권한을 제약시킨다는 미국의회의 부정적 태도를 인식한 미국행정부가 1950년 12월 ITO헌장의 비준요청을 미국의회에 제출하지 않기로 발표함에 따라 ITO 설립은 완전히 무산되고 말았다.

이렇듯 GATT는 설립 당시부터 필요한 행정적인 기능은 ITO에 의해 수행될 것을 전제로 하고 있었기 때문에 GATT는 별도의 하나의 국제기구로 고려될 수 없었다. 그러나 ITO 설립의 실패로 GATT는 설립목적과는 다르게 발전하여 국제기구로서의 중요한 모든 특성을 갖추어 역할을 수행하여 온 것이다. 즉 하바나헌장의 발효와 국제무역기구 설립까지의 연결고리 역할을 할 것으로 기대되었던 GATT는 엄격한 규율과 이상에 치우친 하바나헌장의 폐기로 인하여 잠정적용협정으로서 GATT가 발효되었던 1948년 1월 1일을 기하여 세계무역의 기본규범으로서 출발하게 된 것이다. 이에 따라 1954년 10월부터 1955년 3월까지 개최된 제9차 GATT총회에서는 하바나회의 결과로 수정된 ITO헌장의 주요부문이 GATT 협정에 도입되었고, GATT는 ITO가 수행하기로 되어 있었던 국제무역기구로서의 역할도 수행하게 되었다.

---

36) 제네바회의에서 ITO헌장에 대한 각국의 비준이 늦어지자 23개 참가국 중 벨기에, 네덜란드, 룩셈부르크, 영국, 프랑스, 미국, 캐나다, 호주 등 8개국은 GATT 협정이라도 성립시키기 위하여 잠정적용의정서(Protocol of Provisional Application)를 1947년 10월 30일에 채택하였고 이 잠정적용협정은 1948년 1월 1일부터 발효되었다. 이렇게 탄생된 GATT는 당초의 의도대로 ITO의 부속협정으로 태어나지 못하고 잠정협정 형식으로 출범되었다.

2. GATT의 목적과 역할

GATT는 국제무역규범으로서 사실상의 국제기구로서의 역할을 수행하며 국제무역에 지대한 영향을 미쳤다. 즉 일련의 무역혜택과 원칙을 제시하는 GATT 규범은 국제무역의 총체적인 기본질서를 규율하였으며, 우루과이라운드를 포함하여 8차례에 걸친 다자간무역협상을 통하여 세계무역의 확대에 크게 공헌하였다.

GATT의 목적은 관세 및 비관세 분야에 있어서 첫째, 상호양허의 원칙, 둘째, 최혜국대우(MFN: Most-Favoured-Nation Treatment)의 원칙, 셋째, 국내세(Internal Taxation) 및 국내규범(Regulation)에 있어서의 내국민대우(National Treatment)의 원칙, 넷째, 무차별(Non-discrimination)원칙 등에 기하여 세계무역의 확대·생활수준의 향상, 완전고용 유지, 자원의 완전한 이용을 달성하는 것이었다.

이러한 GATT의 목적에 비추어 볼 때 그 역할은 다음과 같다. 첫째, 관세 및 기타의 무역장벽을 감축 또는 철폐하기 위한 장(場)을 제공하는 것이다. 1947년 4월 스위스 제네바에서 개최된 1차 협상을 시작으로 제6차 케네디라운드, 제7차 동경라운드 등의 다자간무역협상을 통하여 공산품에 있어서의 관세인하가 행해졌으며, 특히 동경라운드에서는 비관세장벽에 관한 표준규정, 허가규정 등 국제규칙이 제정되었다. 또한 제8차 다자간무역협상(우루과이라운드)을 통하여 세계무역기구(WTO)를 출범시켰다.

둘째, GATT 계약체결국의 무역정책상의 행동을 규율하는 국제무역규범을 제시하는 것이다. WTO 설립 이전까지 GATT의 규범에 의하여 국제무역이 규율되어 국제무역법전의 성격을 가지고 있었다.

마지막으로 GATT는 국제무역규범에 관한 해석기관이자 무역규범을 둘러싼 대립과 분쟁의 조정기관으로서의 역할을 수행하였다.

3. GATT의 기본원칙

GATT는 무차별원칙(Non-discrimination)을 그 기본원칙으로 하고 있으며, GATT의 무차별원칙은 체약국의 어떤 국가에도 타 국가보다 특혜를 베풀지 않는다는 소위 최혜국대우의 조항에 나타나 있다. 즉 GATT는 이국 간의 특혜조치는 인정하지 않으며, 다국 간의 협정을 그 기본원칙으로 하고 있다는 점이다. 또한 GATT는 보호무역 정책수단으로서 관세 이외의 기타의 수량할당을 포함한 비관세장벽(NTB: Non Tariff Barrier)을 철폐할 것을 규정하고 있으며, 관세인하교섭의 방법으로서는 한 체약국이 관세를 인하하면 상대 교역국 역시 관세를 인하해야 된다는 상호주의(reciprocity)를 기본원칙으로 하고 있다.

그러나 GATT는 최혜국대우의 기본원칙과 무역협상의 원칙적인 도구로서의 관세에 대해서는 몇 가지 예외조건을 규정하고 있다. 최혜국대우의 기본원칙에 대한 예외 조항의 내용에 있어서 주목할 만한 사항은 관세동맹과 자유무역지역의 형성을 인정하고 있다는 점이며, 무역제한의 원칙적인 도구로서 수량제한의 철폐에 관하여도 ① 국제수지의 악화를 방지하기 위하여 필요하다고 인정될 경우, ② 식량의 자급자족의 위협을 받을 경우, ③ 저개발국의 경제발전을 위하여 수입할당이 필요하다고 인정될 경우, ④ 덤핑의 방지를 위하여 필요하다고 인정될 경우 등과 같은 예외 조항을 허용하고 있다.

(1) 무차별원칙

1) 최혜국대우(MFN)원칙

최혜국대우(MFN: Most-Favoured-Nation Treatment)원칙은 특정국가에 대하여 다른 국가보다 불리한 교역조건을 부여해서는 안 된다는 원칙으로 GATT 규범 제1조에 근거하고 있다. 즉 모든 체약국이 그 상호간의 무역에 있어서 서로 동등하고 가장 유리한 조건하에서 무역하는 것을 골자로 하고 있는 것이 최혜국대우원칙이다.

2) 내국민대우원칙

무차별원칙의 또 다른 기본원칙이 내국민대우(National Treatment)원칙이다. 이를 정확하게 표현한다면 국내세와 국내규범에 있어서의 내국민대우원칙(National Treatment on Internal Taxation and Regulation)을 말한다. 이는 GATT 제3조의 규범에 근거한 것으로 수입물품에 대하여 국내세 및 국내규범에 의하여 같은 종류의 국내상품에 대하여 주어지는 대우보다도 불리하지 않는 대우를 부여하여야 한다는 원칙을 말한다. 즉 수입물품과 국내물품을 차별대우하여서는 안 된다는 원칙이다.

여기서 유의해야 할 점은 최혜국대우원칙이나 내국민대우원칙이나 모두 무차별원칙으로 의미는 같으나 최혜국대우원칙은 GATT 체약국 사이에 경쟁조건의 균등, 즉 국경통관 시의 무차별대우를 확보하기 위한 것이고, 내국민대우원칙은 수입국 내의 국내상품과 수입물품 사이에 경쟁조건의 균등, 즉 국내거래에서의 무차별대우를 확보하기 위한 것이다.

(2) 관세인하원칙

관세는 국가 간 무역을 제한하는 조치 중에서 역사적으로 가장 오래된 것이고, 관세부과로 인하여 커다란 무역제한효과를 가진 것이라 할 수 있다. 국제간의 무역거래에 있어서 장해요인의 철폐와 완화를 지향하고 있는 GATT가 가장 실질적이고 지대한 공헌을 하였던 것이 바로 관세 분야일 것이다. GATT는 관세에 관하여 가입국 상호간의 협상에 의거하여 각국에서 적용하고 있는 관세율을 가능한 한 인하하고 그 결과를 모든 가입국에 균일하게 적용한다는 것과 가입국 간에는 관세상의 차별대우를 하지 않겠다는 원칙을 설정하였다.

(3) 상호주의원칙

상호주의원칙은 GATT의 어느 한 체약국(contracting party)이 관세를 인하하게 되면 교역상대국도 그에 상응하는 관세인하를 단행하여야 한다는 원칙을 말한다. 즉 GATT의 어느 한 체약국이 관세양허[37]를 시행하면 이를 수용한 나라는 그 대가로 이에 상응하는 양허를 반드시 제공해야 한다는 것이다.[38]

4. GATT체제의 한계

GATT체제 출범 이후 수차에 걸친 다자간무역협상은 관세인하 교섭에 있어서 상당한 성과를 보여 GATT체제는 소기의 성과를 얻었으나 동시에 새로운 문제가 나타나기 시작하였다. 첫째로 EEC의 성립(1957)으로 GATT 규범에서도 제24조에 근거하여 무차별원칙의 예외를 인정하고 있는 관세동맹(Customs Unions), 자유무역지역(Free trade Areas)이 조건에 합치하는가의 논란이다. 이러한 지역주의의 대두는 연쇄반응을 만들어 내게 된다.

둘째, 1980년대에 들어오면서 규범력의 한계를 드러내기 시작하였다. 주요 교역국이 경쟁력을 상실한 자국의 산업을 보호하기 위해 경쟁적으로 보조금을 지급하기 시작하였고, GATT규제를 회피하는 수단으로 수출자율규제 등을 확대하여 왔지만 GATT는 이에 대해 거의 속수무책이었다.

셋째, GATT체제가 국제경제질서의 변화에 대처하지 못한 다른 이유는 법적인 결함으로 GATT 회원국 중에서도 이들 협정에 가입한 국가들과 그렇지 않은 국가들 간의 차별적 대우에 관한 문제점이 노출되었다. 또한 GATT 규정과 각국의 국내법

---

37) 관세양허란 당사국 간 상호교섭을 통해 관세율을 인하하는 것을 말하며, GATT 2조 및 부속서에 규정돼 있다. GATT는 세계무역의 확대발전을 위해 가맹국 상호간 교섭을 통해 관세율을 인하하고 가맹국 간에는 최혜국대우를 부여함으로써 관세상의 차별대우를 없애는 것을 주요내용으로 하고 있다. 이에 따라 부속서로 관세양허발표를 만들어 양허 품목 및 양허세율을 지정하고 있다. 이와 같이 가맹국 간의 상호교섭에 의하여 관세율을 인하하는 것을 관세양허라고 하며, GATT의 부속서인 관세양허표에는 양허품목, 양허세율 등이 기재되어 있다.
38) 상호주의 의무의 구체화는 자유무역과 관련된 무임승차의 문제를 사전에 방지하기 위한 것이라 할 수 있다.

과의 관련성이 매우 모호하여 GATT 규범을 회피하는 경우가 많았다.

넷째, 선진국 간에서의 무역관계의 '정치화'와 평행해서 남북문제가 '정치화'되었다. UNCTAD의 발족에 상징되듯이 이 문제는 GATT체제의 자유무역의 한계를 노정시키게 된다. 일반특혜, 원조요구라는 주장은 GATT의 틀을 넘어서는 형태로 세계규모의 소득재분배를 추구하는 것이며, 1974년의 NIEO선언에서 극에 달하게 된다. 이런 움직임은 자유무역체제의 정비에 의해서 후진국의 경제상황은 개선되지 않고, 오히려 개선되지 않는 구조적 요인이 국제경제질서에 자리잡는다는 논리에 의해 지지되고 있다. 이들 두 가지는 GATT체제 외부로부터의 문제를 첨가시키는 것이었으나 동시에 GATT체제의 성공이 역으로 그 한계를 명백히 한 것이란 측면이 있는 것이다.

우선 무역자유화는 세계경제확대에 크게 기여했으나 동시에 시장기구는 그 자신의 움직임에 의해 경제실체에 영향을 주고, 특히 경제적·정치적 힘의 변동을 초래하였다. 새로운 무역의 가능성 증대는 고용, 부의 증식에 있어서 바람직한 조건이었으나 다른 한편, 시장의 개방은 용서 없는 경쟁을 조장하고, 그것에의 적응과 비용절하 없이는 그 힘을 가질 수 없게 된다.

불균등한 성장과 발전은 시장기구에 따라 자극되고, 혹은 그것을 통하여 전해지고, 부단히 힘의 재편성, 변동을 만들어 내는 것이다. 한마디로 GATT체제는 기존의 국제권력구조를 유동화시키는 요인을 포함하고 있는 것이다. 이것은 전후 압도적인 경제력을 일시에 장악한 미국의 상대적 후퇴를 초래한 것에서 극명하게 나타나고 있다.

다음으로 GATT에 내재적인 문제에 관하여 보면 관세의 인하교섭이 진전됨에 따라 넓은 의미에서의 비관세장벽(NTB)이 더욱 커다란 장벽으로 나타나게 된 것도 중요하다. 동경라운드의 주된 논제는 농산물무역과 비관세장벽문제였다. 이 어느 것도 고관세라는 국경조치에 관여된 것이라기보다는 정치와 경제활동과의 각국의 국내관계를 직접 문제로 하는 성격이 강한 것이다. 원래 GATT를 계획된 자유무역주의로 부르고 있듯이 각국 국내의 정치적 조건에 의하여 규정된 자유무역주의로서, 예를 들면, 완전고용이란 국내의 정치적 조건에 결코 무관심일 수는 없다는 것이다.

이렇듯 비관세장벽(NTB) 문제에만 신경을 쓰고 있을 때 현실 경제에서는 2국 간 수출자율규제란 형태로 수량제한 및 관리무역이 급속하게 진전된다. 이는 본래 수입국이 수입을 제한해야 하나 GATT 위반을 면하기 위하여 취한 일종의 회색조치인 것이다. 그리고 수출자율규제를 압도적으로 요구하는 것은 미국, EC 등 선진국이었음은 중대한 사실이다.

또한 무역문제의 정치화에 크게 영향을 미치게 된 것은 다름 아닌 냉전의 종식이었다. 사회주의체제의 붕괴와 시장경제체제의 도입은 한편으로는 GATT로 대표되는 자유시장의 이념이 권위를 높였으나 다른 한편으로는 공통의 적이 소멸됨에 따라 내부대립에 제동을 걸기가 어렵게 된 것이다.

제2절 GATT와 다자간무역협상

GATT는 세계무역확대를 위하여 관세인하와 수입제한철폐를 추구하였다. 이러한 GATT는 국제무역의 기본질서를 규율하는 국가 간의 협정으로서 WTO 출범 전까지 자유무역과 공정무역을 추구하면서 세계무역의 확대에 지대한 역할을 수행하였다. GATT체제는 세계무역환경의 변화에 따라 8차례의 다자간무역협상을 타결하면서 수정보완을 거듭하여 왔다.

<표 13-1> GATT의 다자간무역협상

명 칭	기 간	개최지	국 수	주 요 내 용

1차 라운드
(제네바
라운드)
	1947. 4
	~
	10.
		제네바
		(스위스)
			23	o GATT 설립을 위한 최초의 관세인하협상
				o 4,500개 공산품을 관세양허
				 - 국별, 품목별 협상방식 채택, 2국 간에 양허요구표와 양허가능
				  품목을 상호교환, 양허의 균형을 추구, 이러한 2국 간 교섭을
				  다각적으로 동시 진행

2차 라운드 (앙시라운드)	1949. 8 ~ 10.	앙시 (프랑스)	32	o GATT 기존체약국과 11개 신규가입국 간 교섭 o 5,000개 공산품을 관세양허 - 국별, 품목별 협상방식
3차 라운드 (토케이 라운드)	1950. 9. ~ 1951. 4.	토케이 (영국)	34	o GATT 기존회원국과 7개 신규가입국 간 교섭 및 기한이 만료된 종 래의 관세양허 재교섭 o 8,000개 공산품을 관세양허 - 국별, 품목별 협상방식
4차 라운드 (제네바 라운드)	1956. 1 ~ 5.	제네바 (스위스)	22	o 3,000개 공산품을 관세양허 - 국별, 품목별 협상방식
5차 라운드 (딜론라운드)	1961. 5. ~ 1962. 7.	제네바 (스위스)	23	o EEC의 공통관세 설정에 따른 관세양허교섭 o 4,400개 공산품 관세율 평균 7% 인하
6차 라운드 (케네디 라운드)	1964. 5. ~ 1967. 6.	제네바 (스위스)	56	o 미국과 EEC 간의 관세장벽 제거를 목표 o 30,000개 품목 관세율을 평균 35% 인하 - 일률인하방식(linear reduction) 채택(예외 품목을 제외한 대상품 목에 대해 일정관세 인하폭을 일괄 적용)

7차 라운드
(동경라운드)
	1973. 9.
	~
	1979. 4.
		제네바
		(스위스)
			99	o 1971년 스미소니언합의에 따라 출범
				o 33,000개 품목에 대한 평균 33% 관세 인하
				 - 조화인하방식 채택(기존 관세율이 높을수록 큰 폭의 인하율 적용)
				o 비관세장벽 제거를 위한 협정제정(MTN)
				 - 관세평가협정, 보조금 및 상계관세협정, 반덤핑협정, 정부조달
				  협정, 무역에 대한 기술장벽협정, 국제낙농협정, 국제우육협정,
				  민간항공기협정
				o 개도국에 대한 우대 및 의무규정
				 - 일반특혜관세제도(GSP) 합법화
				 - 신흥공업국들 개도국 졸업 조항 신설

명 칭	기 간	개최지	국 수	주 요 내 용

8차 라운드
(우루과이
라운드)
	1986. 9.
	~
	1993. 12.
		제네바
		(스위스)
			117	o 항구적이고 강력한 국제무역기구의 설립으로 다자무역체제 강화
				  - 회원국의 국내법을 WTO 규정에 합치시키도록 규정
				o 공산품 관세인하 및 비관세장벽 완화
				  - UR협상 이전에 비해 1/3 이상 관세 인하
				  - VER, OMA 등 회색조치의 철폐
				o 농산물 및 섬유류 무역의 GATT 편입
				o 기존 GATT 규범의 강화
				  - 반덤핑, 보조금, 상계관세, 세이프가드 등의 명료성을 제거하
				   고, 규율을 강화
				o 서비스무역에 관한 기본규범 설정 및 최초의 양허교섭 완료
				o 지적재산권 보호 및 투자관련조치 규범 마련
				o 통합분쟁해결절차 및 규칙(DSU) 합의

　　제1차 다자간무역협상부터 제6차 다자간무역협상인 케네디라운드까지는 선진국들 간의 관세인하가 주요내용이었고, 제7차 다자간무역협상인 동경라운드에서는 관세인 하 이외에도 비관세장벽의 철폐 및 감축이 본격적으로 다루어졌다.

1. GATT의 제7차 다자간무역협상

(1) 협상배경

　　선진제국이 사상 유례없는 호경기를 누리던 1960년대 추진된 케네디라운드는 국 제무역의 자유화를 위한 노력의 절정을 이루었다고도 볼 수 있다. 그러나 1970년대 에 들어오면서부터 사정은 달라졌다. 무엇보다도 1960년대 중반 이후 누적되어 온 미국의 국제수지 불균형은 이제껏 세계적 지배경제로서 국제무역의 확대를 추구해 온 주체를 사라지게 하는 결과를 가져왔다. 금환본위제도가 붕괴되고 환율의 불안 은 브레튼우즈체제의 종식을 가져왔고, 금융과 통화 면에서의 보호주의 가능성을 제고시켰다. 국제무역에 있어서도 1971년 미국이 모든 수입상품에 대하여 10%의 임시부가세를 부과하는 긴급조치를 취하였고 1973년 원유파동 이후 다자간섬유협정

(MFA)의 체결을 비롯하여 비관세장벽의 실시를 내용으로 하는 갖가지 신보호주의 경향이 나타나기 시작하는 등 1960년대 말에서 1970년대 초에 이르러 그때까지 안정성장을 지속해 오던 세계경제에 구조적인 변화가 발생하자 각국 간에 새로운 무역협상의 필요성이 제기되었다. 이러한 GATT체제가 위기에 당면하게 된 원인을 정리하여 보면 다음과 같다.

첫째로 신보호무역주의가 대두되었다는 것이다. 1950년대까지 세계경제를 이끌어 왔던 미국경제는 1960년대에 EEC와 일본경제의 성장으로 절대적 우위를 상실하였다. 한편 미국의 국제수지는 적자로 반전한 뒤 만성화하여 기축통화인 달러화의 국제적 지위가 크게 떨어졌고 국제통화의 파동이 빈번하게 발생하여 '브레튼우즈'체제가 위태롭게 되었다. 이에 더해 1973년의 석유파동 이후 지역별, 국별 국제수지의 불균형이 더욱 심화하여 소위 신보호무역주의가 세계무역을 지배하게 되어 GATT 체제에 정면으로 도전하였다.

둘째로 지역주의의 강화에 따라 국제경제구조가 다극화되었다는 것이다. EC는 1968년 역내관세를 철폐하여 관세동맹을 완성하고, 1975년 2월에는 아프리카·카리브해·태평양(ACP: African, Caribbean, Pacific) 국가 간에 로메협정(Rome Convention)에 서명함으로써 특혜무역협정을 체결하는 등 역내통합을 강화하고 1973년 1월에는 영국, 아일랜드, 덴마크를 신규로 참가시켜 EC를 확대시켰다. 또한 개발도상국도 경제 블럭화를 추진하고 특히 석유파동 이후에는 자원민족주의가 확대되었으며 일본의 급속한 경제성장도 세계경제구조의 다극화에 한몫을 하였다.

셋째로 남북문제가 심화되었다는 것이다. 선진국과 개발도상국의 경제격차가 계속 확대되어 왔으며 선진국이 개발도상국에 대하여 실시하고 있는 UNCTAD(유엔무역개발회의)의 산물인 일반특혜관세제도(GSP)는 일반적 구속력을 갖지 못하여 개발도상국의 수출증대에 별로 기여하지 못하였다. 이러한 점을 인식한 개발도상국은 UNCTAD 및 77그룹(G77)을 통하여 세력을 확장하면서 현행체제가 선진국 위주의 경제질서이며 지금까지의 다자간무역협상에서 개발도상국이 소외되어 왔음을 지적하면서 새로운 무역협상을 주장하였다.

넷째로 무역장벽이 다양화되었다는 것이다. 종래 국제무역에서 가장 중요한 무역장벽으로 무역협상의 주요의제였던 관세 이외에 비관세장벽이 중요한 무역저해요인으로 등장하였고, 석유, 식량 등 기초원자재보유국의 임의적 수출규제의 횡포가 만연하여 보다 포괄적인 새로운 무역협상의 필요성이 제기되었다.

이러한 세계경제여건의 변화에 따라 GATT체제가 동요하게 되자 1973년 동경에서 개최된 GATT각료이사회를 기점으로 새로운 국제무역질서를 추구하는 제7차 다자간무역협상(동경라운드)이 출범하게 되었다. 동경선언 이후 무역협상위원회는 산하에 7개의 협상그룹을 설치하여 의제별로 작업에 들어갔다. 그 내용을 보면 관세, 비관세, 열대성산물, 농산물, 부문접근, 긴급수입제한그룹 및 프레임워크그룹 등이다.

(2) 협상의 진행과 성과

동경라운드는 102개국이 참여한 가운데 1973년부터 1979년까지 진행되었으며, GATT의 점진적 관세인하 노력이 지속되었다. 그 결과 세계 주요 9개 선진국시장의 관세율이 평균 1/3 정도 인하되었으며, 특히 공산품의 평균관세율은 4.7%까지 인하되었다. 8년의 기간에 걸쳐 시행된 관세인하는 관세가 높을수록 그에 비례하여 더 많은 관세를 인하하는 '관세조화'의 요소까지 포함하게 되었다.

다른 부문에 있어서 동경라운드는 다소 복합적인 결과를 실현했다. 농산물교역에 영향을 미치는 근본적인 문제해결에 실패하고, 시간이 촉박하여 긴급수입제한조치인 '세이프가드'에 관한 새로운 협정의 제정도 성사시키지 못했다. 그럼에도 불구하고 협상을 통해 비관세장벽 관련 일련의 협정문들을 탄생시켰는데, 이는 기존의 GATT 규정을 보완한 부분도 있었으나 일부 분야에서는 완전히 새로운 협정문을 제정하기도 했다. 하지만 대부분의 경우에 선진국을 중심으로 상대적으로 소수의 GATT 회원국들이 그와 같은 협정 및 협약에 서명했다. 이 협정들은 GATT 전체 회원국이 수용하지 않았기 때문에 비공식적으로 '협약'(codes)이라고 불리기도 했다.

이들은 다자간협정은 아니었으나 오늘날 다자간협정의 출발점이 되었다. 즉 일부 협약은 결국 우루과이라운드에서 수정되어 모든 WTO 회원국들이 수용한 다자간규범으로 발전되었다. 정부조달, 쇠고기, 민간항공기, 낙농제품 등 4개 부문만이 복수

간 협정의 형태로 남아 있게 되었으나 WTO 회원국들은 1997년 말부터 쇠고기 및 낙농협정 등을 종결시키는 데 합의했다.

결론적으로 국제무역의 자유화라는 측면에서 본다면 동경라운드에 있어서 역시 관세인하가 핵심을 이루었다. 주요 제국별로 공산품에 있어서 명목관세율의 평균인 하율을 비교해 보면 미국 33%, EEC 22%, 일본 44% 및 캐나다 40%였다. 이와 같이 합의를 본 관세율인하는 1980년 초부터 8년간에 걸쳐 단계별로 점진적으로 실현되었다.

또한 동경라운드에서는 비관세장벽의 철폐 내지 완화를 위한 여러 가지 협상이 타결되었는데, 그 주요한 것을 보면 ① 보조금 및 상계관세협정, ② 정부조달협정, ③ 관세평가협정, ④ 수입허가절차협정, ⑤ 기술장벽제거협정, ⑥ 덤핑방지협정 개정 등의 체결이다. 이러한 협정 중 덤핑방지협정의 개정을 제외한 모든 협정은 국제적으로 처음 타결되었기 때문에 그동안 어려웠던 비관세장벽문제 해결에 계기를 마련했다고 볼 수 있다.

2. GATT의 제8차 다자간무역협상

(1) 협상의 개요

우루과이라운드(UR)는 세계 여러 나라의 관세·비관세장벽 철폐를 논의하기 위해 열린 관세 및 무역에 관한 일반 협정(GATT)의 제8차 다자간무역협상으로 1986년 9월 우루과이의 푼타 델 에스테에서 시작되어 1994년 4월 15일에 마무리되었다.

우루과이라운드는 본래 예정보다 거의 두 배의 시간이 소요된 7년 반 동안 진행되었으며 종반에는 125개국이 참여했다. 우루과이라운드는 칫솔에서 호화보트, 금융에서 통신 그리고 벼 종자에서 에이즈진료에 이르기까지 거의 모든 무역거래를 다루었다. 이는 분명히 가장 큰 규모의 무역협상이었으며 아마도 모든 협상을 통틀어 역사상 가장 큰 규모의 협상이었을 것이다.

우루과이라운드는 간혹 실패가 예정되어 있는 듯하기도 했으나 결국 제2차 세계대전 종반에 GATT가 창설된 이래 세계교역체제에 가장 큰 개혁을 이루어 냈다. 더욱이 진행과정의 어려움에도 불구하고 우루과이라운드는 초기에 일부 성과를 올리기도 했다. 협상 출범 2년 만에 참가국들은 주로 개도국에 의해 수출되는 열대성 농산물에 대한 관세인하 패키지에 대해 합의를 이룬 것이다. 그들은 또한 분쟁해결 규정을 개선했으며 일부 조치는 중간단계에서 시행하기도 했다. 뿐만 아니라 그들은 GATT 체약국들의 무역정책에 관한 정기보고서의 제출을 요구하였는바 이는 전세계 교역체제의 투명성 제고에 중요한 역할을 한 것으로 평가되고 있다.

〈표 13 - 2〉 UR 초기 15개 협상의제

우루과이라운드(UR)의 초기 15개 협상의제
관세, 비관세장벽, 천연자원, 섬유·의류, 농산물, 열대성 농산물, GATT 조항, 동경라운드 협약, 반덤핑, 보조금, 지적재산권, 투자조치, 분쟁해결, GATT체제, 서비스

우루과이라운드는 1982년 11월 제네바에서 개최된 GATT 회원국 회의에서 태동했다. 각료들은 대규모의 새로운 협상의 출범을 의도했지만 회의는 농산물 이슈에서 난관에 봉착하고 그로 인해 협상이 성사되지 못할 것이라는 인식이 지배적이었다. 사실상 각료들이 합의한 작업계획은 우루과이라운드협상의제 선정의 기초를 이루었다.

그럼에도 불구하고 각료들이 새로운 다자간협상을 출범시키는 데에 합의하기까지 이슈의 발굴, 그의 명료화 및 공감대 형성에 4년이 더 소요되어 1986년 9월 우루과이의 푼타 델 에스테에서 협상을 출범시켰다. 그들은 결국 사실상 모든 무역정책 현안을 포괄하는 협상의제를 수용하기에 이르렀던 것이다. 협상은 서비스와 지적재산권 등을 위시한 수개의 새로운 분야를 다자간 교역체제에 편입시키고 농산물 및 섬유 등 민감한 분야에 있어서의 교역제도를 개혁하고자 했다. 그 밖에도 기존의 모든 GATT 조항이 검토대상이 되었다. 이는 분명 역사적으로 교역과 관련하여 국가 간에 합의된 가장 큰 규모의 협상의제였으며, 이를 위해 4년의 협상시한이 설정되었다.

2년 후인 1988년 12월 각료들은 우루과이라운드 중간시점에서 진척상황을 평가하기 위해 캐나다 몬트리올에서 다시 회동했다. 그 목적은 2년의 협상 잔여시한 중에 추진할 의제를 명료화하는 데에 있었으나 다음 해 4월 각료들이 제네바에서 보다 차분하게 회동하기 전까지 협상은 난관에 봉착하여 중단되기에 이르렀다.

그와 같은 어려움에도 불구하고 몬트리올회의에서 각료들은 조기에 타결 지을 협상패키지에 합의했다. 여기에는 개도국 지원을 목적으로 하는 열대성 농산물 관련 시장접근을 위한 일부 양허, 분쟁해결제도의 합리화, GATT 회원국들의 무역정책 및 관행에 관한 최초의 포괄적이고 체계적이며 정기적인 검토를 위해 마련된 무역정책 검토제도 등이 포함되었다. 우루과이라운드는 1990년 12월 브뤼셀회의에서 종결되도록 예정되어 있었으나 농산물 교역의 개선방식에 대해 합의를 이루지 못하고 협상연기가 결정되었으며, 그 결과 협상은 침체기에 들어섰다. 그러나 암울한 정치적 전망에도 불구하고 상당량의 기술적 작업은 계속되어 결국 최종 법률적 합의안이 최초로 작성되었는바 그 합의안이 바로 각료급 협상을 주재했던 당시의 GATT 사무총장인 아서 던켈(Arthur Dunkel)이 마련한 '최종협정안(Final Act)'이었다.[39] 그 최종안은 1991년 12월 제네바회의의 의제로 상정되었다. 최종안에는 협상참가국들의 수입관세인하 및 서비스시장 개방에 관한 양허목록이 빠졌다는 단 하나의 예외를 제외하고는 푼타 델 에스테에서 합의된 모든 사항을 반영하고 있었으며 따라서 최종합의문의 기초가 되었다.

그 후 2년의 기간 동안 협상은 절박한 실패와 급작스러운 성공예측의 사이를 오가는 예측불허의 기간에 접어들었다. 수차례의 협상만료시한이 설정되고 또 무산되기도 했다. 농산물에 더하여 나타난 새로운 주요쟁점은 서비스, 시장접근, 반덤핑

---

39) '던켈초안(Dunkel draft)'라고 하는데, GATT의 아르투어 던켈 사무총장이 1991년 12월 교착상태에 빠진 우루과이라운드협상을 타개하기 위해 제시한 최종협정문으로서 이후 우루과이라운드협상의 틀이 되었다. 주요내용으로는 관세율인하, 모든 농산물의 예외 없는 관세화, 10년 내 섬유교역 완전 자유화, 지적재산권 보호, 서비스 분야 자유화, 다자간무역기구의 설립 등이다.

그리고 새로운 무역기구의 창설이었다. 미국과 EU 간의 입장 차이가 최종 성공적 결론의 관건이 되었다.

1992년 11월 미국과 EU는 비공식적으로 '블레어하우스 합의'[40](Blair House accord)라고 알려진 협상을 통해 농산물 관련 대부분의 입장 차이를 해결했다. 1993년 7월경 4대 무역국, 즉 Quad 4국(미국, EU, 일본, 캐나다)은 관세 및 관련 이슈(시장접근)에 관한 협상에서 상당한 진전이 있었음을 공표했다. 비록 일부 최종 마무리가 모든 협상이 종결된 지 몇 주 후의 시장접근 관련 협상에서 마무리되기는 했지만, 1993년 12월 15일에 이르러서야 모든 이슈가 최종적으로 해결되고 상품 및 서비스 관련 시장접근협상이 종결되었다. 협상결과는 1994년 4월 15일 모로코 마라케쉬에서 개최된 회의에서 125개 협상참여국 정부의 각료들에 의해 서명되었다.

협상지연으로 인해 얻은 소득도 없는 것은 아니었다. 협상이 지연됨으로써 일부 협상, 예를 들어, 서비스, 지적재산권, WTO 창설 등과 관련된 협상에서 1990년에 가능했을 수준 이상의 진전이 가능했던 것이다. 그러나 거대한 협상업무로 말미암아 전 세계의 무역행정 당국은 피로의 기색이 역력했다. 대부분의 무역현안을 포괄하는 완전한 협상패키지에 대한 합의도출의 어려움을 깨달은 일각에서는 그와 같은 대규모 협상이 다시는 가능하지 않을 것이라는 결론을 내리기도 했다. 그러나 우루과이라운드협정은 많은 부분에 대해 새로운 협상을 위한 일정을 포함하고 있다. 또한 1996년 일부 국가들은 다음 세기 초에 새로운 다자간무역협상을 개최할 것을 공개적으로 요구했다. 그에 대한 반응은 복합적으로 나타나고 있으나, 마라케쉬협정은 이미 다음 세기로의 전환시점에 일련의 이슈에 대해 협상을 재개해야 한다는 약속을 담고 있다.

---

40) 1992년 말 미국과 유럽공동체(EC) 간에 체결된 농산물협정으로서 워싱턴의 영빈관 블레어하우스에서 협정이 체결된 데서 유래되었으며 이 합의를 토대로 우루과이라운드 타결의 실마리를 찾았다. 주요내용은 보조금이 지급된 농산물의 수출량을 향후 6년간 21% 감축하고 농산물에 대한 수출보조금을 36% 줄인다는 것이다.

〈표 13-3〉 우루과이라운드 주요일정

우루과이라운드(UR) 주요일정	
1986. 9.	푼타 델 에스테: 출범
1988. 12.	몬트리올: 각료 중간검토
1989. 4.	제네바: 중간검토 완료
1990. 12.	브뤼셀: 각료회의 종료 및 협상 중단
1991. 12.	제네바: 최초의 최종협정안 완성
1992. 11.	워싱턴: 농산물 관련 미-EU 간 블레어하우스 합의 도출
1993. 7.	동경: G-7 회의에서 4대 무역국 간 시장접근 관련 합의 도출
1993. 12.	제네바: 대부분 협상 종결(일부 시장접근 협상은 존속)
1994. 4.	마라케쉬: 협정문 조인
1995. 1.	제네바: WTO 창설 및 협정 발효

(2) 협상의 주요결과

우루과이라운드는 GATT의 다자간무역협상 중 가장 중요하고 포괄적인 무역협상이었으며 우루과이라운드협상의 타결은 자유무역을 향한 획기적인 진전의 의미를 가지고 있다 할 것이다. UR협상은 무역장벽을 대폭 완화하였을 뿐 아니라 자유무역환경을 보장하는 다자간무역규범을 크게 강화함으로써 무역확대를 통한 세계경제 도약의 계기를 마련한 것으로 평가되고 있다.

그 이유는 첫째, 항구적이고 강력한 세계무역기구(WTO)를 수립하였고, 둘째, 상품의 관세인하 및 무세화를 통해 기존의 관세장벽을 대폭 낮추었을 뿐만 아니라 회색조치 등 비관세장벽도 대폭 완화시켰으며, 셋째, 각종 수량제한조치로 보호되어 왔던 농산물에 대해서도 일단 관세화를 통해 WTO체제 내로 끌어들임으로써 농산물무역에 대한 비관세장벽을 단계적으로 완화시켰으며, 넷째, 다자간섬유협정(MFA)에 의해 규제되어 오고 있는 섬유류도 10년간에 걸쳐 완전히 WTO체제 내로 통합함으로써 섬유류 무역자유화의 기반을 마련하였다는 점이다. 다섯째, 각국의 보호무역수단으로 활용된 사례가 많았던 기존의 반덤핑·상계관세·긴급수입제한조치의 남용을 억제하도록 규범화하였고, 보다 효율적이고 신속한 분쟁해결절차를 도입함으로써 자의적인 무역규제의 여지를 축소시켰으며, 여섯째, 최근 국제무역에서 비중이 커지고 있는 서비스무역 분야에 대해 별도의 무역규범을 새로이 제정하고 이 분야의 시장개방계획을 작성토록 함으로써 서비스무역이 확대되는 발판을 마련하였으며, 마지막으로는 무역관련 지적재산권에 관한 협정을 수립함으로써 무역관련 지적재산권에 대한 보호를 강화하였다는 것이다.

① 공산품 분야

공산품 분야에 있어서 관세인하는 1986년 9월 수준에서 40%의 감축을 달성하였는데, 우리나라의 평균 양허세율은 8.1%, 선진국의 평균 양허세율은 3.3%였다. 또한 전반적인 관세인하 외에 철강, 건설, 농업장비, 의료기기, 의약품, 가구 등에 있어서는 관세철폐 및 화학제품에 있어서는 관세조화에 합의함으로써 보다 큰 폭의 관세인하를 달성하였다.

② 농업 분야

UR협상의 난제였던 농업 분야에 있어서는 시장접근과 관련하여 비관세장벽을 모두 관세화하고 최소시장접근 허용원칙을 도입하였으며, 각국이 농업 분야에 대하여 지급하고 있는 각종 보조금이 국제농산물의 건전한 무역질서를 저해함에 따라 이들 보조금 중 허용되는 국내보조금의 범위를 명백히 하고 여타의 국내보조금이나 수출보조금은 점진적으로 감축하도록 규정하였다.

③ 섬유

섬유류는 다자간섬유협정(MFA)에 따라 주요 국가 간 쿼터(Quota)를 설정하여 운영하는 방식으로 무역이 이루어져 왔으나 금번 UR섬유협상 타결로 향후 10년 동안 4단계에 걸쳐 2005년에는 기존의 섬유무역은 모두 WTO체제로 통합되어 자유화될 예정이다.

④ 규범의 강화

GATT 정신에 위배되는 수출자율규제(VER), 시장질서협정(OMA) 등 이른바 회색 조치를 4년 이내에 철폐하고, 반덤핑·상계관세·긴급수입제한조치의 발동요건과 기준을 보다 투명하고 엄격하게 규정함으로써 수출국 특히 개발도상국의 수출여건을 개선하였다.

⑤ 서비스 분야

최근 국제무역에서 그 비중이 커지고 있는 서비스무역에 관한 규범을 새로이 제정하였으며, 서비스무역은 상품의 경우와는 달리 저장이 곤란하고 생산자와 소비자가 직접 접촉하여야 하는 경우가 많아 기존 GATT 규정이 적절하지 못하였던바 별도의 무역규범(GATS: General Agreement on Trade in Services)을 제정하였다.

⑥ 지적재산권 분야

지적재산권에 있어서 선진국들은 자국의 경제가 지식산업화함에 따라 자신들이 비교우위가 있는 지적재산권을 보호하기 위한 국제규범의 강화에 주력하였는데 이러한 지적재산권 보호에 관한 협정으로는 UN 전문기구인 WIPO(세계지적재산권기구)가 관장하고 있는 파리협약, 베른협약, 로마협약 등이 있었으나 미국 등 선진국은 이들 기존협약들로는 보호가 미흡하다는 판단하에 지적재산권 보호문제를 WTO체제에 포함하였다.

UR협상에서 지적재산권 협상은 처음에는 위조상품의 무역규제를 목표로 하였으나 점차 그 범위가 확대되어 저작권, 상표권, 특허권 등 전반적인 지적재산권 보호에 관한 포괄적인 무역규범을 제정하였다.

⑦ 분쟁해결절차

GATT체제하에서의 분쟁해결절차에 많은 시일이 소요되었고, 그 절차가 비효율적이고 복잡하였다는 점을 감안하여 단일 분쟁해결절차를 마련하고 단계별로 시한을 설정하는 등 분쟁해결절차의 단일화 및 신속성을 도모하였다.

⑧ 세계무역기구의 출범

우루과이라운드협상 결과가 원만히 이행되도록 GATT를 대체하는 항구적이고 강력한 새로운 세계무역기구(WTO: World Trade Organization)를 설립하였다. 세계무역기구의 기능과 다자간무역협정의 모든 사항에 대한 결정권한을 보유하는 최고의 의결기관인 각료회의를 매 2년마다 1회 개최하기로 하였고, 세계무역기구 산하에는 일반이사회 및 각 분야별로 상품무역이사회, 서비스무역이사회, 지적재산권이사회를 설치하고, 회원국 무역정책의 주기적 검토를 위한 무역정책검토기구(TPRB: Trade Policy Review Body)와 분쟁해결을 관장할 분쟁해결기구(DSB: Dispute Settlement Body)를 설치하였다.

난항을 거듭하여 오던 우루과이라운드는 드디어 1993년 12월 15일 원래의 협상 시한을 3년이나 넘기면서 7년 이상을 끌어온 협상을 타결 지었다. 그 후 1994년 4월 7일 무역협상위원회에서 각료선언과 무역과 환경에 관한 결정, WTO 준비위원회 설립에 관한 결정, WTO 설립협정 수락 및 가입에 관한 결정, 조직 및 재정에 관한 결정 등 4개 결정문을 확정, 동년 4월 12일부터 15일까지 개최된 마라케쉬 각료회의에서 채택함으로써 1995년 1월 1일 WTO 협정이 발효되어 새롭게 국제무역을 관장할 WTO체제가 도래하게 되었다.

제14장 WTO에 대한 이해

제1절 WTO의 개요

세계무역기구(WTO)는 현재 국가 간 무역규범을 다루는 유일한 국제기구이다. WTO의 핵심은 세계의 다수 교역국가들이 협상을 거쳐 조인한 WTO 협정문에 있다. WTO 협정문은 국제상거래를 위한 법적 기본규칙을 제공하며, 협정문들은 본질적으로 합의된 범위 내에서 각국 정부가 자국의 무역정책을 수행해 나가도록 구속하는 약속이라고 할 수 있다. 비록 협정문은 각국 정부가 협상하여 조인하기는 하였지만 그 목표는 상품 및 서비스의 생산자, 수출자 및 수입자들이 상행위를 하는 데 도움을 주는 것이다.

WTO체제의 가장 중요한 목표는 부작용이 없는 범위 내에서 가능한 한 무역을 자유롭게 하는 것이다. 이는 부분적으로는 무역장벽을 제거하는 것을 의미하며, 또 한편으로는 개인, 기업 및 정부가 세계무역규범이 무엇인지를 이해할 수 있도록 하는 동시에 그들에게 갑작스러운 정책변화가 없을 것이라는 확신을 부여하는 것을 의미한다. 즉 그와 같은 규범은 투명하고 예측 가능해야 하는 것이다. 협정문들이 대부분 상당한 토론과 논란을 거쳐 교역국가들의 공동체에 의해 제정되고 조인되기 때문에 WTO의 가장 중요한 기능 중의 하나는 무역협상을 위한 토론의 장(場)을 제공하는 것이다. 또 하나 중요한 WTO의 활동은 분쟁해결이다. 교역관계는 흔히 상충적 이해관계를 수반하기 때문에 WTO체제 내에서 협상된 약속 및 협정은 해석을 필요로 하는 경우가 많다. 국가 간의 의견 차이를 해결하는 가장 조화로운 방법은 합의된 법적 기초에 근거한 중립적 절차에 의존하는 것이다. 분쟁해결절차가 WTO 협정에 설정된 목적도 여기에 있다.

WTO는 1995년 1월 1일에 출범했지만 그 무역체제는 반세기의 역사를 지니고 있다. 1948년 이래로 GATT가 그 체제를 위한 규범을 제공해 온 것이다. GATT 협정은 제정된 후 오래지 않아 비공식적이긴 하지만 일반적으로 GATT로 알려진 사실상의 국제기구로 탄생했다. 시간이 흐르면서 GATT는 수차례의 다자간협상을 통해 발전해 왔다. 최근의 다자간무역협상은 1986년부터 1994년까지 지속되었던 우루과이라운드(UR)협상이었으며, 그 결과로 WTO가 창설된 것이다. GATT가 주로 상품교역을 관장한 데 비해 WTO 및 관련 협정문들은 이제 서비스와 함께 발명, 창작, 고안 등 무역관련 지적재산권까지 관장하게 되었다.

1. WTO 설립의 배경

(1) 국제무역기구(International Trade Organization: ITO) 설립의 실패

2차 세계대전 이후 미국은 국제통화기금(IMF), 세계은행(IBRD) 및 국제무역기구(ITO) 등 3개 국제기구 설립을 통해 환율안정, 부흥개발기금 제공 및 자유무역체제 확립을 추진하였다. 그러나 하바나헌장(Havana Charter)에 대한 미국의회의 강력한 반대로 동 헌장이 발효하지 못하게 됨에 따라 ITO 설립은 무산되었다. 이에 따라 하바나헌장의 내용을 대폭 축소하여 각국의 합의가 이루어진 부분만을 발췌하여 이를 잠정적으로 수용한 것이 현재의 GATT체제이다.

(2) GATT체제의 문제점

GATT는 당초 잠정적으로 채택되었으며(제29조 제2항) 많은 예외 규정을 두고 있어 국제협정으로서의 법적 구속력이 제한되었다. 이러한 현행 GATT체제는 경제 강대국의 불공정 행위 및 자의적 행위를 효율적으로 규제하는 데 부적절하였다.

(3) 다자간무역기구(MTO) 설립 추진

1986년에 개시된 우루과이라운드협상은 현행 GATT체제의 제반 문제점을 해결하고자 GATT체제를 다자간무역기구로 발전시키는 작업을 UR협상의 교섭과제 중의 하나로 채택하였다. 다년간에 걸친 우루과이라운드협상 참가국 간의 토의를 거친 후 1991년 12월 '던켈 초안(Dunkel Draft)'에 다자간무역기구(MTO: Multilateral Trade Organization) 설립 협정안이 포함되어 제시되었다. 그러나 미국은 자국의 통상 분야에서의 주권침해 가능성을 우려하여 다자간무역기구의 설립을 계속 반대하였으나 1993년 12월 초 EC와의 최종 협상과정에서 다자간무역기구 설립에 합의를 하였다. 그 이후 1993년 12월 15일 최종 수석대표회의 시에 미국 측은 동 기구 명칭을 다자간무역기구에서 세계무역기구(WTO: World Trade Organization)로 변경할 것을 수정 제안하였고 최종적으로 동일 개최된 무역협상위원회(TNC: Trade Negotiation Council)에서 채택되어 WTO가 탄생하였다.

2. WTO의 주요원칙

WTO체제는 광범위한 교역활동을 관장하기 때문에 방대하고 복잡하다. 이는 농업, 섬유 및 의류, 금융, 통신, 정부구매, 산업표준, 식품위생규제, 지적재산권 및 기타 수많은 분야들을 관장하고 있는데 여기에는 몇 가지의 단순하고 기본적인 원칙이 있다. 그와 같은 원칙들이 다자간무역체제의 기초를 이루고 있는 것이다. 다자간무역체제의 원칙은 첫째, 차별이 없어야 한다. 교역상대국 간에 차별을 해서는 안 되며 그들은 모두 동등하게 '최혜국' 또는 최혜국 지위의 자격을 부여받아야 하며, 자국과 외국의 상품, 서비스 또는 자연인 간에도 차별을 해서는 안 된다는 '내국민대우'를 받아야 한다는 것이다. 둘째, 협상을 통하여 점진적 자유화를 추진하도록 보다 자유로운 교역이 이루어져야 한다. 셋째, 예측 가능하여야 한다. 즉 외국의 기업, 투자자 및 정부에 관세, 비관세장벽 및 기타조치 등의 무역장벽이 자의적으로 높아지지 않을 것이며, 보다 많은 관세율 약속 및 시장개방 약속이 WTO에 양허될 것이라는 확신을 갖도록 한다는 것이다. 마지막으로 보다 경쟁적이어야 한다. 시장 점유율을 확보하기 위해 수출보조금을 지급하거나 상품을 생산비용 이하로 덤핑수출하는 등의 '불공정한'(unfair) 관행을 억제한다는 것이다.

(1) 차별 없는 교역

1) 최혜국대우

WTO체제하에서는 국가들이 일반적으로 교역상대국들을 차별할 수 없다. 특정국가에 대하여 특혜, 예를 들어 특정국가의 상품에 대해 낮은 관세를 부과하는 것 등의 혜택을 부여한다면 다른 모든 WTO 회원국에도 그와 동등하게 대우해야 하는 것이다. 이러한 원칙이 바로 최혜국대우이다. 최혜국대우원칙에는 몇 가지 예외가 허용되고 있다. 예를 들어 특정지역 내에 있는 국가들은 자유무역협정을 체결하여 그 지역 밖에서 수입되는 상품에는 최혜국대우원칙을 적용하지 않을 수도 있다. 또한 불공정하게 교역되고 있다고 판단되는 특정국가로부터 수입상품에 대해서 무역장벽을 높일 수도 있다. 서비스 분야에서도 제한된 상황에서 차별이 허용된다. 그러나 WTO체제에서는 그와 같은 예외를 엄격한 조건하에서만 허용하고 있다. 일반적으로 최혜국대우는 어느 국가가 무역장벽을 낮추거나 시장을 개방할 때에는 부국이거나 빈국이거나 또는 약소국이거나 강대국이거나에 관계없이 항상 모든 교역상대국으로부터 수입되는 동일한 상품이나 서비스에 대해 같은 대우를 한다는 것을 의미한다.

2) 내국민대우

최소한 외국상품이 국내시장에 수입된 이상 수입품과 국내생산품은 동등하게 취급되어야 한다. 이와 같은 원칙은 외국과 국내의 서비스, 상표, 저작권 및 특허권에 대해서도 똑같이 적용된다. 이것이 외국의 것을 국내의 것과 동등하게 취급한다는 내국민대우원칙(National Treatment)이다. 내국민대우는 상품, 서비스 혹은 지적재산권 항목이 국내시장에 진입했을 경우에만 부여된다. 따라서 수입품에 대해 관세를 부과하는 것이 비록 국내생산품에 대해 동등한 조세가 적용되지 않더라도 내국민대우원칙에 위배되는 것은 아니다.

(2) 보다 자유로운 무역: 협상을 통한 점진적 자유화

무역장벽을 낮추는 것은 무역을 장려하는 가장 확실한 수단이다. 문제의 무역장벽에는 통관부과금(또는 관세) 및 선별적으로 수량을 제한하는 수입금지나 쿼터와 같은 조치가 해당된다. GATT체제 출범 이래로 8차의 다자간협상이 있었는바 초기에는 그와 같은 협상이 수입품에 대한 관세인하에 초점이 맞추어졌다. 그와 같은 일련의 협상결과 1980년대 후반까지 공산품에 대한 선진국의 관세율은 약 6.3%까지 지속적으로 인하되었다. 그러나 1980년대에는 상품에 대한 비관세장벽뿐만 아니라 서비스 및 지적재산권 같은 새로운 분야까지 협상의 대상이 되었다. 시장개방을 통해 혜택을 입을 수도 있지만 구조조정 역시 요구된다. WTO체제는 국가들이 '점진적인 자유화'를 통해 점차적으로 변화를 수용할 수 있도록 하고 있다. 개도국들에는 일반적으로 의무를 이행하도록 하는 데 보다 긴 시간이 주어진다.

(3) 예측 가능성: 구속력 있는 약속의 제시

무역장벽을 높이지 않겠다는 약속은 기업들이 미래의 기회에 대한 보다 명확한 전망을 할 수 있게 하기 때문에 때때로 무역장벽을 낮추는 것만큼 중요할 수 있다. 안정성과 예측 가능성이 있을 경우에 투자가 장려되고 일자리가 창출되며, 소비자들은 선택 폭의 확대와 저렴한 가격이라는 경쟁의 혜택을 충분히 향유할 수 있게 된다. 다자간무역체제는 기업의 영업환경을 보다 안정되고 예측 가능하도록 하기 위한 각국 정부의 시도에서 비롯된 것이라고 할 수 있다. WTO에서는 국가들이 상품이나 서비스시장을 개방할 것에 합의할 때 그들의 약속을 제시(양허)한다. 상품의 경우 그와 같은 양허는 관세율의 상한선을 설정하는 것이다. 국가들은 수입품에 대해 양허율보다 낮은 세율을 부과하기도 하는데 이는 개도국의 경우에 자주 있는 일이다. 선진국의 경우에는 실행세율(applied tariff rate)과 양허세율(bound tariff rate)이 동일한 것이 일반적이다. 어느 국가든 그와 같은 양허를 변경할 수는 있으나 이를 위해서는 반드시 교역상대국들과 보상협상을 해야 한다. 우루과이라운드(UR)협상 성과 중의 하나는 양허하에서의 교역량을 증대시킨 것이다.

다자간무역체제는 다른 방식을 통해서도 예측 가능성과 안정성을 제고시키기 위해 노력한다. 한 가지 방법은 수입물량에 대해 상한선을 설정하는 쿼터(Quota)나 기타 조치의 사용을 억제하는 것이다. 쿼터의 관리는 보다 많은 행정적 절차와 불공정한 운용에 대한 비난을 야기한다. 또 다른 방법은 각국의 무역규범을 가능한 한 명확하고 공개적으로 하도록 하여 투명성(transparency)을 가지는 것이다. WTO체제는 각국 정부로 하여금 그들의 정책과 관행을 국내에서 공개적으로 발표하거나 WTO에 통보하도록 요구하고 있다. WTO의 다자간무역협정 중 무역정책검토제도(TPRM)를 통해 각국의 무역정책을 정기적으로 검토하는 것은 국내적으로나 다자차원에서 투명성을 더욱 장려하는 수단이 되고 있다.

(4) 공정경쟁의 촉진

WTO는 간혹 자유무역기구로 표현되기도 하지만 이는 전적으로 정확한 표현은 아니다. 다자간무역체제는 관세를 허용하고 있고 제한된 상황하에서는 다른 형태의 보호를 허용하기도 한다. 더욱 정확하게 표현하자면 이는 개방되고 공정하며 비왜곡적인 경쟁을 위한 규범체제이다. 최혜국대우와 내국민대우 같은 무차별에 관한 규정은 교역의 공정한 조건을 보장하기 위한 것이다. 시장점유율 확보를 위해 생산가격 이하로 수출하는 행위인 덤핑과 보조금에 관한 규정도 마찬가지이다. 그와 같은 이슈들이 매우 복잡하므로 규범들은 무엇이 공정하고 혹은 불공정한지의 기준을 설정하고 정부가 어떻게 대응할 수 있는지 특히 불공정한 무역(unfair trade)으로부터 야기되는 피해를 보상하기 위해 산정된 추가적 수입부과금을 부과하는 등 정부의 대응조치를 설정하기 위해 노력한다.

(5) 경제개발 및 개혁의 장려

WTO체제가 개발에 공헌한다는 사실은 경제학자와 무역관련 전문가들에게도 널리 인식되어 있다. 또한 최빈개도국들이 협정을 이행하는 데 소요되는 시간에 융통성이 필요하다는 사실도 인식되어 있다. 뿐만 아니라 WTO 협정들은 개도국들에 대한 특별지원 및 양허 등을 허용하고 있다. WTO 회원국의 3/4 이상이 개도국과 시장경제체제로의 전환국들이다. 7년 반의 우루과이라운드협상기간에 개도국 중 60개국 이상이 무역자유화 프로그램을 자발적으로 이행했다. 동시에 개도국 및 체제전환국들은 우루과이라운드협상에서 과거의 그 어느 협상에서보다도 훨씬 적극적이었고 커다란 영향력을 행사했다. 그와 같은 경향은 다자간 교역체제가 오직 선진국을 위해서만 존재한다는 관념을 효과적으로 타파했다. 이는 또한 개도국에 대한 특정 GATT 규정 및 협정으로부터의 의무면제의 혜택을 중요시했던 과거의 정책에 변화를 가져왔다.

우루과이라운드협상 종반에 개도국들은 선진국들에 요구된 대부분의 의무를 수용할 준비가 되어 있었다. 그러나 WTO 협정들은 개도국 특히 매우 빈곤한 최빈개도국들에 아직은 익숙하지 않거나 혹은 이행이 어려운 WTO 규정의 이행을 위한 과도기간을 부여했다. 우루과이라운드협상 종반에 채택된 각료결정은 최빈개도국들에 WTO 협정을 이행하는 데에 있어서 추가적인 융통성을 부여했다. 즉 경제형편이 나은 국가들은 최빈개도국들이 수출하는 상품에 대해 시장접근약속의 이행을 가속화하고 그들에 대한 기술지원의 증대를 모색하도록 한 것이다.

3. WTO의 조직과 협정의 구성체계

(1) WTO의 조직구조

WTO의 조직은 각료회의와 일반이사회 그리고 분과이사회, 특별위원회, 복수국간 협정을 시행·운영하기 위한 위원회 및 이러한 회의와 위원회들을 보조하는 사무국 등으로 구성되어 있다.

각료회의(Ministerial Conference)는 모든 회원국들의 각료로 구성되며, 회의는 최소한 2년에 한 번 개최되는 최고의사결정기구로 비상설기관이다. 각료회의는 WTO의 기능수행을 위해 필요한 조치를 이행하고 다자간무역협정의 모든 사항에 대해 결정권한을 보유하고 있다. 일반이사회(General Council)는 각료회의의 비회기 중에 운영되고 있으며, 필요할 경우 회원국의 무역정책을 검토하는 무역정책검토기구(TPRB: Trade Policy Review Body) 및 무역분쟁을 해결하는 분쟁해결기구(DSB: Dispute Settlement Body)로 스스로 변신하여 그 기능을 수행하고 있다.

그 외에 분과이사회는 일반이사회 산하에 상품교역이사회, 서비스무역이사회, 무역관련 지적재산권이사회 등 세 개의 분과이사회가 설치되어 있다. 이들 위원회는 일반이사회 아래 설치된 분과이사회이므로 해당협정과 일반이사회에 의해 부여된 기능을 수행하고 있다. 그리고 별도의 특별위원회가 존재하는데, 무역개발위원회, 국제수지제한위원회, 환경무역위원회, 예산재정행정위원회 등이 있다. 또한 복수국간 협정을 시행·운영하기 위한 위원회로 국제우육위원회, 국제낙농위원회, 정부조달위원회, 민간항공기무역위원회 등이 있는데, 이들 위원회는 일반이사회의 지도하에 있지 않으나 WTO의 일반 틀 내에서 운영되며 그들의 활동을 일반이사회에 통보한다.

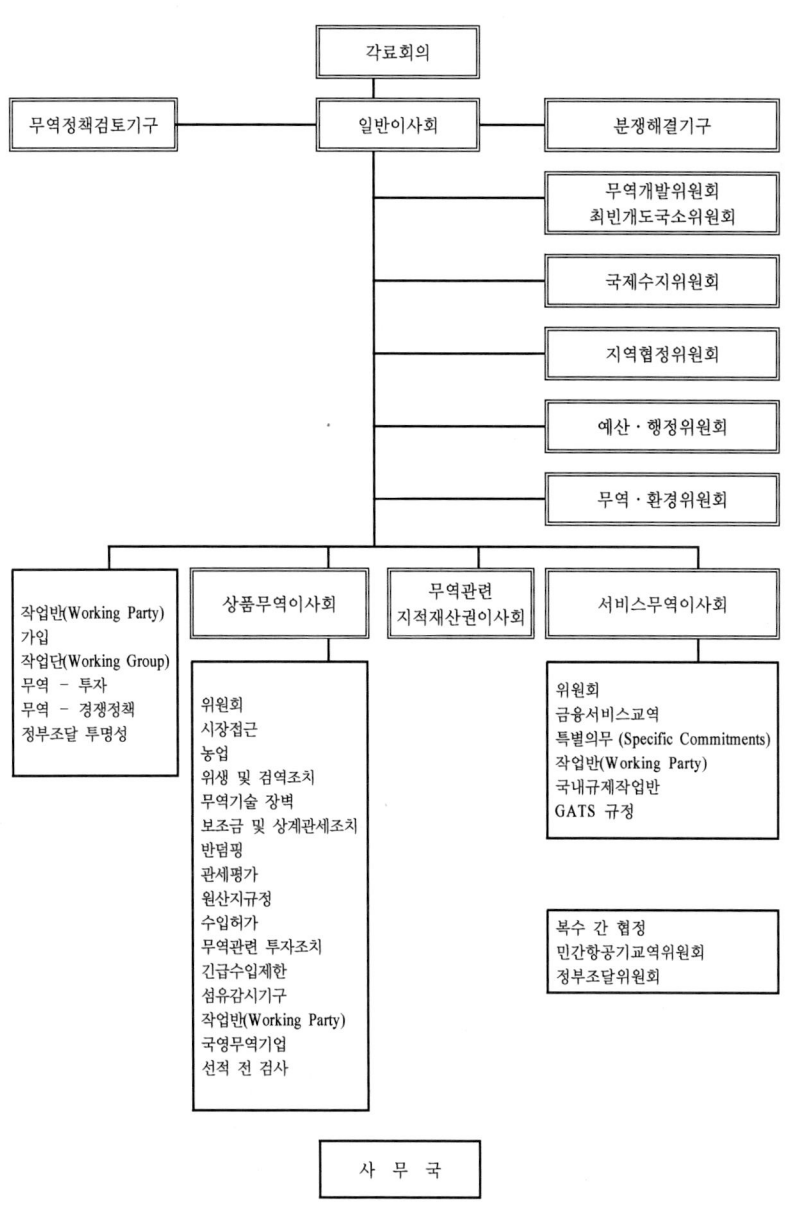

각료회의

무역정책검토기구

일반이사회

분쟁해결기구

무역개발위원회
최빈개도국소위원회

국제수지위원회

지역협정위원회

예산 · 행정위원회

무역 · 환경위원회

작업반(Working Party)
가입
작업단(Working Group)
무역 - 투자
무역 - 경쟁정책
정부조달 투명성

상품무역이사회

무역관련
지적재산권이사회

서비스무역이사회

위원회
시장접근
농업
위생 및 검역조치
무역기술 장벽
보조금 및 상계관세조치
반덤핑
관세평가
원산지규정
수입허가
무역관련 투자조치
긴급수입제한
섬유감시기구
작업반(Working Party)
국영무역기업
선적 전 검사

위원회
금융서비스교역
특별의무 (Specific Commitments)
작업반(Working Party)
국내규제작업반
GATS 규정

복수 간 협정
민간항공기교역위원회
정부조달위원회

사 무 국

〈그림 14-1〉 WTO의 조직구조

사무국은 스위스 제네바에 소재하고 있다. 사무국은 각료회의에서 임명된 1명의 사무총장과 4명의 사무차장이 있다. 사무국은 다자간무역체제와 관련하여 의사결정이나 제안을 할 권한은 가지고 있지는 않다. 사무국은 각국 대표들에 의해 요청된 서류준비 및 서류화 작업과 이사회를 비롯한 각 관리기구들의 모임을 주선·조직화하는 것을 지원하고 있다. 또한 분쟁해결절차를 지원하며 이를 위해 요구될 경우 법률서비스도 제공하고, 무역정책보고서나 유관문건을 발간하는 역할을 수행하고 있다.

(2) WTO 협정의 구성체계

최대한 공정하고 자유로운 무역을 어떻게 보장할 수 있을까? 이는 바로 협상을 통해 규칙을 정하고 그것을 지킴으로써 가능한 것이다. WTO의 규범, 즉 협정문들은 회원국 간 협상의 결과로 현재의 골격(Framework)은 1986년부터 1994년까지 진행된 GATT 제8차 다자간무역협상인 우루과이라운드(UR)를 통해 GATT 협정문을 대폭 개정하고 새로이 협정을 체결함으로써 갖추어졌다. GATT는 여전히 상품무역에 관한 WTO의 기본지침서로 자리하고 있고, 우루과이라운드를 통해 서비스무역, 지적재산권, 분쟁해결 및 무역정책 검토 등에 관한 새로운 규범들이 추가되었다. 이러한 협정들을 통해서 WTO 회원국들은 그들의 권리와 의무를 명시한 비차별적인 무역체제를 운영하고 있으며, 각국은 자국 수출품이 타국에서 공정하고 일관된 취급을 받는다는 보장을 받고 있다. 또한 각국은 자국 시장에 들어오는 수입품에도 같은 대우를 하고 있다. 그러나 개도국은 이러한 약속을 이행하는 데 있어 어느 정도 융통성을 부여하고 있다.

WTO 협정은 WTO 설립에 관한 규정과 WTO 협정 전반에 대한 총칙적인 내용을 규정하고 있는 설립협정 본문(16개 조항)과 부속서로서 전 WTO 회원국에 적용되는 17개 다자간무역협정(부속서 1, 2, 3) 및 협정 수락국들에만 적용되는 4개 복수국 간 무역협정(부속서 4)으로 구성되어 있다.

〈표 14-1〉 WTO 협정의 구성

· **최종의정서**
· **세계무역기구 설립을 위한 마라케쉬협정**
부속서 1(Annex 1)
부속서 1A: 상품무역에 관한 다자간협정
  1994년도 관세 및 무역에 관한 일반협정(GATT)
  1994년도 관세 및 무역에 관한 일반협정 제2조제1항(b)의 해석에 관한 양해(과징금의 표기)
  1994년도 관세 및 무역에 관한 일반협정 제17조의 해석에 관한 양해(국영무역)
  1994년도 관세 및 무역에 관한 일반협정 국제수지 규정에 관한 양해(국제수지 목적 조치)
  1994년도 관세 및 무역에 관한 일반협정 제24조의 해석에 관한 양해(관세동맹 등)
  1994년도 관세 및 무역에 관한 일반협정 의무면제에 관한 양해(Waiver 존속기간 설정)
  1994년도 관세 및 무역에 관한 일반협정 제28조의 해석에 관한 양해(주요공급국 개념 확대)
  1994년도 관세 및 무역에 관한 일반협정에 대한 마라케쉬 의정서(양허안의 법적 효력 등)
          농업에 관한 협정
  위생 및 식물위생 조치의 적용에 관한 협정
  섬유 및 의류에 관한 협정
  무역에 대한 기술장벽에 관한 협정
  무역관련 투자조치에 관한 협정
  1994년도 관세 및 무역에 관한 일반협정 제6조의 이행에 관한 협정(반덤핑 및 상계관세)
  1994년도 관세 및 무역에 관한 일반협정 제7조의 이행에 관한 협정(관세평가)
  선적 전 검사에 관한 협정
  원산지규정에 관한 협정
  수입허가절차에 관한 협정
  보조금 및 상계조치에 관한 협정
  긴급수입제한조치에 관한 협정
부속서 1B: 서비스무역에 관한 일반협정
부속서 1C: 무역관련 지적재산권에 관한 협정
부속서 2(Annex 2): 분쟁해결규칙 및 절차에 관한 양해
부속서 3(Annex 3): 무역정책검토제도
부속서 4(Annex 4): 복수국 간 무역협정
  민간항공기무역에 관한 협정
  정부조달에 관한 협정
  국제 낙농 협정
  국제 우육 협정
· **각료 결정 및 선언**

제2절 WTO의 다자간무역협상

1. 제4차 카타르 도하 각료회의

WTO 각료회의는 WTO의 최고의사결정기구로서 최소한 2년마다 개최하도록 되어 있다. 카타르 도하에서 개최된 WTO 제4차 각료회의는 뉴라운드 출범 합의에 실패한 제3차 시애틀 각료회의 이후 뉴밀레니엄 시대의 새로운 무역질서의 틀을 만들기 위해 2001년 11월 9일부터 원래 일정보다 하루 늦춘 14일까지 카타르 도하에서 WTO 142개 회원국 통상담당 장관 등이 모인 가운데 개최된 각료회의로 시애틀 각료회의에서 무산된 뉴라운드 출범선언문 합의도출을 목표로 한 회의이다.

(1) 카타르 도하 각료회의의 의미

1) 도하개발아젠다(DDA)협상의 출범

도하 각료회의의 가장 큰 성과는 협상의제 합의를 통한 도하개발아젠다(DDA)협상의 출범이다. DDA협상의 출범은 세계적 경기침체와 테러사태로 인한 세계경제의 불확실성을 감소시킴으로써 경기회복의 전망을 밝게 하는 한편 세계무역환경을 크게 개선하게 될 것이다. 첨예한 회원국 간 이해관계의 상충에도 불구하고 도하 각료회의를 통해 DDA협상 출범이 가능했던 배경을 살펴보면 첫째, 세계적인 경기침체와 국제무역의 위축 속에서 WTO에 의한 무역자유화의 절실한 필요성에 회원국의 공감대가 형성되었고, 둘째, 미국 9·11 테러사태 이후 국제협력의 분위기가 성숙되었으며, 셋째, 미국의 부시행정부가 무역자유화에 보다 적극적 입장을 견지함으로써 반덤핑문제를 의제에 포함시키는 데 있어 다소의 양보를 했다는 사실 등이 작용한 것으로 보이고 있다.

라운드(Round)와 개발아젠다(Development Agenda)

다자간무역협상에서 라운드(Round)라는 명칭이 붙는 이유에 대해서는 해석이 엇갈린다. 초기의 무역협상이 원탁 테이블에서 이루어진 데서 기인한다는 해석도 있으나 권투시합과 같이 회를 거듭하면서 무역자유화 협상을 벌이기 때문이라는 해석이 유력하다. DDA협상은 WTO가 출범한 1995년 이후 첫 번째 다자간무역협상인데 WTO 회원국들은 과거 GATT체제하에서 명명하였던 라운드(Round)들이 주로 선진국의 이익을 반영했다고 보는 개도국들의 입장을 반영하여 WTO 다자간무역협상에서는 라운드라는 명칭을 사용하지 않고 대신에 개발아젠다(DA: Development Agenda)라고 명명하기로 양해하였다.

2) 개도국입지 강화

제3차 시애틀 각료회의에서도 나타나기 시작하였지만 DDA협상 출범을 위한 제4차 도하 각료회의에서도 그 협상과정에서 개도국의 발언권이 강화되고 있음을 인식할 수 있다. 예컨대 반덤핑문제가 의제에 포함된 것은 개도국의 입장이 폭넓게 반영된 대표적인 예이며 그 밖에도 개발이슈 등 개도국의 입장을 배려하는 의제 혹은 특혜가 논의된 것도 WTO 내에서 개도국의 비중이 커지고 있음을 반영하고 있다.

DDA협상 출범과 함께 각료회의에서 채택된 이행 관련 특별선언과 공중보건 강화를 위한 지적재산권 관련 특별선언도 개도국의 입장이 반영된 것이다. 또한 도하 각료회의에서는 다자간무역협상에서 통용되었던 뉴라운드(New Round)라는 용어 사용에 대한 개도국의 반감을 감안하여 개발아젠다(Development Agenda)로 부르기로 한 것도 같은 맥락에서 이해할 수 있다. 이와 같이 이행문제의 중요성을 인정하고 기술이전, 기술협력, 능력개발, 개도국 우대조항 강화 문제 등에 초점을 두어 논의하기로 한 것은 DDA협상이 과거의 다자간무역협상과 구분되는 중요한 특징 중의 하나라고 볼 수 있다.

개도국의 입지 강화와 관련하여 간과할 수 없는 중요한 사실은 중국, 대만의 신규가입이 이루어졌다는 것이다. DDA협상 출범과 더불어 도하 각료회의는 중국과 대만의 WTO 가입을 승인하는 결정을 채택하여 WTO 회원국은 144개국으로 증가하였다. 중국과 대만의 가입은 마지막 남은 주요 교역국을 WTO 중심의 질서에 편입시킴으로써 국제무역질서의 중심축으로서 WTO의 위상 강화에 기여하는 측면이 있음은 물론 WTO 내 개도국의 입김이 강화되는 중요한 계기가 될 것으로 보인다.

3) 국제무역환경의 개선

DDA협상의 성공적 출범은 그 자체로서 국제무역환경의 개선에 기여할 것으로 보인다. 우선 협상 출범은 세계무역에 있어 새로운 자유화의 동기부여를 마련함으로써 무역활성화를 통해 침체된 세계경기의 조기회복에 기여할 것이며, WTO의 위상 강화를 통해 장기적으로 다자적 자유무역을 기반으로 하는 세계무역질서의 확립에도 도움이 될 것이다.

① WTO의 위상 강화

WTO는 당초 목표했던 제3차 시애틀 각료회의에서 뉴라운드협상 출범에 실패함으로 말미암아 보호주의적 조치의 확산에 의한 세계무역환경의 변화에 대한 우려가 증대되는 한편 WTO체제의 신뢰성에도 타격을 입은 바 있다. 그러나 지역주의 확산과 경제침체라는 도전이 심화되는 상황에서 도하 각료회의에서 DDA협상을 성공적으로 출범시킴으로써 신뢰성을 회복하는 계기를 마련하였다고 볼 수 있다.

제4차 도하 각료회의에서 합의된 의제에 대한 협상이 성공적으로 종결되는 경우 WTO는 전통적인 무역 분야를 망라함은 물론 환경, 투자, 경쟁정책 등의 무역관련 분야들까지 포함하게 되어 실질적인 국제무역질서의 중심축으로서의 위상을 재정립하게 될 것이다. DDA협상은 이 밖에도 반덤핑 및 보조금협정의 개선, 지역무역협정 관련 조항의 개선 및 강화 그리고 지적재산권 규범의 보완 등을 협상대상으로 하게 되어 빠르게 진행되고 있는 국제무역환경의 변화에 보다 효과적으로 적응해 나갈 수 있는 체제를 갖추게 된다.

한편 도하 각료회의에서는 중국과 대만의 가입이 이루어져 WTO 회원국은 144개국으로 확대되었으며, 러시아 등 28개국의 가입협상이 진행 중에 있어 다자무역기구로서의 WTO 위상이 더욱 강화될 것으로 보인다.

② 세계경제의 회복

DDA협상의 순조로운 진전은 침체에 빠져 있는 세계경제의 조기회복에 기여할 것이다. DDA협상은 세계경제 둔화의 심화, 국가 간 통상마찰의 증대, 세계무역의 위축 등의 도전요인에 대해 WTO가 시장개방 확대와 새로운 무역규범 제정 및 강화를 통해 다자무역질서를 안정적으로 정착시키고 침체된 세계경제의 회복을 도모하겠다는 각국의 의지를 재확인했다는 점에 그 중요한 의미가 있다.

비록 최근 무역이 위축되고 있기는 하지만 1990년대에 오면서 세계 주요국의 경우 무역이 GDP에서 차지하는 비중이 꾸준히 증가되어 왔으며, 이에 따라 무역의 성장기여도는 제고되어 왔다. 따라서 침체된 세계경제하에서 DDA협상에 의한 세계무역의 활성화는 과거 어느 때보다 세계경제의 회복에 중요한 역할을 할 것으로 기대되고 있다.

또한 미국 테러사태 이후 항공기 등을 이용한 인적자원의 이동 제약과 경제심리 위축으로 인한 무역감소 등 전반적인 물류흐름의 감소뿐만 아니라 테러사태의 수습 차원에서 각국 정부의 시장개입 및 규제가 강화되는 등 세계화 흐름에 대한 제약이 심화되는 추세 속에서 DDA협상 출범에 따르는 WTO 무역질서는 시장질서를 유지하고 세계경제의 성장을 지탱하는 중심축이 될 것이다.

③ 무역자유화의 모멘텀 강화

DDA협상의 성공적 출범은 무역자유화의 모멘텀을 유지, 강화하는 계기가 될 것이다. 국제무역이 위축세를 보이고 있는 상황으로 2001년 세계 상품무역량은 2000년에 비해 1~2%의 성장에 머무는 등 그 성장세가 크게 둔화되고 있는데, 이는 IT산업의 위축, 미국 및 EU에서의 경기둔화로 인한 수입수요 감소 그리고 미국 테러사태로 인한 물류의 위축 등에 기인하는 것이다. 이러한 상황에서 DDA협상의 출범은 무역의 확대를 가져올 수 있는 중요한 동인으로서 그 자체로서 무역자유화의 모멘텀 유지, 강화에 기여할 것이다.

또한 반덤핑협정 개정이 협상의제에 포함됨으로써 최근 선진국은 물론 다수의 개도국에 의해 남용되고 있는 반덤핑조치의 발동이 제약을 받을 것이다. 오늘날 반덤핑조치는 자유로운 무역환경을 저해하는 대표적인 보호주의적 조치로서 규범의 명확화와 그 발동요건의 강화는 무역자유화를 위한 환경 조성에 기여할 것이다.

뿐만 아니라 UR에서 미진했던 농산물 및 서비스무역자유화 분야에서 지금까지 농산물 교역을 왜곡시켜 온 수출보조금과 각종 국내보조금이 감축되고 시장접근이 개선됨으로써 농산물 교역이 확대됨은 물론 세계무역의 20% 이상을 점하고 있고 세계화의 진전에 따라 미래의 무역 분야로 주목받고 있는 서비스무역이 확대됨으로써 침체되어 있는 교역의 활성화에 기여할 것이다.

④ 개방적 지역협력 유도

DDA의 출범은 심화되고 있는 지역협력 추세를 개방적 성격으로 유도하는 데 기여할 것이다. 다양한 형태로 진행되고 있는 현재의 지역협력 추세는 DDA협상 출범과 WTO의 위상 강화로 WTO를 중심으로 하는 다자무역체제와 보완적인 입장에서 발전해 나갈 가능성이 높아질 것으로 보인다. 즉 WTO체제가 세계무역질서의 중심축으로서 그 위상이 강화되면서 배타적 지역주의의 효용성이 상대적으로 감소될 것이며, WTO 내에서도 DDA협상과정에서 지역주의와의 보완적 관계를 유도하기 위한 규범 강화가 예상됨에 따라 향후 지역협력은 다자체제를 보완하는 방향으로 발전하지 않을 수 없을 것이다.

⑤ 일시적 통상분쟁의 증가 가능성

국제무역이 활성화되는 과정에서 이를 관할하는 규범이 구비되지 못하는 경우 과도기적으로 WTO 내에서 통상분쟁이 증가할 가능성이 있다. 농산물, 서비스 분야는 물론이고 환경, 투자, 경쟁정책 등으로 WTO 규범이 관할하는 통상영역이 지속적으로 확대되고 통상문제의 성격이 복잡성을 띠면서 단기적으로 국가 간의 통상마찰은 더욱 증대될 수 있을 것이다. 통상분쟁의 빈도가 증가하고 그 내용이 복잡해지면서 이를 적절히 중재, 해결할 수 있는 WTO 분쟁해결절차에 대한 개선요구가 높아질 것이며, DDA협상을 계기로 이를 위한 논의가 활성화될 것이다.

(2) 도하 각료회의의 주요 합의사항

도하 각료회의의 주요 합의사항은 크게 농산물, 비농산물, 서비스 분야에서의 무역자유화 문제와 반덤핑, 보조금협정 등 기존협정의 개정문제 및 무역원활화, 정부조달투명성, 투자, 경쟁정책 등 싱가폴 이슈의 향후 협상계획 그리고 환경문제에 대한 협상 및 기타 소규모 경제와 극빈개도국 문제 등으로 구분될 수 있다. 이 밖에도 각료회의는 개도국에 의해 뉴라운드 출범 반대의 근거로 제기된 이행문제 중 일부의 해결방안에 대한 특별선언과 함께 AIDS, 말라리아, 결핵의 치료 등 공중보건 보호를 위한 개도국의 의약품 접근 강화에 관한 특별선언을 채택하였다.[41]

1) 무역자유화

무역자유화는 지금까지 GATT/WTO하의 여덟 차례에 걸친 다자간무역협상에서 예외 없이 가장 중요한 의제로 제기되고 논의되었던 문제이다. 이번 협상의 경우 무역자유화의 대상 분야는 크게 농산물, 비농산물 및 서비스 분야로 대별될 수 있다.

먼저 농업협상과 관련해서는 시장접근의 실질적 개선, 수출보조의 단계적 폐지 및 무역왜곡적인 국내보조의 실질적 감축을 목표로 진행되어야 한다는 데 합의하였다. 그러나 한국 등 농산물 수입국들의 입장을 반영하여 비교역적 관심사(non-trade concerns)가 협상의 고려요인이 되어야 한다는 것과 협상결과를 예단하지 않는다는 문구가 삽입되었다. 협상일정과 관련하여 협상방식(modalities)의 수립은 2003년 3월 31일까지 이루어져야 하며 이러한 협상방식에 입각하여 각국은 포괄적 양허안을 제5차 각료회의 시까지 제출하고 협상의 종결은 도하개발아젠다협상의 종결시한과 같이하기로 하였다.

서비스협상에 대해서는 2000년부터 진행되어 온 협상의 진전내용을 긍정적으로

---

41) WTO 제4차 도하 각료회의 종료 시에 발표된 각료선언문에 명시되어 있다.

평가하면서 협상을 계속함에 있어 서비스 양허안에 대한 각 회원국의 요청은 2002년 6월 30일까지 이에 대한 양허안은 2003년 3월 31일까지 제출하도록 합의하였다.

비농산물, 즉 공산품의 시장접근에 대해서는 고관세 및 경사관세 문제를 포함하는 관세 및 비관세장벽의 철폐, 완화를 위한 협상을 개시하되, 협상대상은 포괄적이어야 하며 선험적 제외가 있어서는 안 된다는 원칙에 합의하였다.

2) WTO 규범의 개정

WTO 규범 개정의 최대쟁점은 반덤핑협정 개정의 의제 포함 여부로서 WTO 제3차 시애틀 각료회의에서도 미국과 여타 국가들 간의 첨예한 입장대립이 있었던 분야이다. 이번 각료회의에서도 미국의 강한 반대가 있었음에도 불구하고 반덤핑과 보조금협정의 규율을 명확히 하고 개선하는 협상을 하되, 다만 미국의 입장을 고려하여 협정의 기본개념, 원칙, 유효성과 그 수단 및 목적은 유지한다는 데 합의하였다.

또한 규범 협상과 관련하여 수산보조금에 관한 WTO 규율을 명확히 하고 개선하기로 하는 한편, 지역무역협정에 적용되는 기존의 WTO 규정하의 규율과 절차를 명확히 하고 개선하기 위한 협상도 DDA협상의제에 포함하기로 하였다.

3) 분쟁해결양해와 지적재산권

세계화, 국제화 추세에 따라 무역과 투자가 증대되면서 국가 간 분쟁이 증가하고 그 내용이 복잡다단해지고 있다. 따라서 이를 해결할 WTO 분쟁해결절차의 개선의 필요성이 강조되고 있다. 도하 각료회의에서는 분쟁해결양해를 개선하기 위한 협상을 개시하되 2003년 5월까지 합의를 도출하고 이를 조속히 시행하기 위한 조치를 취하기로 하였다. 이 밖에도 포도주와 증류주의 지리적 표시에 대한 통보 및 등록과 관련한 다자체제 설립을 위한 협상을 제5차 각료회의까지 마무리하도록 하였다.

4) 싱가폴 이슈

무역과 투자, 무역과 경쟁정책, 정부조달투명성 및 무역원활화 문제에 대한 다자간무역협정의 필요성은 이미 UR협상이 타결된 시점부터 끊임없이 강조되어 왔다. 이를 인정하여 제5차 각료회의에서 결정되는 협상방식에 따라 제5차 각료회의 이후 협상을 시작하되 각료회의까지 각종 요소의 명확화를 위한 작업을 진행하기로 합의하였다.

무역과 환경의 상호보완성을 높이기 위해 WTO 기존규범과 다자간환경협약(MEA)에서 무역관련 의무와의 관계, MEA 사무국들과 WTO 위원회 간 정기적 정보 교환 및 옵서버 자격부여 기준, 환경관련 상품 및 서비스에 대한 관세, 비관세장벽의 완화, 철폐문제에 대한 협상을 시작하되 결과를 예단하지 않기로 하였다. 또한 무역환경위원회(CTE)는 현재 소관 범위 내의 모든 의제에 대한 작업을 계속하기로 하였다.

전자상거래와 관련하여서는 일반이사회로 하여금 전자상거래 작업계획을 다룰 가장 적합한 제도적 장치를 고려하여 이를 제5차 각료회의에 보고하고 각료회의 시까지 전자상거래에 대해 관세부과를 유예키로 한 현재의 관행을 유지하기로 합의하였다.

5) 작업계획의 조직 및 운영

DDA협상의 타결시한은 2005년 1월 1일 이전으로 하며, 제5차 각료회의는 협상 진전상황을 점검하고 필요한 지침 및 결정을 채택하기로 하였다. 또한 모든 분야의 협상 타결 시 특별각료회의를 개최하여 협상결과의 채택 및 이행을 위한 결정을 내리기로 한 바 있다.

모든 협상은 일반이사회 산하에 무역협상위원회(TNC)를 설치하여 감독하며, TNC는 그 첫 회의를 2002년 1월 31일 이전에 개최하도록 하였다. 특히 분쟁해결양해를 제외하고 모든 협상의 타결 및 발효는 일괄타결방식(single undertaking)으로 하되 조기 합의사항에 대해서는 조기 이행이 가능하도록 하였다.

2. WTO의 제1차 다자간무역협상 – 도하개발아젠다(DDA)

(1) 도하개발아젠다(DDA)의 의의와 필요성

카타르 도하에서 개최된 제4차 WTO 각료회의에서의 합의를 토대로 출범한 도하개발아젠다는 국제무역질서에 적지 않은 변화를 가져올 수 있는 WTO의 제1차 다자간무역협상을 말한다.

WTO 회원국들은 UR협상을 타결하면서 미진했던 분야인 농산물과 서비스 추가협상에 대한 합의를 토대로 새로운 다자간무역협상의 필요성에 대한 논의가 꾸준히 제기되어 왔다. 더욱이 이러한 논의는 WTO의 출범 이후 국제무역환경의 급속한 변화과정에서 대두된 새로운 무역이슈와 기존 WTO 국제규범의 보완문제 등이 함께 거론되면서 이들 쟁점들을 논의하는 새로운 대규모의 무역협상 출범문제로 확대되었다. 그리하여 1998년 제네바에서 개최된 제2차 WTO 각료회의에서는 이러한 요구를 반영하여 무역자유화를 위한 뉴라운드협상의 출범 필요성에 합의를 하였다.

1999년 시애틀에서 개최된 제3차 WTO 각료회의를 계기로 뉴라운드를 출범시키기로 합의하였으나 시애틀 각료회의는 협상의제를 둘러싼 WTO 회원국 간의 복잡한 이해관계로 말미암아 합의도출에 실패한 채 각료회의가 중단되는 사태를 초래하였고, 그 결과 새로운 무역규범으로 다자무역체제를 관리하고자 한 뉴라운드의 출범이 무산되었다.

시애틀 각료회의 이후 각국은 협상의제에 대한 합의도출을 위한 노력을 지속하였고, 이와 함께 당시 세계경제의 침체 및 무역 위축에 따른 위기의식으로 무역자유화를 위한 WTO의 역할이 더욱 절실하게 요구되는 상황에서 WTO 각 회원국이 보다 신축적인 자세를 취하게 되어 결국 2001년 11월 카타르 도하에서 개최된 제4차 WTO 도하 각료회의에서 도하개발아젠다협상의 역사적 출범을 선언하게 되었다.

DDA협상이 과거의 GATT체제하의 다자간무역협상과 구분되는 특징은 그동안 WTO 안에서 개도국의 입장이 크게 강화되어 개발문제 및 이행문제 등을 둘러싼 DDA협상과정에서 선진국과 개도국 간의 협력 여부가 과거 그 어느 때보다 성공적인 협상의 타결에 중요한 역할을 할 것이라는 데 있다. UR협상에서도 개도국의 영향력이 과거에 비해 상대적으로 커졌으나 협상 타결의 관건은 여전히 미국과 EU 간의 농산물 문제에 있었던 것이 사실이다. 그러나 WTO 출범 이후 회원국의 구성에 있어서는 물론 다자간무역협상에 임하는 개도국의 입장이 적극적으로 변하면서 WTO 내의 개도국의 목소리는 점점 강화되고 있는 현실이며, 특히 제4차 도하 각료회의에서 개도국 지위를 부여받은 중국의 WTO 가입이 이루어지면서 이러한 추세는 더욱 심화될 것이다.

그럼에도 불구하고 WTO의 제1차 다자간무역협상인 DDA는 국제무역환경을 개선함으로써 침체에 빠진 세계경제의 회복에 도움이 될 뿐 아니라 세계무역을 관장하는 기구로서 WTO의 위상 확립에도 기여할 것이다. 나아가 다양한 형태로 심화되고 있는 지역협력 추세를 다자간 체제와 보완적인 방향으로 유도하는 데도 중요한 역할을 하게 될 것이다.

(2) 도하개발아젠다의 협상의제와 방식

1) 협상의제

DDA협상을 위해 합의된 의제는 비교적 균형을 이룬 것으로 평가되고 있다. DDA협상에 포함되는 의제로는 농산물, 서비스와 같은 기설정의제(Built in Agenda)는 물론 공산품 무역자유화와 반덤핑 등 WTO 규범 분야 그리고 일부 환경 분야까지 포함되었고 투자, 경쟁정책과 같은 새로운 의제들도 제5차 각료회의 이후 협상을 개시하기로 함으로써 당초 목표했던 대로 광범위한 의제를 다루게 되었다.

이는 무역자유화의 혜택이 WTO 회원국 간에 균형 있게 배분될 수 있도록 하는 데 기여할 것이다. 농업과 서비스 분야는 UR 이전에는 GATT의 예외 분야이었고 WTO의 출범 이후에도 자유화 규범이 매우 미진하고 불완전한 분야였으나 DDA협상을 통해 보완이 이루어지게 되면 WTO 규범의 영역 확대와 효율성 제고를 통해 보다 효과적인 무역자유화가 추진될 수 있는 계기가 마련된 것으로 볼 수 있다.

또한 최대쟁점 중의 하나였던 반덤핑규범 개정의 의제 포함은 최근 선진국은 물론 개도국들에 의해서도 더욱 빈번히 사용되고 있는 반덤핑조치의 관련 규정을 명확히 하고 발동요건을 보다 엄격히 함으로써 국제무역의 보호주의적 환경을 개선하는 데 기여할 것으로 기대되고 있다.

2) 협상방식

DDA협상은 UR협상과 마찬가지로 모든 의제에 대한 논의를 동시에 진행하고 동시에 종결할 뿐 아니라 모든 참가국이 각 의제에 대한 협상결과를 모두 수용하는 일괄타결방식(Single undertaking)을 채택하고 있다. 특정 분야의 협상을 미리 끝낼 수 있도록 하거나 일부 분야의 협상결과만을 선별적으로 받아들일 수 있게 한다면 협상 타결에 필수 불가결한 주고받기가 어렵기 때문이다. 다만 특정 사안에 대해 조기에 합의가 이루어질 경우 모든 회원국들이 동의한다는 전제하에 합의된 결과를 조기에 시행하는 것은 가능하도록 되어 있다.

DDA협상은 2005년 1월 1일까지 마무리하도록 되어 있다. 즉 협상시한이 3년이라는 짧은 시간에 WTO 회원국들의 의견을 반영하여 조율한 후 협상을 마쳐야 한다는 것이다. 이는 WTO 회원국들이 GATT체제하의 제8차 다자간무역협상인 UR협상이 7년 이상 걸렸던 전철을 밟지 않고 가능한 한 빠른 기간 내에 협상을 종결시켜야 한다는 데 인식을 같이했기 때문이다. 그러나 DDA협상의제 자체가 광범위하고, WTO 회원국들 간의 이해관계가 복잡하게 엇갈려 있기 때문에 실제로 협상을 종결하기에는 다소 무리가 있을 수 있다.

(3) 도하개발아젠다의 주요쟁점

1) 비농산물협상

비농산물협상은 농산물[42]이 아닌 공산품과 수산품, 임산품의 관세와 비관세장벽

---

42) 농업협상에 관한 주요쟁점은 제6장의 DDA 농산물협상에서 이미 서술하였으므로 참고하

의 감축을 목적으로 하고 있다. 세계시장의 차원에서 국제화, 세계화가 심화되면서 경쟁이 치열하게 전개되고 있기 때문에 1%의 가격 차이가 성패를 결정할 수도 있는 상황이 되었다. 이에 따라 주요국의 관세율이 크게 낮아진 상황에서도 상대국의 관세수준에 대한 관심은 중요할 수밖에 없으며, DDA협상에서도 관세협상은 중요한 분야로 인식되고 있다.

공산품 관세인하가 핵심인 비농산물 분야에서는 관세를 어떻게, 어느 정도로 감축할 것인지에 대하여 집중적으로 논의되고 있으며, 개방의 분야, 범위, 속도를 놓고 선진국과 개도국 간의 입장 차이를 조율하는 것이 중요한 과제라 할 수 있다.

공산품에 대한 관세협상방식으로는 모든 품목에 대해 일괄적으로 일정비율의 관세를 인하하는 방식, 공식(formula)을 적용하여 품목별 관세를 결정하는 방식, 국가별로 각각의 품목에 대한 요청과 제안을 통해 하는 방식 및 특정 부문에 대한 관세만 인하하는 방식 등이 사용되고 있으나 다수 국가들이 공식적용방식을 중심으로 UR에서와 같은 다양한 방식을 적용하는 것을 선호하고 있어 공식에 의한 인하를 원칙으로 하되 일부 분야에 대해서는 무세화, 관세조화 등 다양한 방식을 도입하는 방향으로 이루어질 가능성이 크다고 할 수 있다.

선진국의 경우 평균관세율은 낮지만 섬유, 의류, 신발 등의 분야는 관세율이 높으며, 개도국의 경우에는 아직도 평균관세율이 20% 수준을 상회하고 있다. 우리나라를 포함한 선진국은 전반적으로 높은 수준을 유지하고 있는 개도국의 관세인하를 촉구하고 있는 반면 개도국은 섬유 등 개도국이 경쟁력을 갖고 있는 분야에서 선진국의 높은 무역장벽 철폐를 요구하면서 관세인하의 폭 및 이행기간 등에서 개도국 우대조치를 강조하고 있다.

2) 서비스협상

UR협상에서 서비스무역에 관한 일반협정(GATS)이 서비스 분야의 국제무역을 다루는 최초의 구속적 다자간무역규범으로서 탄생하였다.

기 바란다.

서비스협상은 농업협상과 더불어 기설정의제의 하나로 합의되어 이미 2000년 2월 이후 후속협상이 개시되어 오다가 DDA협상의 출범과 함께 DDA협상의 일부로 편입되었다. 협상의 주요이슈로는 시장개방문제와 세이프가드, 보조금 등 관련 규범 수립을 위한 협상으로 나눌 수 있다. 서비스협상의 제1단계 작업은 2001년 3월에 완료되어 협상범위와 방식, 일정에 대한 가이드라인을 채택하였다. 또한 이후 2002년 6월까지 각국이 시장개방요청서를 제출하였으며, 이를 바탕으로 현재 양자협의를 진행하고 있다. 그리하여 2003년 3월까지 각국이 서비스시장을 얼마나, 그리고 어떻게 개방할 것인지에 대한 1차 시장개방계획서(양허안)가 제출되어 이에 입각한 시장개방협상이 집중적으로 이루어지고 있다.

서비스협상에서의 최대 목적은 회원국 서비스시장의 개방확대와 개방한 서비스 분야에 있어 외국의 서비스공급자에게 부과되는 각종 시장접근 및 내국민대우에 대한 제한을 가능한 줄이는 데 있다. 따라서 각국의 무역상대국으로부터 접수한 시장개방요청을 모두 수용하지 않겠지만 상당한 정도의 추가적인 시장개방이 이루어질 것이다.

서비스협상은 비교적 순조롭게 협상이 이루어지고 있는 분야이지만 협상의 과정에서 대상 분야의 범위와 개방의 폭 등을 놓고 집중적으로 논의되고 있다. 서비스 분야에서 비교우위를 가지고 있는 미국, EU 등 선진국은 금융, 통신, 전문직 서비스 등 폭넓은 분야의 개방을 추진하나 개도국은 이에 대해 소극적 입장을 표명하면서 특히 인력이동 분야의 자유화를 요구하고 있다. 반면 서비스 세이프가드 규범의 수립에 대해서는 개도국이 적극적 입장을 취하고 있는 반면 선진국은 소극적으로 대응하고 있다.

3) WTO 협정 개정협상

농산물, 서비스, 비농산물에 관한 협상은 기본적으로 시장개방에 관한 협상이다. 이러한 시장개방과 함께 DDA협상의 또 다른 축을 형성하고 있는 것이 국제무역규범에 관한 협상이다. 이러한 국제무역규범에 관한 협상은 현행의 WTO 협정을 개정하는 협상과 새로운 무역규범을 수립하는 협상으로 구분된다. 현행 WTO 협정을 개정하는 협상의 대표적인 분야는 반덤핑 분야이다. DDA협상에서는 반덤핑협정(AD)뿐만 아니라 보조금협정(SCM), 분쟁해결에 관한 협정(DSU), 그리고 자유무역지역, 관세동맹과 같은 지역무역협정에 적용되는 WTO 규정의 개선방안도 논의하고 있으며, 보조금협정 개선작업의 일환으로는 수산보조금에 대한 별도의 규제를 도입할 것인지에 대해서도 논의하고 있다.

특히 반덤핑과 관련하여 덤핑행위는 불공정무역이지만 이를 금지하기 위한 반덤핑조치가 오히려 보호무역조치의 수단으로 활용되고 있는 현실에 입각하여 반덤핑조사의 발동요건과 절차를 강화하기 위해 의제로 채택되었다. 지금까지 한국과 일본이 중심이 되어 반덤핑제소 요건, 마진 산정 및 피해 판정방식, 재심절차 등 반덤핑조치의 남용을 억제하기 위한 제안서를 수차에 걸쳐 제출하였으나 미국이 소극적 입장을 취하고 있다. 반덤핑조치를 가장 빈번하게 발동하는 미국은 이러한 조치의 원인이 되는 무역왜곡적 관행의 억제가 더욱 중요하며, 규범 개정은 조사절차의 투명성 제고에 두어야 한다는 입장을 취하고 있다.

보조금 분야는 반덤핑에 비해 논의가 활발하게 이루어지고 있지 않으나 다만 수산보조금과 관련해서는 수산물 수출국들과 기타 국가들 간의 의견이 대립되고 있다. 즉 미국, 뉴질랜드, 아이슬란드 등 수출국들은 수산물 무역왜곡과 어족자원 고갈 등을 이유로 보조금에 대한 규제를 강화해야 한다고 주장하고 있다. 그러나 한국과 일본 등은 수산보조금이 환경에 유해하다고만 볼 수 없으며 따라서 여타 보조금과 구분해야 할 이유가 없음을 들어 별도의 규제 도입에 반대하고 있다.

4) 환경

환경 분야 협상에서는 환경보호를 위한 무역규제조치의 허용 여부와 환경서비스 시장개방문제에 대해 집중적으로 논의해 왔다. 환경보호수준이 높은 EU 국가들은 다자간환경협약(MEA)상의 무역규제조치를 WTO 규범에 합치하는 것으로 보아야 한다는 입장인 데 비해 미국과 같은 GMO 농산물 수출국과 개도국은 이것이 보호주의 조치의 구실로 이용될 것을 우려하여 이에 반대하고 있어 합의가 어려운 상황이다. 또한 환경서비스 시장개방은 서비스협상에서 다루기로 하였으나 환경상품에 관해서는 그 정의에서부터 합의가 이루어지지 않고 있는 상황이다. 유럽 국가를 제외한 다수 회원국의 관심이 높지 않고 회원국 간 인식의 차이도 크기 때문에 실질적 논의는 진전되지 않고 있는 상황이다.

5) 기타 쟁점

경제활동이 세계화됨에 따라 각국의 국내경제정책이나 제도가 무역에 미치는 영향도 커지고 있다. 예컨대 외국인투자가 자유화되면 외국기업이 국내에 들어와 물품을 생산하여 외국으로 수출하고, 또 원자재를 수입함으로써 무역이 증가하게 되는 것이다. DDA협상에서는 이와 같은 무역환경의 변화를 수용하기 위하여 무역에 영향을 미치는 외국인투자제도, 경쟁정책, 정부조달제도의 투명성 그리고 통관절차 등에 관한 새로운 규범을 수립하는 문제에 대해서도 논의되고 있다. 각각 외국인투자 자유화의 확대, 경쟁정책에 대한 국제적 기준의 수립, 정부조달절차의 투명성 확보, 통관절차의 간소화가 핵심내용이다.

선진국들은 이런 분야들에 있어서도 WTO 규범을 빨리 수립해야 한다는 논리를 펼치고 있으나 다수 개도국들은 이를 위한 관련 국내제도가 갖추어지지 않았고, 국내경제정책 수행에 있어 제약이 가해질 것을 우려하여 소극적인 태도를 보이고 있다.

DDA협상은 21세기의 도전에 대응하여 WTO 회원국들이 합의를 통해 새로운 국제무역질서를 구축하는 과정이라 할 수 있다. DDA협상이 타결되면 상품과 서비스뿐만 아니라 기술, 노동 등 생산요소 이동이 더욱 자유로워질 것이고, 정책 간의 상호연계성이 크게 강화될 것이다. 무역의존도가 높은 대외지향적 경제구조를 가진 우리나라는 DDA협상에 적극적이고 능동적으로 참여하여 우리나라의 국익을 최대한 반영할 수 있도록 노력해야 할 것이다.

제15장 자유무역협정에 대한 이해

제1절 자유무역협정(FTA)의 개요

1. 자유무역협정의 개념

자유무역협정(FTA: Free Trade Agreement)이란 국가와 국가 간의 제반 무역장벽을 완화하거나 철폐하여 무역자유화를 실현하기 위하여 양 국가 및 양국 이상의 국가 간에 체결하는 특혜무역협정을 말하는 것으로 경제통합이라 한다. 그동안 FTA는 대부분 프랑스·독일·이탈리아·영국 등 서구유럽의 유럽연합(EU) 및 미국·캐나다·멕시코의 북미자유무역협정(NAFTA) 등과 같이 인접국가나 일정한 지역을 중심으로 이루어져 지역무역협정(RTA: Regional Trade Agreement)으로 불리기도 하였다.

WTO체제에서 이러한 FTA는 크게 두 가지 형태가 있는데, 하나는 유럽연합(EU: European Union)이 좋은 사례로 FTA의 모든 회원국이 자국의 고유한 관세 및 수출입제도를 완전히 철폐하고 역내의 단일관세 및 수출입제도를 공동으로 유지해 가는 방식이다. 또 다른 하나는 북미자유무역협정(NAFTA: North American Free Trade Agreement)에서 볼 수 있는 것과 같이 FTA의 각 회원국이 역내의 단일관세 및 수출입제도를 공동으로 유지하지 않고 자국의 고유관세 및 수출입제도를 계속 유지하면서 무역장벽을 완화하거나 철폐해 가는 방식이다.

2. 자유무역협정의 생성배경과 확산원인

(1) 자유무역협정의 생성배경

우루과이라운드(UR)의 결과로 출범한 WTO는 GATT의 기본정신을 그대로 유지하면서 세계무역질서를 규정할 국제기구라고 할 수 있다. 새롭게 강화된 틀(framework)을 가지고 출범한 WTO는 자유로운 국제무역을 통하여 세계경제의 안정적 성장에 기여할 것으로 기대되었으며 GATT의 정신을 계승한 다자주의(multilateralism) 원칙을 추구하고 있다. 이러한 세계무역기구는 무역자유화를 위한 협상이나 협정에서 관련 국가들 모두가 참가하여 모든 국가들의 이해관계가 반영된 국제무역의 규칙을 마련하고 이를 실행하고자 하고 있다.

그러나 새로운 국제무역질서를 규율하고자 WTO가 출범하였으나 지금도 세계에는 유럽연합(EU), 북미자유무역협정(NAFTA) 등 일부 국가들로 구성된 다양한 경제적 지역주의와 무역협정들이 존재하고 있으며 이러한 경제적 지역주의 성향의 전개과정은 세계경제에 커다란 영향을 미치고 있다.

이러한 지역경제블럭의 형성은 지리적 근접성으로부터 발생하는 자연스러운 현상으로 볼 수 있다. 지리적으로 근접하다는 사실은 상호 교역하는 데 있어서 수송비와 통신비용이 상대적으로 낮아 기업들이 역내에서 생산활동을 넓히는 것이 용이하다. 또한 경제, 사회 및 문화적으로 유사한 환경을 가지고 있을 가능성이 높기 때문에 생산된 상품이나 서비스가 역내의 국가들의 수요를 잘 반영할 수 있다는 장점이 있기 때문이다.

경제적 지역주의가 활발히 형성된 이유[43]로서 GATT체제가 가지고 있었던 문제

---

43) 지역경제블럭화가 대두되는 이유는 각국의 경제발전단계가 달라 경제적 이해관계뿐만 아니라 경제외적인 문제 등으로 인하여 현실적으로 완전한 자유무역을 실현하기 어렵기 때문이다. 따라서 경제블럭화는 완전한 국제자유교역이 어려운 상황하에서 제한된 범위 내에서 역내경제통합을 통하여 교역의 확대를 추구하고자 하는 것이다. 그러나 경제블럭화는 역내의 산업경쟁력을 강화하고 역내 회원국 간 경제관계의 확대를 통해 경제적 이익을 극대화하기 위한 것이므로 역외에 대하여 보호주의적인 경향을 갖게 됨에 따라 자

점을 들 수 있다. GATT체제 출범 당시와 비교하여 회원국의 수가 대폭 증가하였을 뿐만 아니라 국제무역환경도 크게 변화하였다. 변화된 국제무역환경에서 발생되는 각종 문제들을 다자주의적으로 해결하기 위하여 관련된 모든 국가들이 합의할 수 있는 규칙을 마련하는 데는 많은 시간과 노력이 들어갈 뿐만 아니라 개별국가들의 입장에서 이렇게 마련된 국제무역에 관한 합의가 국내정책 및 규제와 일치하지 않을 위험성도 있는 것이다.

다자주의적 체제는 모든 국가들이 여러 가지 복잡한 문제들을 다루기 때문에 개별국가들의 경제, 문화 및 정치적 필요가 반영되기 힘들다. 따라서 다자주의적 기본원칙에 위배되지 않는 한 소수의 국가들이 모여 그들 나름의 경제, 문화 및 정치적 환경을 반영하는 경제통합을 이룩하는 것은 다자주의적 국제무역체제가 가지고 있는 일종의 획일성을 보완하여 다양성을 보충하는 것으로 볼 수 있다.

(2) 자유무역협정의 확산원인

세계경제가 완전한 자유무역체제를 확립하지 못한 상태에서 개별국가들은 쌍무적으로 또는 지역적으로 자유무역협정이 확산되어 가고 있다. 이러한 자유무역협정의 확산원인은 범세계적인 거대 지역경제통합체에 대한 대응책으로써 그리고 WTO 다자간 체제의 취약점에서 찾을 수 있다.

첫째, 범세계적인 거대 지역통합체에 대한 대응책이다. WTO 출범 이후에도 지역주의는 계속 확산·심화되어 세계경제가 몇 개의 지역블럭으로 재편되어 가고 있는 상황이다. 최근에 유럽연합(EU)의 중·동구권으로의 확대, 범미주자유무역지대(FTAA), ASEAN 등이 확대하려는 움직임을 보이고 있는 가운데 세계적으로 지역블럭에 편입되어 있지 않은 국가는 한국, 일본, 중국 등 동아시아 국가 일부에 불과한 실정이다. 아시아 국가들은 아주지역만이 여타 지역의 무역블럭화 움직임에서 배제되는 데 불안감을 갖고 있다. 이러한 불안감은 특히 EU의 멕시코, 남아공과의 자유무역협정 체결, EU와 MERCOSUR와의 자유무역협정 체결 움직임, NAFTA의 본격

유무역적 요소와 보호무역적 요소를 동시에 가지고 있다고 할 것이다.

적인 효과 발생 및 FTAA 제안 등으로 인하여 증폭하고 있다.

둘째, WTO 다자간 체제의 취약점이다. WTO체제가 전통적인 교역 분야 이외에 회원국의 국내정책까지 관여하여 비효율성을 초래하고 있다. 무역정책 범주의 확대, 즉 국경조치뿐만 아니라 투자나 경쟁정책 등 국내의 각종 규제제도까지도 무역자유화 문제에 포함하였으나 WTO의 다자간무역체제가 이러한 새로운 자유화 문제에 즉시 대응할 수 있을 정도로 효율적이지 못하여 한계를 노출하고, WTO가 미국과 유럽 및 일본 간의 대립, 선진국과 개도국의 대립을 해소하지 못하고 있는 상황이다.[44] 여기에다 세계화의 확산에 따라 기업 차원의 경제통합에 대한 욕구 증대가[45] 자유무역협정이 확산되는 원인이라 할 것이다.

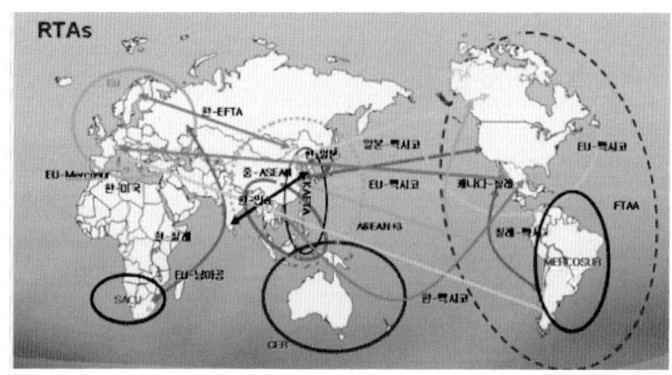

〈그림 15-1〉 세계의 자유무역협정 추진현황

---

44) 농업, 노동, 환경, 반덤핑문제 등에 대하여 미국과 일본·EU 간의 이견, 인도, 말레이시 아 등 개도국은 선진국 주도의 일방적 룰(Rule) 제정의 반발 등을 들 수 있다.

45) 일반적으로 기업들은 세계적인 무역자유화보다는 자신의 주 활동대상국의 관세인하나 무역장벽 철폐에 더 많은 관심을 가지고 있다.

3. 자유무역협정(FTA)과 세계무역기구(WTO)의 관계

세계무역기구는 모든 회원국에 최혜국대우(Most-Favoured-Nation Treatment)를 보장해 주는 다자주의원칙의 존중을 기본으로 하는 세계무역체제이다.[46] 반면 FTA 는 기본적으로 WTO의 이 최혜국대우 및 다자주의원칙을 벗어난 양자주의 및 지역 주의적인 특혜무역체제이다. FTA에서는 FTA 회원국 간에 무관세나 낮은 관세를 적 용하는 반면, 비회원국에는 WTO에서 유지하는 관세를 그대로 적용한다. 또 FTA 회원국 간에는 상품의 수출입을 자유스럽게 교역할 수 있게 허용하는 반면, 비회원 국의 상품에 대해서는 WTO에서 허용하는 수출입의 제한조치를 그대로 유지하는 것이 가능하다.[47]

그러나 WTO와 FTA는 기본적으로 각 회원국의 관세부과 및 수출입제한조치 등 의 제반 무역장벽을 완전히 철폐하여 상품과 서비스의 교역 및 투자가 원활히 이루 어져 각 회원국의 경제가 지속적으로 발전해 가고, 아울러 고용과 국민들의 경제적 후생이 증대되도록 하는 것을 주요표로 하는 점은 같다고 할 수 있다.

WTO에서 FTA가 최혜국대우 및 다자주의원칙에서 벗어남에도 불구하고 FTA를 허용하는 큰 이유는 FTA 회원국 간의 제반 무역장벽을 완화하거나 철폐하는 경우, FTA 회원국 간에 상품과 서비스의 교역 및 투자가 촉진되어 FTA 회원국의 경제가 발전함에 따라 궁극적으로는 FTA 회원국과 비회원국 간에도 교역과 투자가 촉진되 어 WTO의 다른 회원국 경제에도 유리한 여건을 조성하기 때문이다.

그러나 각 나라는 경제발전단계가 서로 천차만별이고 각 나라의 국민경제가 처한 정치·경제·사회적 제반 여건이 달라 어떤 방식으로 제반 무역장벽을 완화하고 철 폐할 것인가 하는 방법론에 있어선 WTO에서는 물론 FTA에서도 각 나라가 처한 상황에 따라 입장 차이가 있는 것이 국제통상무대의 현실이다.

---

46) 이는 WTO 협정의 부속협정인 1994 GATT 제1조, 서비스무역협정(GATS) 제2조 및 지 적재산권협정(TRIPs) 제4조 등에 규정되어 있다.

47) FTA 회원국에 이런 특혜를 부여할 수 있는 WTO 협정상의 근거는 1994 GATT 제24조 및 1994 GATT 제24조의 해석에 관한 양해 제5조 및 제5조의 2에 규정되어 있다.

4. 자유무역협정의 유형

자유무역협정의 유형은 회원국들 간의 경제적 결합 정도에 따라 자유무역지역 (FTA: free trade area), 관세동맹(customs union), 공동시장(common market), 경제동맹 (economic union), 완전한 경제통합(Perfect Economic Integration)으로 분류될 수 있으나 같은 유형의 자유무역협정이라도 회원국들 간의 구체적인 협정내용과 지역적 특징 등에 따라 상이한 구성내용을 가질 수 있다. 또한 일반적으로 지역경제통합은 지리적으로 근접한 인근국가들로 구성되어 있는 것이 대체적인 현실이지만 경제통합의 형성이 반드시 지리적으로 근접한 국가들로 구성되는 것은 아니라는 점이다.

또한 경제통합의 단계와 형태는 그 분류기준에 따라 다양하나 이것은 하나의 모형에 불과한 것이다. 실제로 근접국가 간의 경제통합이 반드시 경제통합이론에 의한 단계를 거치는 것도 아니고 또한 그 형태가 특정형태에 반드시 맞는 것도 아니다. 다만 어떠한 경제통합이든지 그들의 공통적 요소는 회원국 간에는 무역을 자유화하고 비회원국에는 각종 수입제한조치를 통하여 차별화한다는 점이다.

(1) 자유무역지역(FTA: free trade area)

자유무역지역은 협정을 맺은 회원국들 상호간에 관세를 포함한 모든 무역장벽을 철폐하고 자유무역을 실시하지만 회원국들이 역외 비회원국들에 대해서는 회원국들 나름의 무역보호수준(독자적인 무역정책)을 유지하는 경우를 말한다. 따라서 회원국들이 비회원국들에 대하여 동일한 무역보호수준을 유지할 필요가 없으며 자국의 실정에 맞는 무역보호수준을 유지할 수 있다. 북미자유무역지역(NAFTA)이나 유럽자유무역지역(EFTA), 아세안자유무역지대(AFTA) 등을 예로 들 수 있다. 자유무역지역의 결성으로 회원국들 사이에 자유무역이 이루어지므로 각 회원국들의 무역유형, 즉 수출입구조가 변화할 수도 있으며 수입선이 비회원국에서 회원국으로 전환되는 등 회원국뿐만 아니라 자유무역지역에 속한 국가들과 무역거래를 하고 있는 비회원국들의 무역구조 및 무역규모가 변동하게 되는 등 자유무역지대가 형성되는 국가들과 밀접한 대외거래관계가 있는 국가들에 심각한 영향을 줄 수 있다.

(2) 관세동맹(customs union)

관세동맹은 자유무역지역에서 한 걸음 더 나아가 관세동맹 회원국들 사이에 자유무역을 유지할 뿐만 아니라 역외의 비회원국들에 대하여 회원국들이 공통의 무역보호수준(공동의 무역정책)을 부과하는 것이다. 현실적으로 무역보호수단은 관세뿐만 아니라 수입수량할당제와 같은 비관세장벽도 있으며 관세동맹으로 불리는 것은 과거에 무역보호의 주된 수단이 관세였으며 비회원국들에 대하여 회원국들이 공통의 관세체계를 적용하였기 때문이다. 자유무역지역과 비교하여 관세동맹은 회원국들의 경제적 결합 정도에서 보다 강한 지역경제블럭 유형이라고 할 수 있으나 국제무역정책을 제외한 회원국들 나름의 경제정책과 화폐를 보유하며 국가 간 노동과 자본과 같은 본원적 생산요소의 이동이 불가능하거나 크게 제약되어 있는 상황이다. 즉 관세동맹은 무역정책 측면에서의 경제통합이며 완전한 형태의 경제통합이라고 볼 수 없다. 현재 관세동맹형태를 유지하는 경제적 지역주의는 존재하지 않으나 초기의 EC가 관세동맹의 형태를 가졌으며 20세기 이전에 관세동맹과 유사한 형태의 경제적 지역주의가 존재한 바 있다.

(3) 공동시장(common market)

관세동맹은 상품의 수출입에 관한 역외 비회원국에 대한 무역정책을 공동으로 유지하고 회원국들 사이에는 자유무역이 이루어지지만 노동, 자본 등 생산요소의 역내이동이 자유롭지 못한 지역경제블럭의 유형이다. 관세동맹에서 생산요소의 자유로운 역내이동이 이루어지는 형태까지 포함하는 것이 바로 공동시장이다. 이러한 공동시장형태의 지역경제블럭 예로 완전한 형태는 아니지만 EC를 들 수 있다. 1986년에 EC가 단일유럽의정서(Single European Act)를 만듦으로써 상품뿐만 아니라 노동, 자본 등 생산요소를 포함하여 유럽공동시장 내 총 282개의 교역장벽을 폐지함으로써 1993년에 공동시장으로 출범하였다.

(4) 경제동맹(economic union)

공동시장형태의 지역경제블럭은 상품과 생산요소의 역내 국가 간 교역이 자유롭지만 각 회원국 나름의 경제정책을 사용하게 된다. 즉 각 회원국들은 상품과 생산요소의 자유무역을 실현하고 역외의 비회원국들에 대하여 공통의 무역보호체계를 적용하지만 무역정책을 제외한 다른 경제정책에는 독자성을 갖고 있으며, 공동시장의 회원국들은 자국의 정치 및 경제적 상황에 적합하다고 생각하는 통화정책이나 재정정책을 다른 회원국들과는 독립적으로 독자성을 가지고 사용하게 된다. 그러나 경제동맹에서는 이러한 경제정책들을 상호 협조하에 실시하게 되며 더 나아가 화폐까지 단일화한다면 완전한 형태의 경제동맹체제를 갖추게 되는 것이다. 이러한 의미에서 경제동맹 내의 회원국들은 정치적으로는 독립국가이지만 경제적으로는 하나의 단일경제권을 형성하는 명실상부한 경제적 통합을 이룩하게 된다. 경제동맹의 형태로는 EURO화라는 단일통화를 사용하고 있는 EU를 들 수 있다.

(6) 완전한 경제통합(Perfect Economic Integration)

완전한 경제통합(Perfect Economic Integration)이란 역내 제경제정책의 통일을 전제로 하며 각 회원국들의 의사를 수렴하는 초국가적 기구의 설립을 통해 경제적 측면뿐만 아니라 정치적인 측면에서의 통합까지도 수반하는 경제통합의 형태이다. 즉 회원국 상호간에 초국가적 기구를 설치하여 그 기구로 하여금 각 회원국의 모든 사회·경제정책을 조정, 통합, 관리하는 형태의 통합으로 지역무역협정의 형태 중 가장 완벽한 유형이라 하겠다.

따라서 완전한 경제통합은 각 회원국들의 경제주권을 포기하고 하나의 단일경제단위가 형성되는 경제통합의 최종단계로서 현실적으로는 회원국의 주권포기와 관련되어 있기 때문에 실현 가능성은 희박하나 모든 경제통합이 궁극적인 목표로 하고 있는 이상형이라 할 수 있다.

5. 자유무역협정의 경제적 효과

자유무역협정의 체결에 따르는 경제적 효과는 역내 회원국들에 대한 효과와 역외 비회원국들에 대한 효과 및 세계경제 전체에 미치는 효과로 나누어 분석할 수 있으나 자유무역협정의 통합 정도에 따라 역내·외 국가들에 미치는 효과가 다를 뿐만 아니라 동일한 유형의 자유무역협정이라고 하더라도 회원국들의 경제환경의 차이나 구체적인 통합협정내용에 따라 회원국들과 비회원국들의 경제적 후생에 미치는 효과는 상이하다. 따라서 자유무역협정 체결에 따른 경제적 효과를 이론적으로 분석하기 위해서는 구체적인 가정이 필요하며, 실증적인 효과분석을 하기 위해서도 경제통합을 이룩한 국가들의 구체적인 경제환경을 고려하여야 한다.

자유무역협정의 체결에 따른 경제적 효과에 관하여 가장 잘 알려진 내용은 바이너(Viner)의 '무역전환효과(trade diversion effects)'와 '무역창출효과(trade creation effects)'에 관한 것으로서 관세동맹과 관련하여 역내 국가 간의 자유무역과 역외 국가들에 대한 무역정책의 공동보조가 역내 국가들의 경제적 후생에 미치는 효과를 분석하고 있다.

무역창출효과는 경제통합에 따라 회원국들 사이에 자유무역이 이루어지고 역외의 비회원국들에 대하여 공동의 관세체계가 부과되면 회원국들 사이의 무역규모가 증가하게 된다. 이때 상품을 수출하는 역내 회원국이 역외 비회원국들에 비하여 낮은 비용으로 그 상품을 생산하는 국가인 경우 무역창출효과가 발생하여 역내 국가의 경제적 후생이 증대하게 된다.

〈표 15-1〉 자유무역협정의 무역창출효과
- 협정체결 전 3국의 생산비 조건과 관세율

	Ⅰ국	Ⅱ국	Ⅲ국
생산비($)	35$	26$	20$
Ⅰ국이 100% 대외관세 부과 시 관세액	·	26$	20$
Ⅰ국 내의 공급가격	35$	52$	40$

〈표 15-2〉 자유무역협정의 무역창출효과
- 협정체결 후 3국의 생산비 조건과 관세율

	Ⅰ국	Ⅱ국	Ⅲ국
생산비($)	35$	26$	20$
Ⅰ국이 100% 대외관세 부과 시 관세액	·	0	20$
Ⅰ국 내의 공급가격	35$	26$	40$

상기의 표에서 보는 바와 같이 한 상품을 생산하는 국가가 Ⅰ, Ⅱ, Ⅲ 3개국이 존재한다고 할 때, 이 상품을 생산하는 3개국 중 Ⅰ국의 생산비가 가장 높고, Ⅲ국의 생산비가 가장 낮음을 알 수 있다. 만약 자유무역협정 체결 전 Ⅰ국이 Ⅱ국과 Ⅲ국에 대해 100%의 관세를 부과하고 있다면 Ⅱ국과 Ⅲ국으로부터의 동일한 상품의 수입은 발생하지 않을 것이다. 이는 Ⅰ국이 교역상대국에 대하여 해당 상품에 대해 100%의 관세가 부과되고 있기 때문에 Ⅰ국의 생산비를 초과하여 수입되므로 해당 상품의 국제거래는 발생하지 않을 것이다.

만약 이때 Ⅰ국과 Ⅱ국이 자유무역협정을 체결하게 되면 Ⅰ국은 Ⅱ국으로부터 관세 없이 해당 상품을 26$로 수입할 수 있으므로 국내에서 생산하는 것보다 가격이 싸게 된다. 이로 인하여 새로운 무역량이 창출되게 되며, Ⅱ국의 생산비가 Ⅰ국의 생산비보다 낮으므로 생산 면에서 자원은 더 효율적으로 분배된다. 이것을 자유무역협정의 무역창출효과라 한다.

즉 역내국들이 관세인하로 비교우위를 갖게 되는 재화를 중심으로 상호교역을 하게 되고, 따라서 역내국들은 비싼 국산재화를 값싼 역내상품으로 대체하게 되는 것이다. 관세로 인해 야기되었던 교역구조의 왜곡이 시정됨으로써 각국의 비교우위산업에 대한 교역기회가 새로이 만들어지는 것이며, 무역창출을 통한 각 역내국의 비교우위상품의 시장확대는 동 상품의 수출증대를 의미하고, 그것은 곧 동 산업의 생산량 증대를 요구하게 된다. 따라서 각 경제 내의 생산요소들이 자연스럽게 비교우위산업으로 이동하게 됨으로써 자원배분의 효율성이 증가하게 되는 것이다.

반면에 무역전환효과는 경제통합으로 인하여 낮은 비용으로 생산할 수 있는 역외 비회원국으로부터의 수입(import)이 높은 비용으로 생산하는 역내 회원국으로 전환되는 경우에 발생되며, 무역전환효과가 발생하면 상품을 수입하는 회원국의 경제적 후생이 증가할 수도 있고 감소할 수도 있다.

〈표 15-3〉 자유무역협정의 무역전환효과
- 협정체결 전 3국의 생산비 조건과 관세율

	Ⅰ국	Ⅱ국	Ⅲ국
생산비($)	35$	26$	20$
Ⅰ국이 50% 대외관세 부과 시 관세액	·	13$	10$
Ⅰ국 내의 공급가격	35$	39$	30$

〈표 15-4〉 자유무역협정의 무역전환효과
- 협정체결 후 3국의 생산비 조건과 관세율

	Ⅰ국	Ⅱ국	Ⅲ국
생산비($)	35$	26$	20$
Ⅰ국이 50% 대외관세 부과 시 관세액	·	0	10$
Ⅰ국 내의 공급가격	35$	26$	30$

상기의 표에서 나타난 바와 같이 한 상품을 생산하는 국가가 Ⅰ, Ⅱ, Ⅲ 3개국이 존재한다고 할 때, 이 상품을 생산하는 3개국 중 Ⅰ국의 생산비가 가장 높고, Ⅲ국의 생산비가 가장 낮음을 알 수 있다. 만약 자유무역협정 체결 전 Ⅰ국이 Ⅱ국과 Ⅲ국에 대해 50%의 관세를 부과하고 있다면 Ⅱ국으로부터의 동일한 상품의 수입은

발생하지 않을 것이나 Ⅲ국으로부터의 수입은 이루어질 것이다.

만약 이때 Ⅰ국과 Ⅱ국이 자유무역협정을 체결하게 되면 Ⅱ국의 생산비가 관세 없이 해당 상품을 26$로 수입할 수 있으므로 Ⅲ국으로부터의 수입은 중단되게 된다. 여기서 나타나는 바와 같이 자유무역협정 체결로 인하여 Ⅰ국의 수입은 생산비가 낮은 Ⅲ국으로부터 생산비가 높은 Ⅱ국으로 전환되게 됨으로써 생산 면에서 자원이 비효율적으로 배분되게 된다.

즉 역내관세 철폐로 인하여 저가의 역외국의 상품이 높은 가격의 역내상품으로 대체되는 것으로 무역협정 이전에는 역외국의 상품이 비교우위에 있었으나 협정 체결 이후 역내국 간의 교역에 관세가 제거됨으로써 역내국의 상품이 비교우위를 갖게 되는 것을 의미한다. 이는 관세부과 이전의 가격을 비교해 볼 때 역외국 상품이 더 싸다는 것이므로 싼 역외 상품을 비싼 역내 상품으로 대체하게 되는 비효율적인 결과를 초래하게 되는 것이다. 이러한 효과를 무역전환효과라 한다.

이와 같이 자유무역협정은 국제무역을 왜곡시키는 동시에 자유화하기도 한다. 무역거래는 경제통합 이전보다 낮아진 무역장벽으로 자유화되는 반면에 동일한 상품에 대하여 상품의 원산지가 어디냐에 따라 국내의 상품가격이 달라지기 때문에 왜곡되기도 한다. 자유무역협정의 체결로 인하여 역내 회원국들이 이득을 볼 것인가 아니면 손해를 보게 되는가는 경제통합으로 인하여 발생하는 무역창출효과와 무역전환효과 중 어느 것이 더 우세하게 나타나느냐에 의하여 결정된다 할 수 있을 것이다.

자유무역협정으로 인하여 교역조건이 변화하는 경우를 고려하는 경우에는 상황이 더욱 복잡하다. 세계경제에서 큰 비중을 차지하는 국가들의 경제통합이나 규모가 작더라도 많은 국가들의 경제블럭으로 형성된 지역경제가 세계경제에서 차지하는 비중이 큰 경우 회원국들 사이의 교역조건도 변화하지만 비회원국들과의 교역조건도 변화하게 된다. 자유무역협정을 통하여 자국의 교역조건을 개선시킬 수 있는 국가와 통합을 하거나 비회원국들과의 무역거래를 유리하게 변화시킬 수 있는 국가들끼리 경제블럭을 형성하면 경제적 이득을 확보할 수 있을 것이다. 그러나 현실에 있어서는 이러한 경제적 이득의 고려와 함께 정치적 혹은 단지 지역적으로 근접한 이유도 고려하기 때문에 경제블럭의 형성이 반드시 경제적 이득을 확보한다는 보장은 없다.

자유무역협정이 가져오는 자원배분상의 효율성 증대나 교역조건의 개선을 통한 경제적 이득의 증가와 함께 고려하여야 할 점은 경제통합의 결과 회원국들 상호간의 자유무역의 확대로 보호무역에 길들여져 있는 국내시장을 부분적으로 해외경쟁에 직면케 함으로써 완전한 시장개방에 앞서서 국내시장을 해외경쟁에 노출시켜 세계적 무역자유화에 대한 적응력을 향상시킨다는 점이다. 이와 함께 확장된 시장으로 규모의 경제(economies of scale)를 향유할 수 있기 때문에 생산비용의 확장과 보다 다양화된 상품을 소비할 수 있다는 장점이 있다.

요약하자면 새로운 자유무역협정의 체결 또는 기존의 자유무역협정에의 참여의 궁극적인 목적은 회원국 상호간의 무역장벽의 철폐를 통하여 역내 무역자유화를 실현함으로써 상호간의 지속적인 경제성장을 도모하고 후생을 극대화하는 데 있다 할 것이다. 자유무역협정의 체결은 회원국 간 무관세교역을 가능하게 함으로써 수입단가를 낮추고 소비자후생을 증진시킬 뿐만 아니라 회원국들은 상대적으로 비교우위가 있는 산업에 생산과 수출을 특화함으로써 경제적 이익을 누릴 수 있게 된다. 적어도 이론적으로 볼 때 무역장벽의 철폐가 시장기능에 의한 역내 자원배분의 효율성 제고를 통해 비교우위산업의 경쟁력을 강화시킴으로써 경제성장의 촉진에 기여한다는 전통적인 자유무역이론에 입각한 논리는 자유무역협정 체결의 경제적 타당성에 중요한 근거가 되고 있다.

제2절 우리나라와 FTA

국제경제관계가 다원화됨에 따라 기존 통상정책의 국가 대 국가라는 쌍무적 협상 중심의 접근방식에 더하여 지역경제통합체와 국가 또는 지역경제통합체와 지역경제통합체라는 보다 다양하고 세분화된 집단주의적 보호주의에 탄력적으로 대응할 수 있는 정부 차원의 접근방법이 필요하다 할 것이다.

우리나라는 지역 및 자원적 조건이 여타 국가에 비하여 불리한 상황하에 경제성장의 발판을 수출증대와 해외시장 개척을 통하여 성장하여 왔으며 경제성장을 지속시키기 위해서도 무역과 해외투자 등 해외부문에 의지할 수밖에 없는 상황이라 할수 있다. 그러나 세계교역 및 경제의 상호의존성의 심화가 계속되고 있는 현실 속에서 한국의 수출시장 여건은 매우 불리한 방향으로 전개되고 있으며 이러한 추세에 효과적으로 대응할 수 있는 하나의 방안으로서 자유무역협정의 적극적인 활용이 필요할 것이다.

1. 우리나라의 자유무역협정 추진배경

우리나라는 세계무역이 WTO 중심의 범세계 자유화 추진과 다양한 지역을 중심으로 한 지역주의의 심화 추세라는 상반된 두 조류가 공존하고 있는 상태에서 급변하는 새로운 국제무역질서에 적응해 가면서 선진국이 주축이 된 지역경제권 형성에 대응하고자 기존의 지역주의에 대한 소극적인 태도에서 벗어나 자유무역협정을 대외무역정책의 중요한 수단의 하나로 활용하고 있다.

우리나라가 FTA를 추진하게 된 배경을 살펴보면 첫째, 정부의 개혁과 개방정책의 지속적 추진이다. 우리나라는 외환위기를 극복하는 과정에서 우리 경제의 지속적인 성장을 위해서는 개혁과 개방정책을 견지할 필요가 있으며 이를 위한 구체적 정책수단으로 자유무역협정을 추진하게 되었다. 자유무역협정은 상품 및 서비스시장, 투자, 정부조달, 지적재산권, 경쟁, 반덤핑 등 무역규범 등 포괄적인 분야를 대상으로 개방협상을 벌임으로써 국내시장 및 제도의 개혁과 개방이 모두 협상의제로 다루어지게 된다.

둘째, 지역주의 확산에 따른 적극적인 대응의 필요성 때문이다. 우리나라는 WTO를 중심으로 하는 다자무역체제의 우월성을 지지하고 지역주의는 다자무역체제에 부합해야 한다는 입장을 계속 유지하고 있으나 지역주의가 전 세계적으로 급속히 확산되는 추세임을 고려할 때 우리나라도 적극적으로 양자 간 또는 지역자유무역협정을 추진하는 것이 실익이 크다는 인식이다.

WTO 출범 후에도 지역주의는 계속 확산·심화되어 대부분의 국가가 지역협정을 체결하고 있으며 최근에는 유럽연합(EU)의 중·동구권으로의 확대, 미주자유무역지대(FTAA), ASEAN 등의 확대를 통해 세계경제가 몇 개의 지역블럭으로 재편되는 추세를 보이고 있다. 지역무역협정이나 관세동맹의 확산은 역내교역을 증대시키게 되는바 WTO에 의하면 FTA 체결국 간의 교역이 전 세계 교역에서 차지하는 비중은 50%를 넘고 있으며 이에 따라 제3국과의 교역비중이 점점 감소하고 있다는 점이다.

셋째, 우리 경제의 구조의 개선 및 국민후생의 증대를 위해서이다. 우리 경제의 높은 무역의존도로 인해 대외여건의 변화가 우리 경제에 직접적인 영향을 미치고 있다. 주요 교역상대국들의 경기침체나 반덤핑조치 등 무역제한조치는 우리나라 제품의 수출 감소와 국내경기 침체의 직접적인 원인이 된다.

우리 기업은 첨단기술보다는 중간급 제조기술의 비교우위에 근거한 생산체제를 유지하여 왔으나 최근 선진국과 개도국으로부터 공히 우리의 수출시장이 위협받고 있으며 선진국 기업들은 높은 기술수준을 토대로 시장지배적 지위를 유지하고 있는 한편 후발개도국들은 저임금에 기초한 가격경쟁력을 바탕으로 우리의 수출시장을 잠식하고 있다.

따라서 외국 선진기업의 첨단기술과 우리나라 기업의 생산기술, 마케팅능력의 결합을 통하여 생산구조의 고도화와 수출능력 배양이 절실한바 자유무역협정 체결은 선진기업들과의 제휴를 증대시키는 유인이 될 것이다. 또한 기업들도 선진기업들과의 교류를 통한 첨단경영기법 도입으로 경영능력이 향상될 것으로 기대하고 있다.

마지막으로 외국인투자의 적극적 유치 및 우리 기업의 해외진출 거점지역의 확보를 위해서이다. 주요국과의 FTA 체결을 통해 국내시장이 역내시장으로 확대됨에 따라 역내시장 진출을 목적으로 우리나라를 생산거점기지로 활용하려는 외국인 직접투자가 확대될 수 있다. 역내시장에 수출하려는 외국기업들은 무관세 혜택을 누리기 위해 우리나라에 대한 투자가 확대될 것이며, FTA 체결을 통해 상대국의 투자

시장이 확대되고 투자보장이 강화됨으로써 우리 기업의 안정적인 투자활동이 이루어지게 된다. 또한 우리 기업들은 FTA 체결 상대국을 거점지역으로 삼아 주변 국가들의 시장에 접근하는 것이 가능하며 해당국이 다수국과 FTA를 체결한 경우 무관세 특혜를 받는 범위가 확대될 수 있다.

2. 우리나라의 자유무역협정 추진방향

우리나라는 그동안 전 세계적인 FTA 확산 추세에 비켜서 있었기 때문에 짧은 기간 안에 여러 나라와 FTA를 추진함으로써 그간 지체된 FTA 체결 진도를 만회하기 위하여 노력하고 있다. 이는 세계 주요시장에서 FTA를 이미 체결한 국가의 기업들과 우리 기업이 경쟁해서 불리하지 않기 때문이다. 이러한 전략을 우리나라는 동시다발적 FTA 추진전략이라고 부르고 있다. 또한 여러 나라와 동시에 FTA를 추진하게 되면 FTA 협상의 모멘텀을 유지할 수 있고, 단기적으로 무역적자가 예상되는 FTA와 무역흑자가 예상되는 FTA가 동시에 체결됨으로써 무역적자 부담도 완화할 수 있다.

우리나라의 FTA 추진은 내용 면에서 포괄적이고 수준 높은 FTA를 지향하고 있다. 우리나라는 FTA 체결 효과를 극대화하기 위해 상품 분야뿐만 아니라, 서비스, 투자, 정부조달, 지적재산권, 기술표준 등 광범위한 분야를 포함하는 포괄적인 FTA 체결을 지향하고 있으며, 또한 내용 면에서도 WTO에서 추진하는 자유화의 폭보다 더 큰 자유화를 추진하되 그 내용이 WTO의 규범과 상치하지 않는 방향으로 수준 높은 FTA를 추진하고 있다. 이렇게 함으로써 WTO로 대표되는 다자주의를 보완하고 FTA를 통해 국내제도를 개선하고 선진화를 추구할 수 있기 때문이다.

시장개방은 종국적으로 우리 경제의 체질을 개선하여 생산성을 높이고 경제체제를 선진화하는 데 긴요한 정책방향이지만 이러한 개방에는 고통 또한 따르기 때문에 국민적 공감대를 바탕으로 추진하지 않으면 국민적 지지를 받기가 어렵다. 그렇기 때문에 우리나라는 지난 2004년 5월 FTA 추진에 대한 국민적 공감대를 형성하고, FTA 추진과정에서 투명성을 제고하기 위해 '자유무역협정체결절차규정(대통령훈령)'을 제정하였다. 이 규정에 따라 우리나라는 FTA정책을 추진하고 있으며, 이 절차는 광범위한 의견수렴을 거쳐 국민적 합의를 도출하고 민간 전문가의 참여를 확대하며 절차적인 투명성을 확보하는 것을 그 주요목적으로 하고 있다.

FTA 체결과정을 협상 전 단계, 협상 단계, 협상 후 단계로 구분하여 각 단계별로 필요한 절차를 세부적·실무적으로 규정하고 있으며, FTA정책 추진의 효율성을 제고하기 위하여 FTA실무추진회의, FTA추진위원회, 대외경제장관회의로 이어지는 추진체계를 마련하고 있다. 나아가 효과적인 국민의견 수렴을 위해 FTA추진위원회 산하에 업계 및 학계 대표자로 구성된 FTA민간자문회의가 설치되어 있다. 또한 각 단계마다 FTA 추진에 대한 정보를 국민에게 제공하고 이해관계자의 의견을 수렴할 수 있는 절차를 마련하였으며, FTA 협상 개시 결정 이전에는 반드시 공청회를 개최하여 의견을 수렴하도록 하고 있다. 이와 함께 관계부처와 함께 대외협상을 직접 주관하는 외교통상부의 통상교섭본부는 업계 현장을 직접 방문하거나 업종별 간담회를 개최하여 업계 요구사항을 정확히 파악하여 협상과정에 반영하기 위해 노력하고 있다.

또한 우리나라는 우리나라의 기존 주요시장과의 FTA 체결을 추진함과 아울러 신흥유망시장과의 FTA도 적극적으로 추진하고 있으며, 브라질·러시아·인도·중국 이른바 BRICs로 대표되는 신흥유망시장과의 FTA는 향후 우리 산업의 성장동력 확보에 큰 도움이 될 것으로 기대되고 있다.

3. 한·칠레 자유무역협정

(1) 한·칠레 자유무역협정의 추진과정

한·칠레 자유무역협정(FTA)은 1998년 퀄라룸푸르 APEC 정상회의 기간 중 칠레의 Frei 대통령과 11월 17일 양국정상회의에서 한·칠레 자유무역협정(FTA) 추진방안을 논의하는 데 합의하고, 이에 따라 양국은 실무협의를 개최하여 양국 간 FTA 추진방안을 모색기로 하여 시작되었다. 그 이후 '한·칠레 FTA 추진을 위한 실무협의'가 1998년 12월 2일부터 3일까지 칠레 산티아고에서 개최되어 한·칠레 간 FTA 체결 논의가 본격화되었다.[48]

이 협의 결과로 인하여 우리나라에서는 1999년 1월 국내대책반이 발족되면서 외교통상부 통상교섭조정관을 위원장으로 관계부처 국장, 연구소, 협회 등의 전문가들로 구성된 추진위원회가 결성되었고 추진위원회 산하에 국장급이 반장인 5개 작업반과 과장급이 간사인 14개 세부분과를 두어 운영하게 되었다.

물론 1998년 이전에도 칠레는 지속적으로 외교채널을 통하여 우리나라와의 자유무역협정 체결에 지속적인 관심을 표명해 왔으며, 우리나라는 1998년 11월 5일 국무총리 주재 대외경제조정위원회에서 칠레와의 자유무역협정(FTA) 추진을 의결하게 되었다.

그러나 우리나라는 칠레와의 FTA 체결에 대하여 1999년 12월 제1차 협상이 개최된 이후 여러 차례에 걸친 두 국가 간의 협상에도 불구하고 입장 차이를 좁히지 못하여 한·칠레 간 자유무역협정을 결렬시켜야 할 위기에까지 직면하였으나 우여곡절 끝에 2003년 2월 양국정상이 공식 서명함으로써 한·칠레 간 FTA가 정식 체결되었다.

또한 한·칠레 자유무역협정 비준 동의안이 세 번에 걸친 비준 실패를 거듭한 후 2004년 2월 16일 국회를 통과하면서 우리나라도 지역무역체제에 합류하고, 경쟁력을 갖춘 강자만이 살아남는 무한자유경쟁의 국제무역질서 대변화에 능동적으로 진입할

---

48) 한·칠레 FTA 추진을 위한 실무협의의 주요내용을 살펴보면, 한국과 칠레의 경제상황에 대한 일반적 의견교환, 칠레의 FTA 운용사례에 대한 정보교환, 한·칠레 FTA 추진을 위한 기본 Framework 협의 등이 주요 협의의제였으며, 주요 협의결과로는 첫째, 협상의 기본원칙은 Comprehensive하고 최대한 자유화하며, 협상 및 이행과정에서 투명성을 유지하기로 한다는 것, 둘째, 협상의 대상범위는 상품, 서비스, 투자, 지적재산권, 정부조달, 경쟁정책, 분쟁해결절차 등을 포괄하도록 한다는 것, 셋째, 추진체계로는 고위급 작업반을 두고, 그 산하에 시장접근, 무역규범, 서비스 및 투자, 지적재산권·정부조달·경쟁정책, 분쟁해결 및 기타 법률문제 등 5개 그룹을 두기로 한다는 것 등이다.

수 있는 계기를 마련하게 되었다.

  한·칠레 자유무역협정(FTA) 추진과정

· 1998. 11. 5.　　대외경제조정위원회 회의에서 칠레 대상국 선정
· 1999. 12. 14.　　제1차 협상 개최
· 2002. 10. 24.　　제6차 협상에서 타결
· 2003. 2. 15.　　양국정상회담에서 협정 서명
· 2003. 7. 8.　　한·칠레 자유무역협정 비준 동의안 국회 제출
· 2003. 7. 23.　　자유무역협정 지원 특별법안 국회 제출
· 2003. 12. 26.　　국회 통일외교통상위 비준 동의안 의결
· 2003. 12. 30.　　국회 본회의 비준 동의안 상정 무산
· 2004. 1. 8.　　국회 본회의 비준 동의안 처리 무산
· 2004. 2. 9.　　국회 본회의 비준 동의안 처리 무산
· 2004. 2. 16.　　국회 본회의 비준 동의안 타결
· 2004. 4. 1.　　한·칠레 자유무역협정 정식 발효

(2) 한·칠레 FTA의 시사점

한·칠레 자유무역협정 출범에 따라 순조롭고 효율적인 자유무역협정 이행을 위하여 양국 협력 강화 방안에 대한 논의가 진행되고 있다. 또한 한·칠레 FTA를 계기로 우리나라의 FTA 협상은 더욱 가속화될 것이다. 현재 추진 중인 싱가포르 및 일본과의 FTA 협상도 빠른 진전을 보이게 될 것이다. 또한 우리나라와의 FTA 검토를 제의해 오는 나라가 늘어날 가능성도 크다고 할 수 있다. 물론 농업구조에 대한 근본적인 변화가 없는 한 FTA를 둘러싼 사회적 진통은 되풀이될 수밖에 없다. 향후 전개될 동남아, 미국, 중국 등과의 FTA에서 농업개방의 진통은 칠레와는 비교가 되지 않을 정도로 클 것이다.

한·칠레 FTA 논의과정을 통해 국내적으로 FTA가 중요하고 꼭 필요한 것이라는 데 대한 인식이 확산되고 있지만 공식적인 협정체결을 앞두고 있는 싱가포르를 비

롯하여 앞으로 EFTA, 일본, 아세안, 캐나다, 미국, 중국 등과의 FTA 추진을 위해서는 한·칠레 FTA의 교훈을 바탕으로 보다 체계적이고 효율적인 추진전략 수립과 국민적 공감대의 확산이 필수적일 것이다. 또한 FTA를 추진할 때 신중하고 정도를 밟아야 할 것이며, 시행착오를 줄이고, 사회적 비용을 최소화할 수 있도록 추진해 나가야 할 것이다.

참고문헌

1. 국내문헌

강경훈 외, 무역학개론, 두남, 1995.

강용찬, 무역법규, 형설출판사, 1997.

강원진, 무역계약론, 박영사, 1994.

강이수, 국제거래분쟁론, 삼영사, 1999.

강인수 외 7인, 국제통상론, 박영사, 1999.

강창남 외 6인, 국제무역운송론, 도서출판 두남, 1999.

고우복, 관세이론과 통관실무, 도서출판 두남, 1999.

구종순, 무역실무, 박영사, 1999.

김도훈외 6인, WTO의 평가와 신통상이슈, 산업연구원, 1996. 12.

김병술, 무역업의 창업과 경영, 두남, 1998.

김선광 외, 국제통상학개론, 동성사, 1997.

김성준, WTO법의 형성과 전망, 1997.

김시경, 최신무역학개론, 삼영사, 1998.

김완순, "APEC의 개방적 지역주의", 통상법률, 법무부, 1995. 8.

김완순·한복연, 국제경제기구론, 1998.

김용복, 무역실무, 박영사, 1998.

김인수 외, 국제통상론, 박영사, 1998.

김재식, 무역상품학, 도서출판 두남, 2000.

김정수, 환위험관리해법, 도서출판 두남, 1998.

김희철·이신규, 국제무역의 이해, 도서출판 두남, 2000.

남풍우, 무역결제론, 도서출판 두남, 1999.

남풍우, 무역상무론, 도서출판 두남, 1998.

노승혁, 무역실무, 법경사, 1998.

도중권, 해상보험론, 학문사, 1997.

도중권·라공우, 대외무역법, 도서출판 두남, 1999.

동양해상화재보험주식회사, 해상적하보험, 1992.

문철한, 무역상무론, 동성출판사, 1999.

문희철 · 심상렬, 무역자동화와 EDI, 무역경영사, 1998.

박대위, 신용장, 법문사, 1999.

박대위, 무역개론, 박영사, 1998.

박대위, 무역실무, 법문사, 1998.

박영기, WTO와 FTA로 살펴보는 국제무역질서의 이해, 한국학술정보, 2007.

박종수, 국제무역의 이해, 두남, 1998.

박종수, 관세법, 법문사, 1998.

박종수, 국제무역실무론, 삼영사, 1997.

박종수, 국제통상무역관리, 삼영사, 1997.

박형래, 국제무역개론, 도서출판 두남, 2001.

박형래, 국제무역환경의 이해, 도서출판 두남, 2001.

박형래 · 박영기, 국제무역환경론, 도서출판 두남, 2004.

박형래 · 박영기, 산업피해구제와 대외무역법, 도서출판 두남, 2006.

박형래, 사례로 보는 WTO와 무역마찰의 이해, 도서출판 두남, 2005.

박형래 · 라공우, 관세론, 도서출판 두남, 2005.

방희석, 현대 해상운송론, 박영사, 1997.

산업자원부 · 한국무역협회, 2004 Trade Incubator 무역실무, 2004.

상공부무역정책위원회, 대외무역법, 법문사, 1988.

서근태외 5인, 국제통상론, 박영사, 1999.

손태빈, 신무역실무, 도서출판 두남, 1998.

신동수, 관세법, 법경사, 1997.

신동수, 대외무역법, 법경사, 1997.

신유균, 신교역질서와 한국의 선택, 한국무역경제, 1997.

안광구, 무역거래법요론, 영문사, 1976.

양영환 · 오원석, 무역상무론, 법문사, 1997.

양영환 · 오원석 · 서정두, 신용장론, 삼영사, 1997.

오세창, 국제무역관습법, 동성사, 1997.

오세창, 국제물품매매법, 학문사, 1998.

오원석, 국제운송론, 박영사, 1997.

오원석, 무역계약론, 삼영사, 1994.

오원석, 최신무역관습, 삼영사, 1997.

오원석, 해상보험론, 삼영사, 1998.

원종근 외, 무역개론, 박영사, 1994.

윤광운, 국제무역상무론, 삼영사, 1998.

이남구, 국제지역경제, 무역경영사, 1989.

이대호, 무역실무, 형설출판사, 1998.

이대호, 신용장론, 형설출판사, 1997.

이순우, 상사중재론, 법경사, 1998.

이용근, 무역실무, 동성사, 1997.

이장로 외, 무역개론, 무역경영사, 1999.

이춘삼, 국제상무론, 동성출판사, 1997.

임석민, 국제운송론, 삼영사, 1998.

장치순, 현대무역클레임론, 동성사, 1994.

전순환, 정형거래조건의 해석에 관한 국제규칙, INCOTERMS 2000, 한울, 1999. 11.

전창원, 표준무역실무, 무역연구원, 1998.

정상국, 국제통상협상론, 두남, 1999.

정인교, 지역무역협정의 확산과 우리의 대응방안, 대외경제정책연구원, 1998. 12.

한국국제복합운송업협회, 복합운송의 이론과 실제, 1996.

한국무역협회 국제무역연수원, 무역실무, 1997.

한국무역협회 국제무역연수원, 무역운송 · 보험, 1997.

한국무역협회 국제무역연수원, 신용장, 1997.

한국무역협회, 무역실무 매뉴얼, 1998.

한국무역협회, 수출입업무요람, 1996.

한승철, 무역실무, 형설출판사, 1997.

한주섭 편역, 국제물품운송론, 동성사, 1987.

한주섭, 국제상학: 무역실무론, 동성사, 1997.

한홍열, 원산지규정 정책연구 92 - 02, 무역관련정책 및 제도의 개선방향, 대외경제정책연구원, 1994.

한홍열, 원산지규정 정책연구 92-05, WTO출범과 신교역질서, 대외경제정책연구원, 1994.

현대해상화재보험주식회사, 해상적하보험실무, 1992.

홍종덕, 신용장실무메뉴얼, 두남, 1998.

박영기　•약　력•

단국대학교 상경대학 무역학과 졸업 (경영학사)
단국대학교 대학원 무역학과 석사과정 졸업 (경영학석사)
단국대학교 대학원 무역학과 박사과정 졸업 (경영학박사)
동해전문대학 무역과 강사
관동대학교 무역학과 강사
한국방송통신대학교 강사
강릉대학교 무역학과 TI사업단 부단장
열린사이버대학교(OCU) Tutor
강원 영동지역 전자상거래지원센터(ECRC) 선임연구원
강릉대학교 경영정책과학대학원 전자상거래학과 및 사회과학대학 무역학
과 강사

•주요논저•

「한국철강산업의 에너지 생산요소 대체가능성에 관한 연구」
「무역관련 규칙에서 복합운송의 적용과 복합운송인의 책임한계에 관
한 연구」
「WTO 보조금 협정과 기업개선작업(Workout)하의 지원조치 특정성에 관
한 연구」
『WTO 국제규범과 우리나라 반덤핑제도와의 조화』
『전자전송물의 국제거래에 대한 관세부과 방안 연구』
『한·미투자협정의 난제와 제언』
『중소지역 무역업체의 수출 애로요인과 수출활성화 전략』
『전자화폐를 이용한 디지털재화의 관세부과 메커니즘』
『한국의 선택: 한·미 자유무역협정 체결의 선결조건』
『인터넷 무역거래에서의 관세부과』
『한·미FTA 체결에 따른 문제점과 해결 방안』
『국제무역환경론』
『국제경제와 무역의 이해』
『산업피해구제와 대외무역법』
『전자전송물과 관세』

외 다수

국제무역의 기초와 실제

- 초판 인쇄   2008년 7월 30일
- 초판 발행   2008년 7월 30일

- 지 은 이   박영기
- 펴 낸 이   채종준
- 펴 낸 곳   한국학술정보㈜
           경기도 파주시 교하읍 문발리 513-5
           파주출판문화정보산업단지
           전화 031) 908-3181(대표)·팩스 031) 908-3189
           홈페이지 http://www.kstudy.com
           e-mail(출판사업부) publish@kstudy.com
- 등   록
- 가   격   32,000원

ISBN   978-89-534-9824-2 93300 (Paper Book)
        978-89-534-9825-9 98300 (e-Book)